近世史研究叢書48

近世前期 神宮御師の基礎的研究

谷戸佑紀著

岩田書院

目　次

序章

はじめに

本書は、近世前期における神宮御師の実態について考察を行うものである。

日本人の宗教意識を考える上で欠くことのできない事項として、伊勢信仰が挙げられる。例えば、第六十二回式年遷宮を迎えた平成二十五年（二〇一三）の一年間で、伊勢神宮への参拝者が一四二〇万人を超えたことが報じられている(1)。また、平成二十八年には、伊勢志摩サミットの開催に際して各国首脳が訪れたことも相まって(2)、前近代から今日までの信仰の諸相が様々なメディアで取り上げられるところとなった。

この伊勢信仰を広く民衆にまで普及させる上で大きな役割を果たしたのが神宮御師である(3)。神宮御師とは、祈禱や神楽の奏上・参宮の世話・廻旦（御祓配り）などを行う一種の宗教者で、その活動を通じて伊勢神宮と前近代社会の人々とを結ぶ存在であったとされる。従って、神宮御師の実態を浮き彫りにすることは、今日まで連続する伊勢信仰の特質を明確にし、同信仰の普及・深化を論じる上で不可欠な研究課題であるといえる。

最初に先行する研究を整理し、本書の課題と視角を示しておく。

一　近世の宗教者に関する研究

まず、近世の宗教者に関する研究の動向を確認する。宗教者を対象とする研究は、戦後の朝廷研究と身分制研究のなかで本格的に取り組まれるようになった。前者に関しては、平成元年（一九八九）に発表された高埜利彦氏の『近世日本の国家権力と宗教』[4]が起点となっており、この流れは宗教者の様々なレベルにおける組織化・編成化を中心とした議論へと展開してゆく[5]。

後者に関しては　昭和五十一年（一九七六）の高木昭作氏による国役論[6]や、昭和五十六年の朝尾直弘氏による地縁的・職業的身分共同体論[7]を経て、塚田孝氏・吉田伸之氏らが牽引した社会集団論[8]・身分的周縁論[9]という研究潮流のなかで取り上げられ、様々な宗教者とその集団に光が当てられることになった。

これらにより、仏僧や神職だけではなく、陰陽師[10]・虚無僧[11]・西宮夷願人[12]・神子[13]など幅広い事例が報告され、近年では一定の成果が蓄積し、その多様な展開の様相が明らかになりつつある[14]。

また、本書と関連する成果としては、富士山御師に関する本格的な研究がまとめられたことが特筆される。それは甲州史料調査会編『富士山御師の歴史的研究』[15]で、富士山御師を多角的な視点から浮き彫りにした点で画期的な成果であると評価できる。なお、このほか他地域（他社）の御師については、大山[16]・御岳山[17]・津島[18]・出雲[19]などの事例が報告されており、今後の進展が期待される。

右のよう研究状況に対し、課題として挙げられるのは、近世中期以降を対象とする成果に比べ、近世前期の宗教者やその組織・集団の実態に関する成果が乏しい点である。まとまったものとしては、西田かほる氏による一連の研究[20]

が挙げられるのみである。従来の研究では、特に地方寺社レベルにおいては、史料的な制約もあってか、宗教者を静態的にしか把握できていない[21]。このため、中世からの移行を視野に入れた議論を困難なものにしてしまっているといえる[22]。

従って本書では、神宮御師を事例[23]とすることを通じて、近世前期における変化の様相、換言すれば、近世中期以降の状況がどのように形成されたか、を具体的に描くことを目指したい。

二　神宮御師に関する研究と課題設定

次に、神宮御師を対象とした研究について概観し、本書の課題を設定する。

神宮御師に関する研究は近世にまで遡る。その中心となったのは鳥居前町の学者たちで、著述としては河崎延貞の「御師説[24]」が最も古く、このほか、出口延経の「神事随筆[25]」、喜早清在の「毎事問[26]」、久志本常彰の「神民須知[27]」といった随筆などで部分的に扱われている場合も散見される。しかし、あくまで御師に関する事物の語源や来歴を簡略に説明するものに過ぎず、その存在自体を論じるものではなかったと指摘できる。

これらに対し、本格的な研究として特筆されるのは、足代弘訓が天保四年(一八三三)に著した「御師考証[28]」である。本書は、「御師が神宮の古代的権威たる特異性を超えて発生するに至った事情」を「神宮の経済的基盤の変化」から説明し、「御師と檀那の関係の成立を歴史的必然」とするものであって[29]、諸文献に基づいて実証的に論考している点に特色がある。注目したいのは次の二点である。

(1)御師を伊勢神宮と諸国の人々とをつなぐ存在として位置づけている点。

(2)御師を中世の濫觴から弘訓が生きた近世まで連続する存在として捉えている点。

これは以降の研究においても前提として継承され、その方向性を規定したと考えられる。つまり、今日の御師像は、弘訓によって示された理解を基礎にしているといっても過言ではなく、「御師考証」はこの意味においても研究史上、起点となる成果であると評価できる。[30]反面、これにより、左のような傾向や問題点を生むことになった。

(A)以降の研究が、個々の御師と旦那・旦那所[31]との関係を解明することを目的としたものに偏ることになった。

(B)研究の対象となる時期が中世に集中した。これは御師による幅広い層への旦那の開拓が始まり、伊勢信仰が普及した時期であったことによる。一方、近世は師旦関係(御師と旦那の関係)の定着期として中世に比べ等閑視されることになった。

(C)時代ごとの変遷が不鮮明になり、それぞれの時代における御師の実態・特色が捨象されてしまった。

本書は、このような「御師考証」に起因する傾向・問題点を改善することを目指すものであり、その試みのなかから新たな御師の姿を描いてゆきたいと考える。

次に戦前期について概観しておく。まず、神宮御師について述べたものとして最初に挙げられるのは、明治三十二年(一八九九)に青柳糸若氏が紹介した「伊勢御師沿革」[32]である。これは度会郷友会発行の『度会』に載せられた短文で、簡潔に神宮御師の概略を記したものである。もともとは藤井清司氏[33]が執筆したものとされ、それを「こゝに抜粋して未た知らさる人の為にす」という。明治四年(一八七一)七月に御師が廃止[34]された後、三十年近くを経て郷土誌上で紹介されたことは、御師が歴史的存在として対象化されるようになったことを示しており、前時代となった近世を包括した研究の始まりを示すものであるといえる。

当該期の研究は、伊勢神宮史[35]や自治体史[36]の一齣として言及されることはあったが、御師自体を専一に扱った論考は思いのほか少ない。主要なものとしては、第一に石巻良夫氏の「伊勢の御師」(37)を挙げる必要がある。これは大正六年(一九一七)の発表で、構成としては、「一 御師の起源」「二 幣物の争奪」「三 宇治山田の坊」「四 師職式の制定」「五 両宮御師の軋轢」「六 師職の格式と所領」「七 山田の殷盛」「八 御師の御祓配布」からなり、発生から活動内容に及ぶ幅広い概要を提示している。特に、仏教勢力の存在、御師集団間の対立、御師職と師職式、廻旦の様相、公権力との関係性などへの着目は今日の議論を先取りするものであり、先駆的な成果として位置づけられる。

また、専一に扱った論考ではないが、平泉澄氏が大正十五年(一九二六)に発表した『中世に於ける社寺と社会との関係』(38)も挙げねばならない。同氏は「第四章 経済生活」において寺社の御師について取り上げ、その起源を考察するにあたって神宮御師の主要な活動内容を「(一)祈禱師、(二)参詣宿」と指摘した。この理解は、中西用康氏からの批判(39)があったものの、戦後も、新城常三氏(40)・西山克氏(41)・窪寺恭秀氏(42)などによって支持され、今日において通説的な理解となっている。

この他、「御師考証」で示された御師の発生に関する考察を深化させるものとして、中西用康氏の「伊勢に於ける御師発生の経路(上)(下)」(43)や岡田米夫氏の「源頼朝の奉幣祈禱と御師との関係を通して見たる王朝時代より武家時代への転換期に於ける神宮の社会史的考察」(44)などがある。

最後に、戦後の研究状況について見てゆく。まず、当該期の成果を振り返る上で見逃せないのは次の二つの動向である。

①伊勢神宮が宗教法人となり、その存立において国民の「奉賛」が占める比重が増したことで、伊勢神宮と各地の人々との歴史的な結びつきと、両者の仲介者である御師の存在が改めて注目されたということ。

②御師家に関する史料は、明治四年以降も旧御師家などの個人が所蔵し続ける場合が多かったが、それが公共機関

に収蔵されるところとなり、史料の整理・公開、そして史料集の公刊が進み、史料の利用が容易になったということ(45)。

当該期は、これらのもとに研究が進められてゆくことになり、参宮や社会構造など隣接する諸問題をも扱う点において研究の裾野が広がるとともに、その内容もより実証的かつ深化したものとなった。特に、②によって個別事例に取り組む成果が現れ、それが一つの潮流となったことは大きな画期であったといえる。また、①に対応する形で神宮御師についての研究が伊勢信仰研究の主要なテーマの一つとして扱われるようになり(46)、戦前期に比べ、多くの成果が生み出されたことも特筆されよう。ただ、既に西垣晴次氏が昭和五十九年(一九八四)の段階で、伊勢信仰に関する研究を概観して「最近の研究論文や報告のなかには、先行の論文や資・史料についてまったく無知のままで発表されるものが少なくない(47)」と述べているように、先行する成果を踏まえていない場合もあって、研究が散漫になってしまったことは否めない。ここでは拡散した成果を整理しておく。

まず挙げられるのは、昭和二十六年に発表された新城常三氏の「中世の御師―中世社寺参詣史の一節―(48)」である。参詣(参宮)の前提として旦那・旦那所との関係の形成と御師の廻旦を素描したもので、旦那との関係を具体的に提示した点で従来に無い成果であったといえる。そして、ここで準備された視点は、昭和三十九年の『社寺参詣の社会経済史的研究(49)』で深められ、交通史・参詣史研究のなかで位置づけられることになる。

地域ごとの廻旦を扱った成果も生まれている。昭和二十九年に小林計一郎氏が発表した「伊勢御師宇治家と信州檀家―荒木田久老・同久守を中心として―(50)」である。これは外宮御師宇治家の信濃国への廻旦を浮き彫りとしたもので、これ以降、様々な地域の事例を報告した成果が発表されるようになる(51)。

さらに、民俗・文化的な側面を述べた成果も生まれた。それは、昭和三十年に出された井上頼壽氏『伊勢信仰と民俗(52)と、昭和三十一年の大西源一氏による『参宮の今昔』(53)で、この著述のなかで神宮御師を取り上げ、簡潔ながら御師に関わる幅広い諸問題を扱っている。

昭和三十五年は、二つの研究姿勢の異なる伊勢神宮の通史が発表された点で画期的な年となった。一方は二月に発表された大西源一氏の『大神宮史要』[54]で、尊信的な姿勢のもと、伊勢神宮を基点とし、そこから周囲を照射する方法を採る。もう一方は七月に出された藤谷俊雄氏・直木孝次郎氏の『伊勢神宮』[55]で、批判的な姿勢のもと、周囲を重視し、そこから伊勢神宮の歴史を描く方法を試みている。

これらを受けて、神宮御師が国家や社会において担った役割を明確に探る論考が発表されるようになり、以降、歴史学会の動向や、そこで交わされた議論を意識した論考が現れ始める。

例えば、萩原龍夫氏は「伊勢信仰の発達と祭祀組織」[56]（昭和三十七年）のなかで、伊勢信仰が日本国内の祭祀組織に与えた影響を探るという関心から、神宮御師の活動と信仰の広がりとの関わりを論じている。また、新城常三氏は、前述の『社寺参詣の社会経済史的研究』（昭和三十九年）において、参宮を行う側に留意しつつ、参宮を勧め、受け入れる側としての神宮御師の様相を浮き彫りにしている。

昭和四十四年には、鳥居前町の社会構造との関係から論じる成果も現れた。それは藤本利治氏の「御師の活動からみた近世日本の地域性と山田の町」[57]で、「門前町と御師の活動」[58]「近世都市の機能結合―門前町を事例として―」[59]などの成果が発表される。そして、これ以降、鳥居前町の形成と構造に関する成果が生まれてゆく。[60]この他、近世における家格や家筋、階層の問題を扱ったものとして大澤貴彦氏「近世神宮祠官の家格と家筋について」[61]（平成七年〔一九九五〕）などがある。

昭和五十年代になると、伊勢神宮の広報誌である『瑞垣』の誌面で「特集―神宮御師―」[62]が組まれ、『神宮御師資料』[63]という資料集も刊行が開始された。これらは神宮御師への認知を促す動きとして指摘できよう。特に後者は、神宮御師に関する基本的な情報を提供するもので、今日においてもその価値は大きい。

昭和五十一年の西川順土氏「両宮御祓銘論の背景」[64]は、御師集団間の対立に着目し、両者の規模や教説の相違を踏まえて、その対立の背景を論じた点で重視すべき成果である。

そして、西垣晴次氏『お伊勢まいり』[65]（昭和五十八年）は、民衆の参宮を総合的に扱ったもので、とりわけ、伊勢信仰の普及とナショナル・アイデンティティ（国民意識）形成との関係性に言及し、これが近代国民国家の成立を準備したという展望は特筆すべきものがある。

しかしながら、西垣氏自身が『伊勢信仰Ⅱ　近世』[66]の序文において、

本書の扱う近世においては神宮の存在は大きく民衆の信仰に依存していたから、たしかに民衆宗教の一つとして位置づけられる側面をもっていた。しかしながら他の民衆宗教と伊勢信仰とを大きくきわだたせているのは、伊勢信仰が国家ないしは天皇と深くかかわりながら、その歴史を形成してきたという事実である。この点を無視しては伊勢信仰を正しく理解することはできないであろう。しかし、残念なことに、近世に限っていうならば、こうした点につき史実を掘りおこし実証をこころみた考察は、戦後まったくなされていないといってよい。ために本書にもこれに関した論文を収めることができなかった。

としているように、正面から検討した成果は見られず、今日においても課題として残されたままとなっている。とりわけ、近世社会においては伊勢信仰が民衆層のナショナル・アイデンティティの構成要素であったとの指摘が既になされており、今後、これに関する検討が不可欠であろう。言うまでもなく、伊勢神宮との間を仲介していたのは神宮御師なのであるから、彼らの布教内容や信仰との関わり方について解明する取り組みが求められる。[67]

昭和六十年代に入ると、今日の研究に大きな影響を与えた新たな成果が誕生する。それは、昭和六十二年に西山克氏が発表した『道者と地下人―中世末期の伊勢―』[68]である。これは、当時、高まりを見せていた社会史研究を意識したものと考えられ、中世末期の鳥居前町を対象として、その都市構造から社会慣行、神宮御師の展開過程などに及ぶ幅広い問題を論じている。特に「御宿職売券」や「道者売券」といった史料を網羅的に収集し、それを分析した論考は、実証面での水準を大きく引き上げ、研究史上、画期をなしたといっても過言ではない。[69]

これを受けて、飯田良一氏「中世後期の宇治六郷と山田三方」[70]（平成三年）など、宇治会合や山田三方（三方会合）といった自治組織（住民組織）に取り組む論考が生まれる。加えて、吉田吉里氏「外宮御師橋村一族について―中世末期、北部九州に於ける勢力拡大を中心として―」[71]（平成九年）や、窪寺恭秀氏「伊勢御師幸福大夫の出自とその活動について―中世末期を中心に―」[72]（平成十一年）など、神宮御師の「家」をめぐる問題と活動を関連づけて検討した成果も発表されてゆく。[73]

さらに、神宮御師を専一に論じる単著も現れた。それは、久田松和則氏が平成十六年に発表した『伊勢御師と旦那―伊勢信仰の開拓者たち―』[74]である。同書は、昭和五十六年から発表してきた成果を大成したもので、対象の地域を西北九州とし、扱った御師家は橋村家と藤井家である。伊勢参宮の実相と信仰を支える御師の活動を描いており、特に「参宮人帳」や「為替日記」などの御師家内部の史料を用いることの有効性を提示した功績は大きい。[75]近年では、『御参宮人帳』に見る伊勢御師の経済―天正・慶長期を中心に―」[76]（平成二十五年）を発表している。

平成十四年は、神宮御師が廃絶して百三十年目を迎える節目の年となった。これにあわせて伊勢市立郷土資料館において特別展が組まれ、[77]伊勢市・伊勢市教育委員会・皇學館大学の主催でシンポジウム「伊勢の町と御師―伊勢参宮を支えた力―」[78]が開かれている。また、平成十七年以降、外宮御師丸岡宗大夫邸など旧御師邸への発掘調査が実施されるようになった。(79) とりわけ、この丸岡宗大夫邸に関しては、平成二十四年から旧御師丸岡宗大夫邸保存再生会議（NPO法人）が設立され、保存と情報発信を中心とした意欲的な取り組みが続けられている。これらは、神宮御師が鳥居前町の歴史を象徴する存在として、伊勢市民に広く受容されていることを如実に表しているといえよう。

ここまでの研究蓄積を受けて、中世を対象に議論を整理した成果も生まれた。平成十七年に出された窪寺恭秀氏「中世後期に於ける神宮御師の機能と展開について」(80) は、神宮御師の呼称や成立、活動の展開といった基礎的な事項への検討を行っている。ここで同氏は、中世末期以降、祭主や禰宜による活動が低調となり、これに替わって鳥居前町の地下人層が活動の中心的な担い手となったことを指摘している。(81) また、祈禱行為について論じ、これが禰宜などの祭祀に携わる祠官層に限定されており、当該期においては鳥居前町の地下人層は実施できなかったことを明らかにしている。(82) 階層差と祈禱行為の関係性を論じるものとして興味深く、同氏が指摘するように、近世への移行を視野に入れて取り組む必要がある問題である。そして、このことは、前述した「（一）祈禱師、（二）参詣宿」を自明の前提とする通説的理解を再考することにもつながろう。

近世を対象とした研究に関しては、平成に入ってから次第に専論が増え始める。まず、挙げねばならないのは、笠原綾氏の「近世の武家の信仰をめぐって―近世前半における幕府・諸大名と伊勢御師―」(83)（平成二年）である。これは、近世前期の「武家」層を対象に、神宮御師との関係の具体相を考察するもので、江戸幕府の政策に言及するとともに、大名などの上層武家による代参・祈禱依頼に注目した点に特色がある。従来の研究では、これらの問題については簡単に触れる程度であったが、それに先鞭をつけ、今後の課題として「これらを単に信仰の問題として扱うのではなく、幕府政治や幕藩制国家の問題と関わらせて検討していく必要がある」(84) と展望したことは、新たな視点を提示するものとして高く評価される。そして、同氏により「老中の伊勢参宮」（平成九年）、「伊勢御代参の年頭恒例化と将軍権威」[85]（平成十年）などの成果が結実してゆくことになる。

さらに、御師集団間の争論を素材に、伊勢神宮をめぐる朝幕関係について検討した澤山孝子氏「朝幕関係のなかでの伊勢神宮―寛文十年御祓銘争論を事例として―」[86]（平成十四年）が発表されている。また、笠原氏の成果を受けて、大名の参宮と御師家の接遇を検討した久田松和則氏「大名の伊勢参宮と御師の接遇―肥前大村藩主と黒瀬主馬の一例を通じて―」[87]（平成二十四年）も生まれた。

近年では、伊勢神宮の膝下に広がる地域の通史が新たに編まれ、平成二十三年には中世編[88]が、平成二十五年には近世編[89]が刊行された。なかでも、千枝大志氏「宇治山田と御師」（中世編所収）と塚本明氏「伊勢参宮と御師」（近世編所収）は注目すべき論考である。前者は、遠隔地域における広域な旦那所の形成に着目し、これを神宮御師の「近世化」の徴証と評価するもので、中世末期における御師職の売買・譲渡と旦那所の形成の問題から、近世への移行を展望した。後者は、近世中期以降の参宮の諸相と御師の姿を具体的に描くものである。

また、上野秀治氏編『近世の伊勢神宮と地域社会』（平成二十七年）のように当該地域の特質に取り組む論集が出版され[90]、久田松和則氏「参宮をめぐる伊勢御師と美作・備前の道者達―大永五年『御道者日記』に見える初穂の納付形態―」、千枝大志氏「中世末・近世初期の伊勢御師に関する一考察―外宮御師宮後三頭大夫の越前国における活動を中心に―」、山田恭大氏「神宮御師の祠官的側面―丸岡宗大夫家を事例に―」が発表されている。

そして、このような研究の蓄積を受けて、従来の理解に対して再検討を試みる成果も現れるようになった。例えば、小林郁氏「伊勢御師と戦国大名の関係について」[91]は、戦国大名との師旦関係を論じ、その評価への再考を提起している。

以上、神宮御師に関する研究の軌跡を追い、その進展を確認してきた[92]。右の諸成果によって、師旦関係を中心とした諸活動に関する多くの事実が解明されたといえる。しかしながら、前述した「御師考証」によって生まれた傾向・問題点が根強く残っていることは否めないであろう。特に近世を対象とした研究に限っては、基礎的な事項についてさえ十分に考察が行われておらず、その活動の背景に迫ることを困難なものにしていると指摘せざるを得ない。このため、今日まで蓄積された成果が適切に評価されているとは言い難く、むしろ「御師考証」以来の紋切り型の理解が流布してしまっている。

このような状況を改善し、その存在を等身大の姿で把握してゆくためには、これまでの研究において等閑視されてきた側面に光を当ててゆく必要がある。そこで、本書では、近世前期を対象に次の課題に取り組んでみたい。

(Ⅰ)神宮御師が構成する集団(神宮御師集団)に着目し、その実態を明らかにする。
(Ⅱ)神宮御師と江戸幕府・伊勢神宮との関係を浮き彫りにする。
(Ⅲ)神宮御師の身分的な様相を明確にし、これが確定してゆく過程を跡付ける。

これらにより、神宮御師という存在を近世社会上で位置づけることができ、この手続きを経ることで、今日まで蓄積されてきた成果を適切に消化し、研究をより実相に即した形で発展させてゆくことが可能であると考える。従って、本書は、従来の研究の不足を補い、伊勢信仰の普及・深化の様相を解明してゆく上での土台を構築する意味を持つ。

三　近世前期の鳥居前町と神宮御師について

本書で対象となる地域と神宮御師について概観しておく。

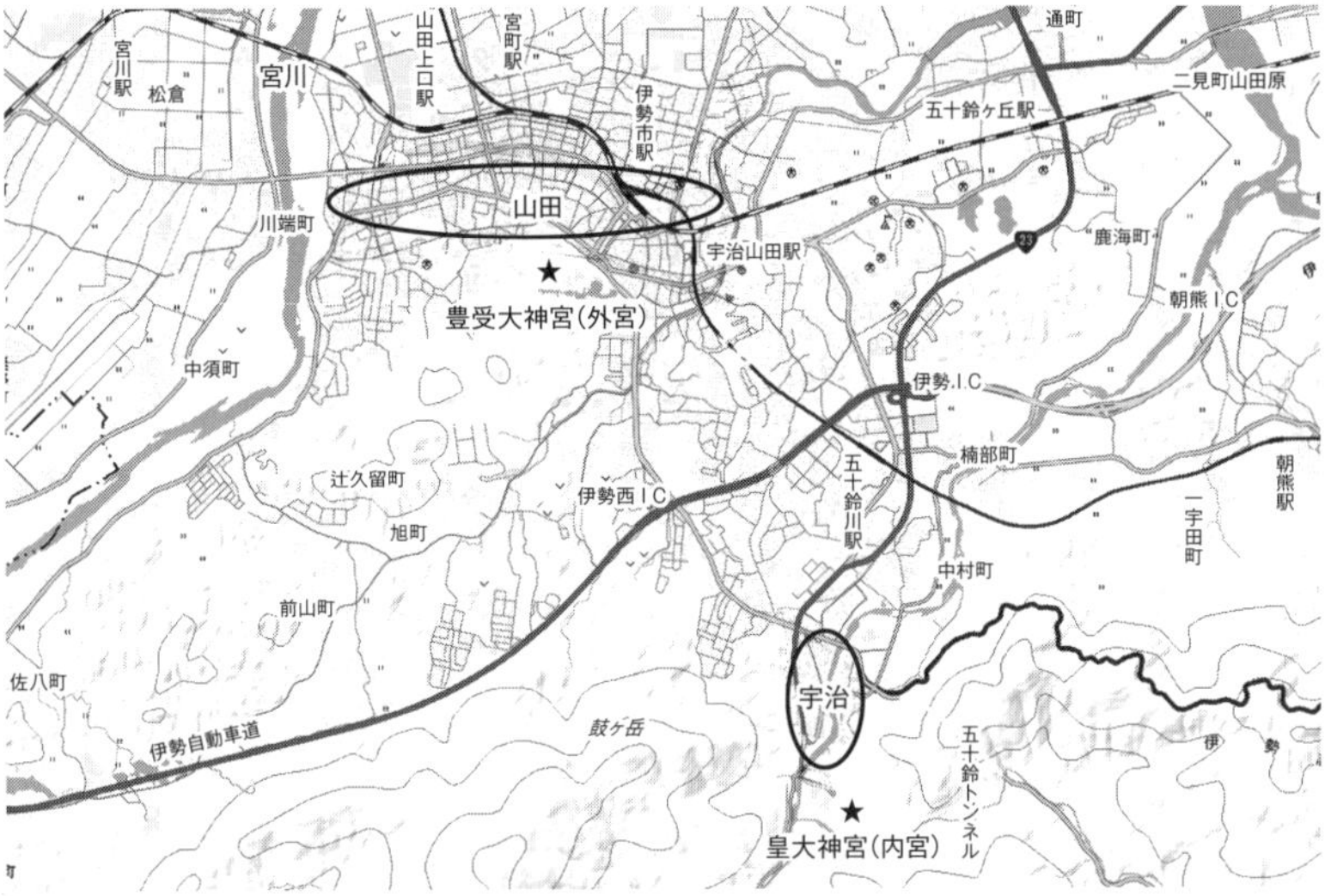

【図１】両宮の位置関係

国土地理院「電子国土基本図」に加筆して作成。参考として鳥居前町の概ねの範囲を枠線で示した。

⑴伊勢神宮

伊勢神宮は、内宮（正式名称は皇大神宮）と外宮（正式名称は豊受大神宮）と呼称される二つの正宮を中心に、別宮・摂末社など複数の神社から構成されている。内宮は伊勢国度会郡宇治（現　三重県伊勢市宇治館町）に、外宮は同国同郡山田（現　三重県伊勢市豊川町）に鎮座し【図１】、それぞれの主祭神は、前者が皇祖神・国主神である天照大神で[93]、後者は根源神である国常立尊と同体視されていた豊受大神であった。

古代以来、最高の社格を持ち、中世においては二十二社のうち上七社の一つとして位置づけられていた。このため、近世においても朝廷とは密接な関係を有し、神事の斎行や祈禱の実施に関する指示、神職の叙位・任官などを通じて、その影響下にあった。特に、正保四年（一六四七）九月からは、神嘗祭に際する例幣使の発遣が再興され、広義の朝廷祭祀とも関わることになる[94]。

また、多くの人々から広範な信仰を集め、それは日本に来訪したイエズス会宣教師たちの目から見ても特異に映るほどであった。[95] 他の寺社と比べ、信仰の広がりと参拝者数という点において隔絶した存在であったといえる。

右のような伊勢神宮への保護は、統一政権に対して公権力としての正当性と権威を付与するものであり、さらに、参拝に訪れた多数の参宮者をはじめ、多くの人々にその威光を目に見える形で誇示することにもつながった。例えば、式年遷宮への援助はそれを端的に示すものであろう。これに加えて、「伊勢踊り」の流行が不吉なものとして認識されていたことを重視するならば、[96] 信仰の対象を保護し、それと良好な関係を築くことで人心の安定を図る狙いもあったと考えられる。言うまでもなく、祈禱の執行も期待されており、これは朝廷と統一政権によって独占されていた。[97]

他の神社に対しては、伊勢神宮は独自の権威を保持していた。例えば、一部の神社の神職に対して許状を発給している例が確認できる。[98] つまり、当該期おいては、吉田家などと競合する神職本所としての側面も有していたといえる。[99]

両宮（内宮・外宮）において実際の運営を担ったのはそれぞれの禰宜たちで、相互に交流を持つものの、政治的には正宮とそれに付属する諸社の利害を代表する別個の集団（「内宮禰宜中《内宮神主中》」・「外宮禰宜中《外宮神主中》」）として行動した。彼らは祭祀の中心となる神職であって、古代氏族の系譜を引く荒木田姓・度会姓の家々の者が任じられた（前者が内宮に、後者が外宮に奉仕）。

禰宜は正宮ごとに一〇人ずつ存在し、上から一禰宜（一神主・長官）、二禰宜（二神主）、……十禰宜（十神主）と称した。その昇級は在任年数に基づいた階梯制となっており、経験が豊かな者ほど上位となる仕組みになっていた。

伊勢神宮領としては、統一政権から承認されたものが伊勢国内に存在し、後述する伊勢神宮周辺の地域（鳥居前町と近郊の村々）以外に、多気郡内の村々（斎宮村ほか）や度会郡内の村々（田辺村ほか）などで四〇〇〇石余あった。[100] ただし、この四〇〇〇〇石余のほとんどは祭主・大宮司・禰宜、慶光院に対して与えられたものであった。

⑵鳥居前町

内宮と外宮の膝下にはそれぞれ鳥居前町が広がっていた。前者を宇治、後者を山田といい、両者は宗教権門・荘園領主であった伊勢神宮の「権門都市」から出発し、[101]中世末期には多くの参宮者が訪れる「宗教都市」として発展を遂げていた。[102]その人口（五歳以上）としては、寛永二十年（一六四三）三月の段階で、前者には三五九二人、後者は三万九一〇人であった。[103]このことからも明らかなように、規模としては山田が宇治を遥かに凌駕していた。ここにおいては複雑な経済構造が成立しており、[104]居住する住民たちは莫大な富を蓄積していた。

特筆すべきは、文禄三年（一五九四）十一月に豊臣氏によって「従二宮川一内之儀、大神宮為二敷地一」と位置づけられ、検地と諸役が免除されたことである。[105]つまり、宮川以東の鳥居前町とその周辺の地域は、伊勢神宮の「敷地」（境内地）とされたのであって、この方針は徳川氏にも継承された。これにより当該地域は「自治」的性格が残存し、遠国奉行である山田奉行の監督のもと、宇治会合・山田三方と呼称される住民組織によって支配がなされることになった。従って、伊勢神宮領を構成するとはいっても伊勢神宮に支配の権限はなく、住民に一部の奉仕義務があったに過ぎなかったのである。もちろん、このような「自治」は新たに設定されたものではなく、中世末期からの諸関係を追認したものであった。ただ、住民の意識レベルにおいては、住民が自らを「神領民」と称していたことや独自の触穢観念が存在していたことからも明らかなように、伊勢神宮の存在は多大な影響を及ぼしていた。[106]

神宮御師は、当該地域において政治的・経済的に大きな力を持つ存在であって、[107]このことは、前述した宇治会合・山田三方を構成するメンバーがすべて御師家で占められていたことからも窺うことができよう。彼らは鳥居前町の住民を自らの家来として編成しており、[108]なかには、近郊の農村に影響力を持つ者さえあった。[109]当該地域においては、彼

【表１】外宮御師の家格と内訳(天保３年７月改)

総数	家格(家数)	内訳(家数)	備　考
370	神宮家(19)	当時正員(7)	
		権禰宜(12)	
	三方年寄家(23)	内宮権禰宜家(4)	
		外宮権禰宜家(8)	此内玉串家壱軒
		無位之凡家(11)	外ニ有名無実壱軒
	年寄家(185)	内宮権禰宜家(20)	
		外宮権禰宜家(35)	此内物忌家拾弐軒、玉串家壱軒
		無位之凡家(130)	
	平師職家(143)	外宮権禰宜家(2)	
		凡卑之家(141)	

神宮文庫所蔵「山田師職銘帳」(図書番号１門3542号)をもとに作成。家格欄・内訳欄・備考欄の記載は史料のままとした。

らや禰宜家を頂点とした主従関係が複雑に張り巡らされていたと考えられる。

(3)神宮御師

そもそも、神宮御師であるために不可欠な条件とは何であろうか。延宝五年(一六七七)六月に山田三方によって行われた師職改に際して町々に出された触をみると、(a)旦那・旦那所を保持していること、(b)御師としての活動を実際に行っていること、が基準として挙げられている。(110)従って、これらが何より重要な条件であったといえる。

神宮御師には、宇治に居住する内宮御師と山田に住む外宮御師が存在し、その数としては、近世を通じて増減があるものの、後者の方が多かった。承応二年(一六五三)八月の調査によると、外宮御師が三八九家(ただし、後述の神宮家を除く)であった。(111)また、正徳年間(一七一一〜一六)で、宇治に居住する内宮御師が二四一家、山田に居住する外宮御師が五〇四家であったとされる。(112)

その内部には階層が存在しており、近世後期の外宮御師を例にすると、【表１】のようになり、およそ四つの家格に分かれていた。神宮家は、禰宜や権禰宜を務める家々で、御師としての活動はあくまで副次的なものであった。三方年寄家は山田三方の年寄を務める家々で、年寄家は各町の年寄を務める家々であった。なお、三方年寄家以下の家々には権禰宜を務める家も含まれていたが、これらは神宮家とは異なり禰宜に昇任することはなく、権禰宜としての活動も限定されていた。最後の平師職家は、各町の年寄を務めない御師家を指した。このうち、中世の地下人層の系譜に連なり、活動の主な担い手となったのは三方年寄家と年寄家の御師たちであった。

彼らへの支配については、一般的には伊勢神宮が本所として編成を行っていたものと理解されがちであるが[113]、伊勢神宮には何ら権限はなく、実際は宇治会合と山田三方がそれを行っていた。しかも、それ自体も緩やかなものであったと考えられ、外宮御師を例に主要なものを挙げるならば、①居住地や姓名などの把握[114]、②「横目」の運営費用の徴収（第二部補論一参照）、③御師間の裁判の実施・仲裁（第一部第二章参照）、④新規加入と廃業[115]の把握[116]、⑤活動に対しての取り締まり[117]、などが行われていたに過ぎない。従って、支配面においては、御師たちは伊勢神宮に直接的には属していなかったのであり、このことは、彼らが鳥居前町に居住する町人としての性格を色濃く有していたことの表れであるといえる。

身分については複雑な様相を呈している。近世社会における御師は、「江戸時代の御師の身分は、百姓と神職の両身分の中間に位置していた[118]」とされるが、神宮御師もこれと同じく、町人と神職の中間に位置する身分であったと考えられる[119]。具体的な特徴を挙げると、

(ア)旦那（参宮者）に対して、彼らの願いを受けて祈禱を行う。
(イ)伊勢神宮に対しては、祠官（神職）として臨時の「神役」を勤める。
(ウ)帯刀の格式を持つ。

(エ)鳥居前町に居住し、宗門改を受けるとともに課役を負う[120]。

という四つがある(ア)〜(ウ)については第二部第六章を参照)。(ア)〜(ウ)は神職としての性格を示すものであり、(エ)は町人のこのように彼らは神職でもあり町人でもあるのであって[121]、多様な相貌を持つ存在だったと考えられる。

注目すべきは、彼らが全国各地の様々な階層の人々との間に師旦関係を取り結んでいたことである。具体的には、禁裏や将軍家から民衆(農民・町人など)にまで及ぶ人々に対して、初穂料として金銭や米穀などを取得する代わりに、参宮に際しての止宿の世話をはじめ、御祓大麻(伊勢神宮の御札)の配札や祈禱の執行などを行っていた。つまり、伊勢神宮と人々との間を仲介する存在であったのであり、多様な内実を有する信仰を支えていたといえる[122]。その旦那の数は厖大なもので、判明する近世中期の外宮御師の状況(町ごとの御師数と保持する旦那の総数)を挙げると【表2】のようになる。もちろん、大名家と関係を結ぶ者も多く、「国々城主」とされる二七三家に御師が存在していた[123]。このなかには「神領」という名目で知行が与えられている場合もあった【表3】。

言うまでもなく、神宮御師は旦那から呪術的な力を有すると目されており、彼らの祈禱には様々な効験があると信じられていた。このほか、廻旦で携帯した灰は呪力を持つ「神灰」とされた[124]。また、貸与した金銀を「神之金子[125]」・「大神宮御銀[126]」と呼称する事例があることも興味深く、今後、このような切り口からの検討も必要であろう。

四　本書の構成

本書は三部から構成される。全体としては、当該期における神宮御師の展開を軸として、江戸幕府や伊勢神宮(内

【表２】近世中期、山田の各町における御師数と旦那数

	享保12年(1727) 5月改		安永６年(1777) 3月改	
町　名	御師数	旦那数	御師数	旦那数
中嶋	7	31,416	5	27,225
辻久留	8	59,483	7	55,322
二俣	16	119,457	12	115,164
浦口町	24	78,031	15	137,548
上中之郷	49	510,108	36	632,543
下中之郷	43	267,367	43	315,732
八日市場町	51	502,627	50	556,872
曽祢町	39	140,317	27	161,640
大世古町	21	280,406	22	322,693
一之木町	22	82,016	18	133,450
一志久保町	47	270,292	31	337,492
宮後西河原町	88	490,935	72	488,287
田中中世古町	39	151,333	31	224,280
下馬所前野町	49	179,496	32	212,100
岩渕町	50	975,308	34	1,016,731
富貴上町	16	37,297	14	86,499
岡本町	28	109,739	25	115,731
妙見町	12	3,569	13	23,061
計	609	4,289,197	487	4,962,370

神宮文庫所蔵「山田師職銘帳」(図書番号1門3542号)と「安永六年丁酉年師職檀家諸国家数帳」(皇學館大学史料編纂所編『神宮御師資料』４輯、皇學館大学出版部)をもとに作成。千枝大志「宇治・山田の近世都市化」掲載「表3－13　山田各町の御師・檀那数」(三重県編『三重県史』通史編近世１、三重県、2017年)を参考とした。

【表３】近世中期における外宮御師の知行高一覧

大　名	領　地	石高(石)	御　師	知　行
上杉民部大輔	出羽国米沢	150,000	蔵田大夫	神領100石
			祝部佐渡	50石
佐竹右京大夫	出羽国秋田	205,000	久保倉大夫	神領300俵
松平和泉守	出羽国山形	60,000	岩出将大夫	神領35俵
酒井左衛門尉	出羽国庄内	140,000	岩出将大夫	神領100石
松平肥後守	陸奥国会津	250,000	御炊大夫	神領117石
丹波(羽カ)若狭守	陸奥国二本松	107,000	藤田内匠	神領100石
堀田相模守	下総国佐倉	100,000	御炊左大夫	神領30石

大　名	領　地	石高(石)	御　師	知　行
本多中務大輔	下総国古川(河カ)	50,000	春木大夫	神領150石
真田伊豆守	信濃国松代	103,000	広田筑後	神領地方200石
堀美濃守	信濃国飯田	20,000	大主織部	神領50石
榊原小平太	越後国高田	150,000	春木大夫	神領150石
堀丹後守	越後国村松	30,000	二見豊後	神領10石
加賀(前田)中将	加賀国金沢	記載なし (1,025,000)	福井土佐	神領地方120石 御神楽料黄金６枚正月毎年
			堤刑部	100石
長大隅守	加賀陪臣(前田氏家臣)		松田三郎四郎大夫	神領150石
藤堂和泉守	伊勢国津	323,000	上部大夫	神領300石地方
			堤刑部	100石
松平下野(総カ)守	伊勢国桑名	100,000	久保倉二頭大夫	神領150石
久野和泉守	(紀伊国和歌山　徳川氏家臣)		幸福内匠	神領30俵
井伊掃部頭	近江国彦根	350,000	松田長大夫	神領120俵 神楽料黄金６枚正月
本多主膳正	近江国膳所	60,000	久保倉大夫	神領(ママ)
分部若狭守	近江国大溝	20,000	杉木宗大夫	神領20石
酒井修理大夫	若狭国小浜	123,000	岩出将大夫	神領50石
松平紀伊守	丹波国笹山	50,000	岩出将大夫	神領50石
青山大膳亮	丹後国宮津	48,000	杉木宗大夫	神領地方100石
京極甲斐守	但馬国豊岡	15,000	宮後神主	神領10石
仙石越前守	但馬国出石	58,000	杉木作大夫	神領玄米200石
小笠原信濃守	播磨国小野	10,000	榎倉大夫	神領50石
松平(池田)大炊頭	備前国岡山	315,000	上部大夫	神領地方300石
松平(浅野)安芸守	安芸国広島	426,000	豊田大夫	神領300石
毛利大膳大夫	長門国萩	369,000	村山若狭	神領200石
毛利岩之助	長門国長府	50,000	村山若狭	神領玄米6石
松平(蜂須賀)淡路守	阿波国徳嶋	257,000	橋村吉大夫	神領玄米33石
松平(山内)土佐守	土佐国(ママ)	242,000	上部左近	神領200石
山田蔵人	(山内氏家臣)		福嶋伊豆	神領50石
松平(黒田)筑前守	筑前国(ママ)	540,000	上部左近	神領地方300石
有馬中務大輔	筑前国クルメ(久留米)	220,000	村山若狭	神領玄(ママ)50石
立花飛騨守	筑後国柳川	119,600	高田二頭大夫	神領50石
小笠原右近将監	豊前国小倉	150,000	榎倉大夫	神領400石
中川修理大夫	豊後国竹田	74,000	坂備中	神領100石
稲葉伊予守	豊後国臼杵	50,000	上部大夫	神領地方350石
久留嶋信濃守	豊後国森	12,200	足代権大夫	神領50石
松平主殿頭	肥前国嶋原	70,000	岩出将大夫	神領13石
松平(鍋島)丹後守	肥前国佐賀	350,000	橋村肥前大夫	神領100俵
松平(島津)大隅守	大隅国・薩摩国(ママ)	778,000	御炊大夫	神領100石

神宮文庫所蔵「御大名方御師覚帳」(図書番号1門5640号)をもとに作成。記載内容は史料のままとした。

宮・外宮）の動きに注目しつつ、他の宗教者との関係にも目配りして考察を進めた。このため、主として争論などの個別事例への検討を行うという帰納的な方法を用いた。これは、近世前期の史料が断片的にしか残存していないことにもよる。各章の概要を示しておこう。

第一部では、当該期に起きた変化を捉えることを目指す。

第一章においては、神宮御師が二つの集団（内宮御師集団・外宮御師集団）に大別されることに着目し、この両集団と師旦関係をめぐる諸問題に焦点を絞って、主に朱印状の内容と寛永年間（一六二四～四四）の争論を素材として検討を行う。

第二章においては、外宮御師の統制機関である山田三方を事例として、旦那争論の裁判主体の変遷と、その解決を目的とした裁判制度が整備される過程を跡付ける。

第三章においては、「内宮六坊出入」と呼称される山伏との争論を素材として、御師集団間における連帯意識の形成について明らかにする。

第二部では、近世社会における諸相を中心に検討を行う。

第四章においては、寛永年間に起きた「宮中之定」の制定をめぐる一件を素材に、外宮宮域支配と山田三方、そして外宮御師との関わりのあり方を明らかにする。

第五章においては、内宮御師風宮兵庫大夫家を事例として、山伏から御師への転身の様相とそれをめぐる諸問題に関して分析する。

第六章においては、天和年間（一六八一～八四）に起きた帯刀をめぐる一件を素材に、神宮御師の身分的な様相や神宮における位置づけについて検討する。

補論一においては、承応二年(一六五三)に実施された外宮宮域への横目の設置を事例として、外宮御師と宮域との関わりのあり方を明らかにする。

第三部では、神宮御師をめぐる諸問題に取り組む。

第七章においては、文禄三年(一五九四)に成立した「文禄三年師職帳」の内容など基本的な事項を検討する。

第八章においては、土地に関する寄進状を集積し、外宮御師へ宛てられたものと内宮御師へのそれとを比較することを通じて、内宮御師の活動の特徴を浮き彫りにすることを目指す。

第九章においては、風宮兵庫大夫家の由緒を素材に、近世前期から近世中期にかけての由緒改編の様相を明らかにする。

補論二においては、御祓大麻(御祓)の問題を取り上げ、特に授与への規制について扱う。ただし、史料的制約から近世末期を対象とせざるを得なかった。ここでは、安政二年(一八五五)に「白石屋」と呼ばれる人々に対して外宮が実施した取り締まりの事例から検討する。

右に加えて、結びとして終章を置き、全体の内容を整理した。各章の原題及び初出は次の通りである。なお、既出論文のうち、ことわりの無いものについては語句や表現の修正を行うにとどめ、論旨の変更は行わなかった。

序章(新稿)

第一部

第一章「近世前期における神宮御師集団と師檀関係―寛永年間の争論をめぐって―」(『地方史研究』三七四号、二〇一五年)

第二章「山田三方と旦那争論―裁判制度の整備を中心に―」（新稿）
第三章「神宮御師の連帯意識の萌芽について―近世前期の「内宮六坊出入」を素材に―」（『皇學館論叢』四四巻三号、二〇一一年）、一部改稿

第二部
第四章「近世前期における伊勢神宮外宮宮域支配と山田三方―「宮中之定」をめぐって―」（上野秀治編『近世伊勢神宮地域社会の特質』、岩田書院、二〇一五年）
第五章「近世前期における山伏から御師への転身―内宮御師風宮兵庫大夫家を例に―」（『神道宗教』二二六・二二七合併号、二〇一二年）
第六章「「天和の治」期の身分統制と伊勢神宮―「帯刀一件」を素材として―」（『日本歴史』七五五号、二〇一一年）、一部改稿
補論一「近世前期の山田三方と外宮宮域支配―承応二年の「横目」設置を素材として―」（『神道史研究』六四巻二号、二〇一六年）

第三部
第七章「「文禄三年師職帳」について」（『皇學館論叢』四九巻四号、二〇一六年）
第八章「中世末期から近世初頭にかけての内宮御師の活動について―寄進状の表記を素材として―」（『神道史研究』六五巻一号、二〇一七年）
第九章「近世における由緒改編の一事例―風宮兵庫大夫家を素材として―」（新稿）
補論二「御祓授与と伊勢神宮―安政二年の外宮による「白石屋」への制禁を素材に―」（『神道史研究』六一巻一号、二〇

二三年）

終　章（新稿）

本書で引用した史料の漢字や合字は、原則的に現在常用の字体に改めた。また、史料の傍注・読点・中黒・返り点は、すべて著者が付したものである。

註

（1）伊勢市産業観光部企画課編『平成二十五年　伊勢市観光統計』（伊勢市、二〇一四年）。伊勢市ホームページ（http://www.city.ise.mie.jp/secure/12124/25kankotoukei.pdf）掲載。二〇一四年一〇月九日閲覧。

（2）石垣仁久「伊勢志摩サミット開催につき各国首脳神宮表敬」（『瑞垣』二三四号、二〇一六年）。

（3）伊勢神宮の御師については、研究史上、「神宮御師」や「伊勢御師」などの呼称があるが、本書では、①二種類の御師集団が正宮に対応する形で別個に存在していたこと（第一部第一章参照）、②伊勢神宮に属する神職（祠官）として位置づけられていたこと（第二部第六章参照）、などの近世特有の特徴に着目し、伊勢神宮との関係性を重視する視座から「神宮御師」で統一した。

（4）高埜利彦『近世日本の国家権力と宗教』（東京大学出版会、一九八九年）。

（5）例えば、井上智勝『近世の神社と朝廷権威』（吉川弘文館、二〇〇七年）、梅田千尋『近世陰陽道組織の研究』（吉川弘文館、二〇〇九年）、菅野洋介『日本近世の宗教と社会』（思文閣出版、二〇一一年）など。

（6）高木昭作「幕藩初期の身分と国役」（同『日本近世国家史の研究』所収、岩波書店、一九九〇年。初出は、『歴史学研究（一九七六年度歴史学研究会大会報告別冊）』、一九七六年）。
（7）朝尾直弘「近世の身分制と賤民」（『朝尾直弘著作集』七巻所収、岩波書店、二〇〇四年。初出は、『部落問題研究』六八号、一九八一年）。
（8）塚田孝「近世の身分制支配と身分」（歴史学研究会・日本史研究会編『講座日本歴史』5巻近世1所収、東京大学出版会、一九八五年）・同「社会集団をめぐって」（『歴史学研究』五四八号、一九八五年）など。
（9）例えば、塚田孝ほか編『身分的周縁』（部落問題研究所出版部、一九九四年）、高埜利彦・横田冬彦・吉田伸之ほか編『シリーズ 近世の身分的周縁』全六巻（吉川弘文館、二〇〇〇年）など。
（10）林淳『近世陰陽道の研究』（吉川弘文館、二〇〇五年）など。
（11）保坂裕興「十八世紀における虚無僧の身分形成」（『部落問題研究』一〇五号、一九九〇年）、長谷川佳澄「虚無僧と地域社会」（『千葉史学』六〇号、二〇一二年）など。
（12）佐藤晶子「西宮夷願人と神事舞太夫の家職争論をめぐって」（橋本政宣・山本信吉編『神主と神人の社会史』所収、思文閣出版、一九九八年）、中野洋平「えびす願人・えびす社人とその支配」（『ヒストリア』二三六号、二〇一三年）など。
（13）西田かほる「神子」（前掲『シリーズ 近世の身分的周縁1 民間に生きる宗教者』所収）など。
（14）梅田千尋「近世の神道・陰陽道」（大津透・桜井英治・藤井譲治・吉田裕・李成市編『岩波講座日本歴史 近世3』所収、二〇一四年）。
（15）甲州史料調査会編『富士山御師の歴史的研究』（山川出版社、二〇〇九年）。
（16）原淳一郎「近世寺社参詣における御師の役割」（『近世寺社参詣の研究』所収、思文閣出版、二〇〇七年。初出は、「近世寺社参詣における御師の役割―大山御師の廻檀を通じて―」、『史学』七三巻二・三号、二〇〇七年）。
（17）靱矢嘉史「武州御嶽山の近世的成立―武蔵国地域大社の一事例として―」（『早稲田―研究と実践―』三一号、二〇〇九年)。

(18) 林淳「近世津島社の社家組織と御師」(青柳周一ほか編『近世の宗教と社会1 地域のひろがりと宗教』所収、吉川弘文館、二〇〇八年)。

(19) 島根県古代文化センター編『島根県古代文化センター調査研究報告書30 出雲大社の御師と神徳弘布』(島根県古代文化センター、二〇〇五年)。

(20) 西田かほる「甲州国中における社家とその組織の成立—永禄~寛永期を対象として—」(『武田氏研究』一二号、一九九四年)・同「近世的神社支配体制と社家の確立について—甲州国中地域を事例として—」(『地方史研究』二五一号、一九九九年)・同「勤番体制と社家集団—近世前半期における甲州国中地域の社家組織—」(『学習院大学史料館紀要』八号、一九九五年)など。

(21) このような現状を改善する試みとして、靭矢前掲「武州御嶽山の近世的成立—武蔵国地域大社の一事例として—」・同「近世前期の在地神職組織—武蔵国西部「北野方」を事例に—」(『早稲田—研究と実践—』三七号、二〇一五年)などが挙げられる。

(22) 中世後期の地方寺社に関する成果については、西尾知己「中世後期寺社勢力の構成と機能」(『歴史評論』七九七号、二〇一六年)を参照。

(23) 神宮御師を取り上げた一つの理由としては、神社とその宗教者を対象とする研究が寺院を対象とするそれと比べ、立ち遅れていることが挙げられる。これは国家や社会への影響力の度合いなどへの評価も関係しているが、本質的にはかつての研究者の意識によるところが大きい。つまり、井上智勝氏が近世における神社の展開について概説するにあたり、「戦後歴史学は、国家神道体制への反動から、神社や天皇に関する研究を忌避してきた」としているように(井上智勝「近世神社通史稿」、『国立歴史民俗博物館研究報告』一四八集、二〇〇八年、二七〇頁)、戦後特有の雰囲気があったにせよ、先入主的な認識によってその研究が棚上げされてきたといえる。平成初年以降、改善に向かう傾向にあるが、研究が遅れていることは否めない。本書の執筆に際しては、近世の伊勢神宮とその宗教者を積極的に議論の俎上に載せてゆくという問題意識から史料と事例の紹介を心掛けた。

(24)　河崎延貞「御師説」(国立公文書館所蔵、請求番号五〇五九三号)。当史料は、元禄十四年(一七〇一)二月二十八日に久志本常彰が書写したもので、奥書によると、原本は久志本常治の求めによって河崎延貞がまとめたものであるとされる。

(25)　出口延経「神事随筆」(神宮司庁編『神宮随筆大成　前篇』所収、吉川弘文館)「御師」項。

(26)　喜早清在「毎事問」(前掲『神宮随筆大成　前篇』所収)「御師称号ノ事」「御師ヲ大夫ト称スル事」「御師ノ家ヲ坊ト称スル事」「檀那ト称する事」「御祓太麻ノ事」項。

(27)　久志本常彰「神民須知」(前掲『神宮随筆大成　前篇』所収)「大夫」「御師」「坊」「道者」「初穂」項。

(28)　足代弘訓「御師考証」(神宮司庁編『神宮近世奉賽拾要　前篇』所収、吉川弘文館)。

(29)　中田四朗「足代弘訓の御師考証について」(『三重史学』三号、一九六〇年)、四九〜五一頁。

(30)　神宮御師が関係を取り結ぶ相手(崇敬者)については、史料上、「道者」「旦那」などの呼称があるが、本書では、「旦那」で統一した。用例としては、慶長八年(一六〇三)九月九日付で宇治会合に発給された徳川家康朱印状に、「一、参宮之輩者可㆑為㆓旦那次第㆒事」とあることなど(「徳川家康朱印状」、『三重県史』資料編近世1、三重県、七八九〜七九〇頁)。

(31)　「旦那所」は、神宮御師と関係を結ぶ特定の場所・地域(縄張り)を指す語である。用例としては、慶安元年(一六四八)十月十七日に三日市兵部が山田奉行所へ提出した訴状に、「一、我等古来相伝之旦那所上州へ内宮成願寺之使僧之由申南覚坊と中山伏罷越、(後略)」とあることなど(「乍恐申上候条々」、「内宮六坊出入幷雑記」収録、神宮文庫所蔵、図書番号一門四六六三号)。つまり、「旦那」が点的な把握とするならば、「旦那所」は面的な把握であるといえよう。これについては、西山克氏が中世末期の道者売券への検討から「道者のタイプ」として整理した「「家」を単位とする道者」と「特定の地域(主に「里」)を単位とする道者」に対応するものであるといえる(西山克『道者と地下人—中世末期の伊勢—』、吉川弘文館、一九八七年、一七六～一八一頁)。

(32) 青柳糸若「伊勢御師沿革」(『度会』二二・二三号、一八九九年)。

(33) 藤井清司氏は、神苑会創立委員などを務めた人物で、『神苑会史料』(神苑会清算人事務所、一九一一年)・『神苑会史料 補遺』(田中芳男、一九一三年)などの編纂者として知られる。

(34) 西川順土「廃止前後の御師」(『歴史手帖』一二巻七号、一九八四年)。

(35) 廣池千九郎『伊勢神宮』(廣池千九郎、一九〇八年)、中村徳五郎『皇大神宮史』(弘道閣、一九二一年)など。

(36) 宇治山田市役所編『宇治山田市史』(宇治山田市役所、一九二九年)など。

(37) 石巻良夫「伊勢の御師」(『國學院雑誌』二三巻五号・二三巻七号、一九一七年)。

(38) 平泉澄『中世に於ける社寺と社会との関係』(至文堂、一九二六年)。

(39) 中西用康氏は、平泉澄氏の「(一)祈禱師、(二)参詣宿」という指摘のうち、前者を前提とすることに疑義を呈し批判を行っている(「伊勢に於ける御師発生の経路(下)」、『歴史と地理』二五巻一号、一九三〇年、一一二～一一四頁)。

(40) 新城常三「中世の御師—中世社寺参詣史の一節—」(『北大史学』創刊号、一九五一年)、二七頁。

(41) 西山前掲『道者と地下人—中世末期の伊勢—』、一一二頁。

(42) 窪寺恭秀「中世後期に於ける神宮御師の機能と展開について」(『皇學館大学神道研究所紀要』二一輯、二〇〇五年)、一二九頁。

(43) 中西用康「伊勢に於ける御師発生の経路(上)(下)」(『歴史と地理』二四巻六号・二五巻一号、一九二九年・一九三〇年）。

（44）岡田米夫「源頼朝の奉幣祈禱と御師との関係を通して見たる王朝時代より武家時代への転換期に於ける神宮の社会史的考察」（『史学会会報』九号、一九三一年）。

（45）神社に関する史料が抱える諸問題については、諏訪神社（諏訪大社）の関係史料を事例として資料学的検討を行った井原今朝男氏の成果を参照（「神社史料の諸問題―諏訪神社関係史料を中心に―」、前掲『国立歴史民俗博物館研究報告』一四八集）。特に、近代神社制度の導入により旧社家と神社との関係が断たれ、史料の多くが個人の家蔵史料に帰し、今日、それらが危機的状況にあるという指摘は、程度の差こそあれ、伊勢神宮に関する史料にも当てはまる。

（46）井後政晏「伊勢信仰の研究と課題」（『神道史研究』五〇巻三・四合併号、二〇〇二年）、藤森馨・平泉隆房・久田松和則・牟禮仁・加茂正典「伊勢神宮史研究の現状と課題」（『皇學館大学神道研究所紀要』二四輯、二〇〇八年）。

（47）西垣晴次「近世伊勢信仰の研究成果と課題」（『民衆宗教史叢書　第十三巻　伊勢信仰Ⅱ　近世』所収、一九八四年）、三三五～三三六頁。

（48）新城前掲「中世の御師―中世社寺参詣史の一節―」。

（49）新城常三『社寺参詣の社会経済史的研究』（塙書房、一九六四年。後に増補して『新稿　社寺参詣の社会経済史的研究』、塙書房、一九八二年）。

（50）小林計一郎「伊勢御師宇治家と信州檀家―荒木田久老・同久守を中心として―」（『信濃』六巻八号、一九五四年）。

（51）例えば、藤田定興「盤城・岩代地方を旦那場とした近世の伊勢御師とその旦那廻りの実態」（小津清治先生還暦記念会編『福島地方史の展開』所収、一九八五年）、船杉力修「戦国期における伊勢信仰の浸透とその背景―越後国蒲原郡出雲田荘を事例として―」（『地理学評論（Ser. A）』七〇号、一九九七年）、草間孝廣「松前における伊勢御師の活動」（『明治聖徳記念学会紀要』復刊三五号、二〇〇一年）、千枝大志「伊勢御師の動向と山国」（坂田聡編『禁裏領山国荘』、高志書院、二〇〇九年）など。また、廻旦の請負については、上野秀治氏が関係史料を紹介している（「江戸後期伊勢御師の配札に関する一試論」、『皇學館大学史料編纂所報　史料』一九六号、二〇〇五年）。

（52）井上頼壽『伊勢信仰と民俗』（神宮司庁教導部、一九五五年）。

（53）大西源一『参宮の今昔』（神宮司庁教導部、一九五六年）。

（54）大西源一『大神宮史要』（平凡社、一九六〇年）。

（55）藤谷俊雄・直木孝次郎『伊勢神宮』（三一書房、一九六〇年）。これに関しては、批判を行った瀧川政次郎氏が「共産主義者の宣伝文書」と評したこともあって（「律令における太神宮」、『神道研究』九巻四号、一九六一年、三二八頁）、議論を巻き起こし、岡田精司氏（「戦後の伊勢神宮研究―古代史に関する研究成果―」、『歴史評論』一四五号、一九六二年）・西垣晴次氏（「戦後の伊勢神宮についての研究（一）―中世以降を中心とする―」、『歴史評論』一五二号、一九六三年・同「戦後の伊勢神宮についての研究（二）―中世以降を中心とする―」、『歴史評論』一六一号、一九六四年）によって研究史の整理が行われるところとなった。ただし、ここでは古代・中世に関する成果の整理が中心で、近世以降については成果が少ないことが指摘されているに過ぎない。

（56）萩原龍夫「伊勢信仰の発達と祭祀組織」（同『中世祭祀組織の研究』所収、吉川弘文館、一九六二年）。

（57）藤本利治「御師の活動からみた近世日本の地域性と山田の町」（同『歴史時代の集落と交通路』所収、地人書房、一九八九年。初出は「山田御師と活動に現われた近世日本の地域性―師職銘帳の統計的分析（一）―」、『皇學館大学紀要』七輯、一九六九年）。

（58）藤本利治「門前町と御師の活動」（同『門前町』所収、古今書院、一九七〇年）。

（59）藤本利治「近世都市の機能結合―門前町を事例として―」（同『近世都市の地域構造』所収、古今書院、一九七六年）。

（60）例えば、船杉力修「戦国期における伊勢神宮外宮門前町山田の形成―上之郷を事例として―」（『歴史地理学』一八九号、一九九八年）、伊藤裕久「都市空間の分節と統合―伊勢山田の都市形成―」（『年報都市史研究』八号、二〇〇〇年）、小林秀「中世都市山田の形成とその特質―屋敷売券を手がかりに―」（伊藤裕偉・藤田達生編『都市をつなぐ―中世都市研究13―』、新人物往来社、二〇〇七年）など。

(61) 大澤貴彦「近世神宮祠官の家格と家筋について」（谷省吾先生退職記念神道学論文集編集委員会編『谷省吾先生退職記念神道学論文集』所収、国書刊行会、一九九五年）。

(62) 肥後和男「御師について」など九本の論文と「神宮御師（宇治・山田）名鑑」を掲載している（『瑞垣』一一二号、一九七七年）。

(63) 皇學館大学史料編纂所編『神宮御師資料』一〜七輯（皇學館大学出版部、一九八〇〜一九九八年）。

(64) 西川順土「両宮御祓銘論の背景」（『皇學館論叢』九巻二号、一九七六年）。

(65) 西垣晴次『お伊勢まいり』（岩波新書、一九八三年）。

(66) 西垣晴次「序」（前掲『民衆宗教史叢書　第十三巻　伊勢信仰Ⅱ　近世』所収）。

(67) 水本邦彦「徳川日本とはなにか」（『日本歴史　私の最終講義3　徳川社会論の視座』所収、敬文舎、二〇一三年、一五〜三〇頁。初出は、『京都府立総合資料館　資料館紀要』三八号、二〇一〇年）。また、御祓大麻を素材として、ナショナル・アイデンティティとの関わりを論じた成果として、ジョセフ・キブルツ「国民のあかし「伊勢大麻」」（法政大学国際日本学研究所編『国際日本学研究叢書一七　日本のアイデンティティを〈象徴〉するもの』、二〇一三年）がある。

(68) 西山前掲『道者と地下人―中世末期の伊勢―』。

(69) 例えば、朝尾直弘・網野善彦・山口啓二・吉田孝編『日本の社会史』全八巻（岩波書店）は、昭和六十一年（一九八六）から刊行が開始されている。

(70) 「御宿職売券」は神宮御師と旦那との借財による師旦契約の際に用いられた文書で、「道者売券」は御師間で師旦関係を結ぶ権利を売買する際に用いられた文書である。
(71) 飯田良一「中世後期の宇治六郷と山田三方」(『三重県史研究』七号、一九九一年)。
(72) 吉田吉里「外宮御師橋村一族について―中世末期、北部九州に於ける勢力拡大を中心として―」(『神道史研究』四五巻四号、一九九七年)。この他、橋村氏の活動については、小西瑞恵「戦国期における伊勢御師の活動―橋村氏を中心に―」(同『中世都市共同体の研究』所収、思文閣出版、二〇〇〇年)などがある。
(73) 窪寺恭秀「伊勢御師幸福大夫の出自とその活動について―中世末期を中心に―」(『皇學館史学』一四号、一九九九年)。なお、幸福氏の活動については、柴辻俊六氏が窪寺氏の成果を踏まえて「戦国期武田氏領での伊勢御師幸福大夫」(『甲斐』一三五号、二〇一五年)を発表している。
(74) 久田松和則『伊勢御師と旦那―伊勢信仰の開拓者たち―』(弘文堂、二〇〇四年)。
(75) このような史料を用いた成果として、千枝大志「神宮地域における銀の普及と御師の機能」(同『中近世伊勢神宮地域の貨幣と商業組織』所収、岩田書院、二〇一一年。初出は、「中近世移行期伊勢神宮周辺地域における銀の普及と伊勢御師の機能」、『神道史研究』五五巻一号、二〇〇七年)、伊藤康晴「鳥取藩領における伊勢参宮―伊勢内宮御師白髭太夫文書「御参宮人引留」を中心に―」(『鳥取地域史研究』一四号、二〇一二年)など。
(76) 久田松和則「『御参宮人帳』に見る伊勢御師の経済―天正・慶長期を中心に―」(『神道史研究』六一巻二号、二〇一三年)。
(77) 伊勢市教育委員会編『伊勢市郷土資料館　第13回特別展図録』(伊勢市教育委員会、二〇〇三年)。
(78) 『御師廃絶一三〇年記念シンポジウム　伊勢の町と御師―伊勢参宮を支えた力―　資料集』(御師廃絶一三〇年記念シンポジウム実行委員会、二〇〇三年)。
(79) 岡田登「試掘調査」(伊勢市編『伊勢市史』第六巻考古編所収、伊勢市、二〇一一年)。丸岡宗大夫邸については、松

月久和「御師丸岡宗大夫邸」（伊勢市編『伊勢市史』第七巻文化財編所収、伊勢市、二〇〇七年）。丸岡家については、山田恭大「外宮御師丸岡家の師職経営」（『皇學館論叢』四六巻一号、二〇一三年）を参照。

(80) 窪寺前掲「中世後期に於ける神宮御師の機能と展開について」。

(81) 祭主家ついては、藤波家文書研究会編『大中臣祭主藤波家の歴史』（続群書類従完成会、一九九三年）を参照。また、祭主家の御師としての側面については、足利将軍家との師旦関係について論じた芝本行亮「大神宮御師と大中臣氏」（『神道史研究』四九巻三号、二〇〇一年）を参照。

(82) 地下人層とは、伊勢神宮鳥居前町の都市共同体の構成員層を指す。これは西山克氏の理解によるものである（前掲『道者と地下人―中世末期の伊勢―』、一一～一三頁）。

(83) 笠原綾「近世の武家の信仰をめぐって―近世前半における幕府・諸大名と伊勢御師―」（『歴史評論』五一二号、一九九二年）。

(84) 笠原綾「老中の伊勢参宮」（『論集きんせい』一九号、一九九七年）。

(85) 笠原綾「伊勢御代参の年頭恒例化と将軍権威」（今谷明・高埜利彦編『中近世の宗教と国家』所収、岩田書院、一九九八年）。

(86) 澤山孝子「朝幕関係のなかでの伊勢神宮―寛文十年御祓銘争論を事例として―」（『三重県史研究』一七号、二〇〇二年）。

(87) 久田松和則「大名の伊勢参宮と御師の接遇―肥前大村藩主と黒瀬主馬の一例を通じて―」（皇學館大学編『神宮と日本文化』所収、皇學館大学、二〇一二年）。

(88) 伊勢市編『伊勢市史』第二巻中世編（伊勢市、二〇一一年）。

(89) 伊勢市編『伊勢市史』第三巻近世編（伊勢市、二〇一三年）。また、平成二十九年に刊行された『三重県史』通史編近世1(三重県、二〇一七年)においても、「第三章　神宮領の近世」として取り上げられている。

(90)　上野秀治編『近世の伊勢神宮と地域社会』(岩田書院、二〇一五年)。このほか、伊勢神宮をめぐる諸問題の変容・変化に着目した論集として、ジョン・ブリーン編『変容する聖地　伊勢』(思文閣出版、二〇一六年)が出されている。

(91)　小林郁「伊勢御師と戦国大名の関係について」(『神道史研究』六四巻一号、二〇一六年)。

(92)　研究史の整理にあたっては、皇學館大学編『伊勢神宮研究文献目録』(皇學館大学、二〇一二年)を参照した。

(93)　近世前期においては、特に外宮禰宜やその周辺の人々の間では、外宮の主祭神は国常立尊であると認識されていた可能性が高い。例えば、寛永二十一年(一六四四)九月付で外宮二禰宜の檜垣貞晨と外宮六禰宜の檜垣常和、権禰宜の宮後朝貞が、両宮の正宮・別宮・摂末社の鎮座地と祭神についてまとめた「二宮諸社名式図」には、内宮は、

内宮人王十一代垂仁天皇御宇御鎮座

天照皇太神宮《アマテラススヘオホンカミノミヤ》一座　在㆓度会郡宇治郷五十鈴川上㆒、今之内宮　大日孁貴《オホヒルメノムチ》即日神

とあり、外宮は、

外宮人王二十二代雄略天皇御宇御鎮座

豊受皇太神宮《トヨケノスヘオホンカンノミヤ》一区　在㆓度会郡沼木郷山田原㆒、今之外宮、延喜式称㆓度会宮㆒　天御中主尊　国常立尊　即月神

と記されている(神宮文庫所蔵、図書番号一門一〇八二二号)。伊勢神道の理解に基づき、「大日孁女貴」(天照大神)を「日神」とし、「国常立尊」を「月神」としていることも注目される。この外宮の主祭神については、いずれかの時期に国常立尊から豊受大神を重視する理解へと変化したことが想定されるが、これについては後考を俟つこととしたい。なお、当史料は、享保十五年(一七三〇)八月日付で「常彰神主本」を外宮三禰宜であった松木智彦が書写したものであ

る。このほか、寛文八年（一六六八）十一月朔日付で出版された版本も確認できる（神宮文庫所蔵、図書番号一門一〇四二号）。

(94) 高埜利彦氏は、近世の朝廷祭祀は「「内」の神事」・「「表」の神事」・「「外」の神事」の三重構造をなしていたと指摘している。このうち、「「外」の神事」は、朝廷が主体となって「二十二社など畿内や各地の、朝廷と結び付きの深い神社で行われる祭祀」を指し、神嘗祭への例幣使の発遣はこれに属するとしている（高埜利彦「江戸時代の神社制度」、同『近世の朝廷と宗教』所収、吉川弘文館、二〇一四年。初出は、『日本の時代史15　元禄の社会と文化』所収、吉川弘文館、二〇〇三年）。

(95) 三橋健「イエズス会宣教師の見た伊勢神宮―一六・七世紀を中心として―」（『歴史手帖』一二巻七号、一九八四年）。

(96) 北島正元「慶長期の民衆と文化」（『日本の歴史　第16巻　江戸幕府』、小学館、一九七五年）、三一一～三一二頁。

(97) この祈禱については、井上智勝氏が近世の「国家祭祀」を論じるなかで言及している（「近世日本の国家祭祀」、『歴史評論』七四三号、二〇一二号）。

(98) 藤田定興「伊勢と地方社家」（同『寺社組織の統制と展開』所収、名著出版、一九九二年）。なお、藤田氏はこのなかで、御師による許状の発給も存在していたことを指摘している。

(99) 井上智勝「神道裁許状と諸社禰宜神主法度」（前掲『近世の神社と朝廷権威』所収。初出は、「神祇管領長上吉田家と諸社禰宜神主法度」、『史境』五〇号、二〇〇五年）、六〇～六一頁。

(100) 中田四朗「近世伊勢両大神宮領の成立と特徴的支配形態」（『日本歴史』一三五号、一九五九年）。

(101) 岡野友彦「神宮神官の苗字に見る権門都市宇治・山田」（『Mie history』一八号、二〇〇六年）・同「伊勢中世都市の歴史的位置づけ」（伊藤・藤田前掲『都市をつなぐ―中世都市研究13―』）。

(102) 西山前掲『道者と地下人―中世末期の伊勢―』。

(103) 大西前掲『参宮の今昔』二二六～二三四頁。

(104) 千枝大志『中近世伊勢神宮地域の貨幣と商業組織』（岩田書院、二〇一一年）。

(105) 「豊臣秀吉朱印状」（『三重県史』資料編中世1下、三重県、九八六頁）。また、次のような朱印状も出されている。これは山田三方と浜五郷に宛てられたものと（「豊臣秀吉朱印状写」、『三重県史』資料編近世1所収、三重県、二八四～二八五頁）、宇治会合と大湊に宛てられたものが存在している（「豊臣秀吉朱印状写」、『三重県史』資料編中世2、三重県、五六九～五七〇頁）。この二通はほとんど同文言であって、前者を掲げると、

大神宮萱葺之事被二仰付一訖、宮河内諸役等之事令二免除一上者、聊以不レ致二疎《ママ》略一、小破義者為二惣中一可レ仕、若下地之柱以下及二大破一、遷宮事者従二天下一可レ被二仰付一候、成二其意一不レ可二由断一候、上意具上部大夫被二仰聞一候、猶羽柴下総守・稲葉兵庫頭可レ申候也、

慶長三

三月廿一日（印影）

勢州外宮

山田三方

浜五郷

惣中

とある。つまり、文禄三年（一五九四）十一月の朱印状で「敷地」とされた鳥居前町とその周辺地域に期待されたのは、右にあるように伊勢神宮の社殿が「小破」した場合に修繕を加えることであった。ただし、この役割が鳥居前町（住民組織）によってどのような形で果たされていたかについては、今後、具体的に検討する必要がある。

(106) 塚本明『近世伊勢神宮領の触穢観念と被差別民』（清文堂出版、二〇一四年）。

(107) 例えば、関ヶ原の戦いの前哨戦として慶長五年(一六〇〇)九月に山田中嶋で起きた中嶋合戦では、西軍方の九鬼氏と親密であった有力御師の北氏が東軍方の稲葉氏から攻撃されている(神宮文庫所蔵「神境合戦類聚」所収「中嶋軍記」、図書番号五門五五〇四号)。また、同じく有力御師の上部氏が九鬼氏から攻められるとの風評もあったとされる(神宮文庫所蔵「盛彦残筆」、図書番号一門七四七八号)。なお、「中嶋軍記」は寛文四年(一六六四)の夏に、合戦の当事者であった北栄親が病床で語った内容を筆録したものである。「神境合戦類聚」は、近世後期に足代弘訓が編纂したもので、鳥居前町で起きた合戦の記録が集められている。「盛彦残筆」は、寛文六年三月七日に七十九歳で没した外宮権禰宜松木盛彦の談話を筆録したものである。詳しくは「貞次話記抄・盛彦細談抄」(神宮司庁編『二宮叢典 前篇』所収、吉川弘文館、二〇一三年)の解題を参照。

(108) 櫻井勝之進「寄親寄子の制—伊勢内宮領楠部村について—」(『社会と伝承』一巻、一九五七年)、大澤前掲「近世神宮祠官の家格と家筋について」。

(109) 拙稿「近世における伊勢国山田周辺地域と「差配人」—榎倉氏を中心に—」(『皇學館史学』二五号、二〇一〇年)、上野秀治「幕藩体制下における伊勢市域の特質」(前掲『伊勢市史』第三巻近世編所収)。

(110) 「三方会合記録 五」延宝五年(一六七七)六月九日条(神宮司庁編『神宮近世奉賽拾要 後篇』所収、吉川弘文館、四八一頁)。なお、当史料については、第一部第三章の註(15)を参照。

(111) 前掲「三方会合記録 一」承応二年(一六五三)八月条(二五三〜二五四頁)・「三方会合記録 五」承応二年八月二十九日条(四六五頁)。

(112) 新城前掲『新稿 社寺参詣の社会経済史的研究』、七五八頁。

(113) 梅田前掲「近世の神道・陰陽道」、二五六頁。

(114) 承応二年八月以降、山田三方によって御師の居住地や名前・師職銘などを調査する師職改が定期的に実施されており、それは管見の限り元治元年(一八六四)五月まで続いている(神宮文庫所蔵「山田師職銘帳」、図書番号一門三五四二号)。

(115)「三方会合記録」を見ると、御師への新規加入を示す記事が散見される。例えば、前掲「三方会合記録 五」天和三年(一六八三)三月十五日条(四八九頁)には、

一、天和三年三月十五日

一之木町池田次郎兵衛・上中之郷山本孫大夫、右弐人師職入之事、

とある。従って、山田三方が新規加入を把握していたものと考えられる。

(116)例えば、寛文十一年(一六七一)十月七日に、田中中世古町の山倉彦之丞が旦那をすべて久志本式部に売り渡し、今後は御師ではないということを山田三方に申し出ている(前掲「三方会合記録 五」寛文十一年十月七日条、四七七頁)。つまり、山田三方は御師の廃業を把握していたものと考えられる。

(117)例えば、山田三方は元禄八年(一六九五)三月十八日に、近年、参宮者を「遊興之地」に誘って「猥成馳走」を行っている者が存在するとの風聞があるとして、このようなことが無いように御師たちに触れている(前掲「三方会合記録 五」元禄八年三月十八日条、五一一頁)。

(118)高埜利彦「富士山御師の歴史的研究」(前掲『富士山御師の歴史的研究』所収)、五頁。例えば、西田かほる氏は、甲斐国都留郡川口村の富士山御師について「神職と認められながらも百姓兼帯という曖昧な身分」としている(「川口村における富士山御師の成立とその活動」、前掲『富士山御師の歴史的研究』所収、一一二頁)。

(119)以前に発表した拙稿(「「天和の治」期の身分統制と伊勢神宮―「帯刀一件」を素材として―」、『日本歴史』七五五号、二〇一一年)において、神宮御師の身分を「神職身分」としたが、近年の研究蓄積を踏まえ理解を改めた。このため、第二部第六章の内容もこれをもとに修正を加えている。

（120）千枝大志「宗教都市の身分構造」（前掲『伊勢市史』第三巻近世編所収）、一五六〜一五七頁。

（121）例えば、尾脇秀和氏は近世後期の訟庭における吟味座席の差別を素材として、身分・職分の取り扱いについて検討するなかで外宮御師の事例を挙げている。これによると、外宮御師は、町年寄として呼び出される場合は砂利（白洲）に着席し、神職としての場合は下椽（板縁）に着席するという「両様」の取り扱われ方がなされていたという（「吟味座席と身分・職分」、『日本歴史』七六六号、二〇一二年）。

（122）神宮御師は明治四年（一八七一）の神宮改革に際して、明治政府から廃止（廃業）を命じられるところとなった。これは彼らの活動が相応しくない私的なものとして認識されたからであって、これを排除することにより近代国家の「国民」となるべき人々と伊勢神宮とを直に結びつけ、多様な内実を持つ私的信仰を統一（均質化）された公的信仰（国民的崇敬）へと転換させる狙いがあったものと考えられる。神宮御師の廃止については、西川前掲「廃止前後の御師」を参照。

（123）神宮文庫所蔵「御大名方御師覚帳」（図書番号一門五六四〇号）。この史料は、大名と師旦関係を結ぶ御師を書き上げたものである。宝暦十二年（一七六二）九月仲旬付で書写した旨の奥書があるが、作成年の記載が無い。記載の内容から成立時期を推定しておきたい。

①山城国の項に「諸司代《ママ》　牧野備後守」とある。このことから、牧野貞道が京都所司代を務めていた寛保二年（一七四二）六月から寛延二年（一七四九）九月までの間に絞ることができる（『国史大辞典』「京都所司代」項、煎本増夫執筆、国史大辞典編集委員会編『国史大辞典』四巻、吉川弘文館、一九八三年）。

②出羽国の項に「山形　松平和泉守」とある。この松平氏が山形に入封したのは延享三年（一七四六）正月であるから上限を延享三年に置くことができる（『寛政重修諸家譜』巻九、『新訂　寛政重修諸家譜』一、続群書類従完成会、六一〜六二頁）。

右から、延享三年から寛延二年にかけての成立と考えられる。

(124) 網野善彦「灰をまく」(網野善彦・笠松宏至・勝俣鎮夫・佐藤進一編『ことばの文化史 中世2』所収、平凡社、一九八九年、二三〇～二三二頁)。この「神灰」の呪力については、出口延佳が寛文六年(一六六六)七月十二日に著し、同年九月吉日付で杉木正永が出版した「伊勢太神宮神異記」にも説話が載せられており、広く知られた事柄であった可能性が高い(神宮司庁編『神宮参拝記大成』所収、吉川弘文館、三七九～三八〇頁)。
(125) 神宮文庫所蔵「太郎館家旧蔵資料」所収「借用申神之金子之事」(図書番号一門二〇五六五の四四三号)。
(126) 「松正親銀子借用証文」(千枝大志「資料紹介「大主家文書」について」、『皇學館大学研究開発推進センター紀要』一号、一三一頁)。

第一部　神宮御師の近世的変化

第一章　神宮御師集団と師旦関係
―寛永年間の争論をめぐって―

はじめに

本章は、神宮御師集団と師旦関係について、寛永年間（一六二四～四四）に起きた争論を素材に考察するものである。

近世の神宮御師には、内宮鳥居前町（宇治）に居住する内宮御師と、外宮鳥居前町（山田）に居住する外宮御師の二種類があり、前者は宇治会合、後者は山田三方（ともに、有力な御師家で構成される合議機関）の統制のもと、別個の集団を形成していた。

従来の研究においては、伊勢信仰研究の主要なテーマとして御師家ごとに活動面を中心に進められたこともあって[1]、右のような集団の問題については等閑視される傾向にあった。このような状況のなか、西川順土氏[2]や澤山孝子氏[3]による研究は、寛文年間（一六六一～七三）に争われた「両宮御祓銘論」と称される大規模な争論の背景や概要を検討し、これにより、両御師集団（内宮御師集団・外宮御師集団）の間に存在する競合・対立を議論の俎上に載せた点で貴重な成果であるといえる。

両御師集団の競合・対立を考える上で第一に挙げなくてはならないのは、師旦関係の問題である。師旦関係とは、御師と旦那・旦那所との間で取り結ばれるもので、様々な得分が存在したことから、「御師職」や「御宿職」という呼称で物権化し、御師間で譲渡・売買の対象となった[4]。御師間で起きる争論の大半は、この御師職の帰属をめぐるものであり、前述の「両宮御祓銘論」でもこれが争点となっている。ただ、近世における師旦関係の様相については、具体的な検討がなされておらず、このため、御師集団間で争論が発生する理由も不鮮明なままとなっている。

従って本章では、徳川家康・秀忠・家光が両御師集団へ発給した朱印状への検討を通じて、師旦関係のあり方とその規定の変遷を浮き彫りにすることを課題として設定したい。特に家光朱印状については、発給の契機となった寛永年間の争論（以下、「寛永争論」と記す）を詳しく見てゆき、その背景と意義を明らかにする。

一　徳川家康・秀忠の朱印状と師旦関係

ここでは、徳川家康・秀忠から発給された朱印状を検討し、両朱印状で師旦関係がどのように規定されていたか、を見てゆく。まず、徳川家康の朱印状を掲げる。

一、内宮知行方可レ為二守護不入一事、
　付、諸法度任二先規一年寄共可二申付一事、
一、喧嘩口論之儀前々雖レ在レ之、当時堅令二停止一訖、若於二違背之輩一者双方可レ為二曲事一事、
一、参宮之輩者可レ為二旦那次第一事、
　慶長八年九月九日
（朱印）
内宮二郷

年寄

右は慶長八年（一六〇三）九月九日付で宇治会合に発給された徳川家康朱印状[5]である。これと同趣旨の朱印状が山田三方にも発給されている。

三か条目に「参宮之輩者可レ為二旦那次第一事」という文言がみえる。先行する研究では、瀧川政次郎氏が「御師と参詣人の師檀関係を否認したもの[6]」とするように、御師と旦那との既存の師旦関係を否定するものであると理解されてきた。例えば、大西源一氏は「従来の御師の縄張を無視し、檀家をして、任意に他の御師と師檀関係を結び得ることを公認したもの[7]」としている。これに対し、近年、上野秀治氏は「御師の師檀関係を否定したものとも解釈できるが、これまでの師檀関係を幕府が認めなかったのではなく、参宮してくる人だけが対象であった[8]」という指摘を行い、従来の見解に疑義を呈した。

両見解を吟味するにあたって注目したいのは、「御師職式目之条々[9]」と「師職定書[10]」という二つの法規の存在である。「御師職式目之条々」は、慶長十年極月吉日の成立で、山田奉行である長野友秀・日向政成[11]の「山田諸国旦那式出入、各へ相尋候へハ、事不レ行候間、先規より有来候通、懇ニ被レ成二式目ニ一、三方衆連判ニ而、此方へ渡可レ被レ置候[12]」という指示を受けて、山田三方が御師職をめぐる争論の「調停時の慣行を集大成したもの[13]」である。そして、「師職定書」も、この「御師職式目之条々」と類似した内容で、宇治会合が寛永八年（一六三一）七月二十日付で作成したものである。これら師旦関係の存在を前提とした法規が、家康朱印状の発給以降においても、それぞれの御師集団内で制定され続けていることを重視するならば、家康朱印状によって否定されたと理解するのは不整合であろう。

従って、この文言は、既存の師旦関係を黙認するとともに、参宮に際する旦那の意向の尊重を指示したものと理解した方が適切であるといえる。つまり、「参宮者のことに関しては、旦那（参宮者として参拝に訪れた旦那）の意向を尊重せよ」と解釈できる。これによって、参宮に際しての御師に対する旦那の優位と、その意向の尊重が定められたのである。

右の朱印状は、前述したように山田三方にも発給されており、対して山田三方は、慶長八年九月十七日付で「御侘言可二申上一之旨」を申し合わせた連判状[14]を作成した上で、抗議を行った。その連判状に「今度被二成下一候御朱印之条々、忝奉レ存候、雖レ然、御参宮人者、可レ為二旦那次第一之旨、加様ニ罷成候へ者、先規法式茂相違、上下迷惑仕候」とあることから、家康朱印状の「参宮之輩者可レ為二旦那次第一事」という文言が、山田三方や御師たちにとって「先規法式」を損ない「迷惑」を被るものとして認識されたことがわかる。この理由としては、旦那の意向を尊重することは止宿先の決定権を旦那に委ねることを意味し兼ねず、師旦関係の衰微につながると受け止められたからであろう[15]。

先行する研究では、右の抗議によって、三か条目を「一、参宮之輩者可レ為二先規法式一事」とする慶長八年九月二十五日付の朱印状[16]が再発給されたとされてきた[17]。しかしながら、後述する理由からこれは山田三方による偽りであり、山田三方は抗議を行った際に家康朱印状を没収されたと考えられる。

次に、徳川秀忠の朱印状を掲げる。

一、内宮知行方可レ為二守護不入一事、付、諸法度如二先規一年寄共可二申付一事、
一、喧嘩口論之儀堅令二停止一訖、若於二違背之族一者双方可レ為二曲事一事、
一、参宮之輩者可レ為二旦那次第一事、
右条々任二去慶長八年九月九日先判之旨一、弥可レ守二其旨一者也、
元和三年九月三日(朱印)

内宮二郷
年寄

これは、元和三年(一六一七)九月三日付で宇治会合に発給された朱印状(18)である。三か条目の文言が家康朱印状と同一であり、また、「右条々任二去慶長八年九月九日先判之旨一」との記述があることから、同朱印状を継承するものであることがわかる。

一方、同年九月六日付で山田三方に発給された秀忠朱印状(19)をみると、

一、伊勢太神宮領宮川三宮之内可レ為二守護不入一事、付、諸法度任二先規一年寄共可二申付一事
一、喧嘩口論之儀弥堅令二停止一訖、若於二違犯之族一者双方可レ為二曲事一事、
一、参宮之輩可レ任二先規法式一事、
右可レ相二守此旨一者也、
元和三年九月六日　御朱印

とある。宛所を欠くなど不審な点もあるが(20)、注目すべきは、三か条目に「参宮之輩可レ任二先規法式一事」とあることである。これは前掲の宇治会合宛に発給された家康・秀忠朱印状と異なり、従来からの法式の尊重を指示するものであると理解でき、旦那の参宮に際しての御師の優位と主導を認める文言であるといえる。さらに、「右可レ相二守此旨一者也」とあって、宇治会合宛の秀忠朱印状と比べると、家康朱印状の存在が前提とされていないことに気付く。このことから、再発給が行われていないことが確認でき、山田三方は秀忠から新規に朱印状の発給を受けたと考えられる。

試みに、後述する寛永争論における山田三方の主張と江戸幕府の年寄たち(以下、「年寄等」と記す)の判断を見てお

く。山田三方の年寄たちは、

卅三年以前に旦那次第之御朱印しゆやう上人より外宮ニ而請取驚、伏見へ罷登　権見様（ママ）江御訴訟申上候者、参宮之輩旦那次第と御座候へ者両宮之売買すたり、太神宮御ちんさして以来数代相伝之旦那もすたり候得者、何とも迷惑仕候由申上候へ者、被二聞召別させ一、参宮之輩者先規法式と成被レ下頂戴仕候、（後略）

とあるように、抗議の結果、家康から朱印状の再発給を受けたと述べている。また、年寄等からの「権見様（ママ）之先規法式之御朱印者如何仕候哉」という下問に対し、

大久保石見殿一目御覧し可レ被レ成と被レ仰候故指上、其後御帰し候へ（ママ）と申上候へとも、其時之御出頭故御事多候へ而何角といたし御返しなく候、

と答えている[21]。つまり、再発給された朱印状を大久保長安に奪われたため、現在は所持していないとしているのである。しかしながら、これらを裏付ける証拠は提出されず、さらに辻褄が合わない答弁を行ったため、

讃岐殿御申被レ成候者、権見様（ママ）成被レ下申さぬ御朱印を成被レ下、其上大久保石見ニ借失ハれ候と色々いつわり申候事、上之御機嫌あしく候、則かいえきか、るさいに被二仰付一候ハん、されとも神慮長袖の儀故此度者御免ニ而候、以来何様之儀仕候ハ、るさいに可レ被二仰付一候間、左様ニ相心得候へ、（後略）

として[22]、裁定の場において山田三方の主張は偽りであるとされている。ここからも前述の事実が裏付けられよう。

以上の要点を整理すると次のようになる。

①徳川家康から宇治会合・山田三方のそれぞれに発給された朱印状には「参宮之輩者可レ為二旦那次第一事」とあり、参宮に際しての旦那の意向の尊重が指示されていた。

②山田三方は抗議を行ったため、①の家康朱印状は没収された。そして、それに代わる朱印状の再発給は行われて

いない。

③秀忠朱印状は、宇治会合のものと山田三方のものとでは文言が相違する。宇治会合のものは家康朱印状を継承し、旦那の意向の尊重を指示するものであったのに対し、山田三方のものは従来からの法式の遵守を指示するものであった。

となる。①と③から、両朱印状に載せる師旦関係の規定は、参宮者の応対に関する指示に止まるもので、その明確な承認を意味する内容ではなかったと指摘できる。むしろ②の山田三方による抗議があったことを重視するならば、場合によっては師旦関係の衰微を招くものであったといえよう。

また、注意しておかなければならないのは、両御師集団の関係が調整されておらず、別々に朱印状が発給されていることである。これはそれぞれの集団に対して個別に制定されていることを表しており、③のように朱印状の文言に相違が発生すると、御師集団間の対立を引き起こす原因となってしまうのである(23)。

右から、家康・秀忠の朱印状は、既存の師旦関係を動揺させかねないものであったと考えられる。そして、この朱印状の文言が次節で詳述する寛永争論での争点となってゆくのである。

二　寛永争論

寛永争論は、寛永十一年(一六三四)六月から翌十二年七月にかけて宇治会合と山田三方の間で起きた争論で、争点となったのは、徳川家康・秀忠が発給した朱印状の文言と師旦関係のあり方であった。本節では、同争論を中心に検討を行ってゆく。

1　寛永争論以前における師旦関係の実態

争論を見てゆく前に、寛永争論以前の師旦関係の実態について、闕所処分となった御師職売却の事例から確認しておきたい。

元和年間（一六一五～二四）に、外宮御師である三日市大夫と五文子屋庄左衛門が松前氏との師旦の契約をめぐって争論を起こし、敗れた五文子屋は裁定を不服として再訴しようとしたため、闕所・追放処分となった[24]。そして、闕所とされた御師職の売却が決まった際に、内宮御師である木下大夫がその旦那所を侵犯した廉で山田奉行の中川忠勝[25]へ提出したのが左の証文[26]である。

今度従二　御公儀一山田五文子屋庄左衛門所領御闕所被レ成、庄左衛門道者為二　上意一御売被レ成候処、庄左衛門持分之北伊勢家所へ懇望仕、御祓くはり、同御参宮之宿仕候を御あらため出し被レ成、我等法式をそむき不届之旨堅被二仰付一候、然上ハ右之家所五文子屋持分之旦那之内、向後一人ニ而も御祓くはり申ましく候、同参宮之宿一人も仕ましく候、若一人ニ而も御祓くはり御参宮之宿仕候ハヽ、以来御聞付次第曲事ニ可レ被二仰付一候、一言之御わひを申上ましく候、此旨我等子々孫々ニ至まて相守可レ申候、為二後日一如レ件、

内宮
木下大夫
久弘判

寛永五戊辰年卯月廿七日

進上　中川半左衛門尉様

内宮御師（木下大夫）が、外宮御師（五文子屋庄左衛門）の闕所となった旦那所（「北伊勢家所」）に手出しをしないことを山田奉行へ誓約していることがわかる。ここから、師旦関係に関し、山田奉行が御師集団の別を考慮していなかった

ことが読み取れる。また、この証文が山田奉行から新たに御師職の持ち主となった河村彦大夫に与えられていることを重視すると、(27) 御師間においても同様の認識であったといえよう。

さらに、同五月三日には次のような指示が宇治会合・山田三方になされている。(28)

五文字(ママ)屋庄左衛門道者　上意を請従㆓三方㆒就㆓売被㆑申候㆒、越前之道者為田六右衛門、同北伊勢之道者河村彦大夫、此両人庄左衛門持分一円買申候、然る上者先規法式候条不㆑及㆑申候得共、右之道者致㆑宿又者御祓賦申者於㆑有㆑之者曲事ニ可㆓申付㆒候、恐々謹言、

五月三日　中川半左衛門

在判

山田惣衆中

内宮惣衆中

此御墨付之趣下々迄堅申触候、

三方年寄中丸印

此御墨付之趣下々迄堅申触候、

内宮年寄中丸印

山田奉行が、御師職の持ち主となった為田・河村の旦那所を侵犯すれば処罰する旨を宇治会合・山田三方に伝えており、両組織はこれを鳥居前町(宇治・山田)に触れ出すとしている。つまり、ここで言う「先規法式」は、他の御師の旦那に対し、止宿させたり、御祓を配ったりしないことであると理解でき、このような趣旨が宇治・山田それぞれの「下々」まで触れられたという事実から、集団の別はあっても、彼らが取り結ぶ師旦関係には、区別がなかったも

のと考えられる。

これに関しては、千枝大志氏の成果が参考となる。同氏は、御師職の譲渡・売買について、文安四年(一四四七)から寛永元年(一六二四)までの事例を一覧表としている。[29] これによると、内宮御師と外宮御師との間で譲渡・売買が行われていたことが確かめられる。つまり、師旦関係には区別が存在しておらず、このため、両者間での譲渡・売買も可能であったといえる。

右の事例から、寛永争論以前においては、集団の区別(内宮御師集団・外宮御師集団)はあるものの、師旦関係については集団間に明確な線引きは存在していなかったことが確認できる。

2 寛永争論と師旦関係

寛永争論は、外宮御師が宇治へ向かう参宮者を抑留したことを端緒とする。[30] 寛永十一年(一六三四)六月二十一日、宇治会合は山田奉行に訴状[31]と、その「参宮衆留申仕方」を記した覚書を提出した。[32] これによると、外宮御師たちは、内宮御師のもとに止宿しようとした参宮者を打擲したり、追い返したりしたとされる。

この後、徳川家光の上洛と下向があり、幕府の年寄等が多忙であったため延引し、山田三方の年寄たちも翌年の三月まで江戸に出府しなかったため、評定[33]が始まったのは寛永十二年六月からであった。[34] 宇治会合の年寄たちは事前に幕府の年寄等と御目見を行っており、また、四月五日には春日局や慶光院[35]等とともに龍頭鷁首の船を見物し、春日局から「嶋ほん・御樽」を拝領している。[36]

その審議は年寄等の屋敷で行われ【表4】、それぞれの寄合で宇治会合・山田三方の年寄たちに下問がなされた。まず、朱印状発給をめぐる議論を見てゆこう。宇治会合の年寄たちは六月八日の寄合で、

【表４】寛永争論における寄合と出席者一覧（寛永12年）

	月　日	場　所	出　席　者
1	6月5日	松平信綱宅	加賀爪忠澄〈町奉行〉・堀直之〈町奉行〉・水野守信〈大目付〉・柳生宗矩〈大目付〉・大河内久綱〈不詳〉・伊奈忠治〈勘定方〉・（松平信綱）〈六人衆〉
2	6月8日	松平信綱宅	酒井忠勝〈老職〉・土井利勝〈老職〉・松平信綱・加賀爪忠澄・堀直之・板倉重宗〈京都所司代〉・大河内久綱・水野守信・林道春〈中奥御小性次席儒者〉・林永喜〈不詳〉・花房幸次〈山田奉行〉・（松平正綱）〈勘定頭〉
3	6月13日	松平信綱宅	土井利勝・酒井忠勝・加賀爪忠澄・堀直之・「御横目衆二人」・花房幸次・林道春・林永喜・（松平正綱）
4	6月18日	酒井忠勝宅	土井利勝・松平信綱・松平正綱・大河内久綱・牧野信成〈留守居〉・久貝正俊〈大坂町奉行〉・「御横目衆二人」・林道春・林永喜・花房幸次・（加賀爪忠澄）・（酒井忠勝）・（板倉重宗）
5	6月28日	酒井忠勝宅	土井利勝・酒井忠勝・花房幸次
6	7月11日	土井利勝宅	酒井忠勝・松平信綱・板倉重宗・加賀爪忠澄・堀直之・花房幸次・林道春・林永喜・（土井利勝）
7	7月28日	酒井忠勝宅	土井利勝・酒井忠勝・松平信綱・林永喜・建部昌興〈右筆〉・（花房幸次）

神宮文庫所蔵「寛永年中引留」（図書番号１門17310の324号）から作成。出席者の記載順は同史料による。出席の記載がないものの、寄合の行われた屋敷の主であることや寄合における発言等から出席が確認できる人物は( )とした。『寛政重修諸家譜』（続群書類従完成会新訂本）をもとに人物の比定を行い、判明する限り同書の記述から役職を〈 〉で付した。ただし、林道春・松平正綱・久貝正俊は、『柳営補任』（大日本近世史料本）をもとに補った。

(i)三十三年以前（慶長八年）にも内宮への参宮者を外宮御師が抑留したため、徳川家康に訴え、その結果、朱印状の発給を受けた。

(ii)家康朱印状は両宮（内宮・外宮）が別個であり、師旦関係も別個であるということを前提に発給されている。

(iii)山田三方に発給された家康朱印状は没収されたため、山田三方は同朱印状を有していない。

と主張している。(ii)に関しては、家康朱印状において両御師集団の関係が調整されていなかったこと（前節参照）や、山田奉行が師旦関係に関して御師集団の別を考慮していなかったこと（本節一項参照）を勘案すると、宇治会合の潤色であると考えられる。

ここで注意しておくことが二点ある。

(a)前述の山田奉行に提出された訴状と覚書によると、外宮御師たちは内宮御師のもとへ止宿しようとした参宮者を抑留したのであり、内宮への参宮者を抑留したわけではないということ。

(b)内宮・外宮と称しているが、「外宮は大所、殊ニ五十町口に罷在、我まゝ成儀仕、何とも迷惑いたし御訴訟申上候」と述べているように、彼らの言う「外宮」とは外宮鳥居前町（山田）のことであって、意図的に「宇治」を「内宮」、「山田」を「外宮」と読み替えて主張しているということ。

これらから、宇治会合の年寄たちが、鳥居前町の御師集団間の問題を両宮間の問題として訴えを行っていることは明らかであろう。具体的には、参宮者の止宿先をめぐる争いを、参拝先をめぐる争いであるかのように印象付けているのであって、これによって後述する「旦那次第」を根拠とした主張に補強を試みているのである。

宇治会合の(iii)の主張に対して、山田三方は前節で述べたように、家康から朱印状の再発給を受けたと主張したが、その証拠を提出できず、偽りと判断された。しかし、「先規法式」と記された秀忠朱印状は確かに存在しているのであって、宇治会合が有する「旦那次第」とある家康・秀忠朱印状と、この山田三方が有する秀忠朱印状との整合性が年寄等の間で問題となり、六月十三日の寄合で酒井忠勝に「外宮之台徳院様御朱印者大炊殿御存知可レ有候」と尋ねられた土井利勝は、

何と御座候も不レ存候、乍レ去外宮之御朱印者
権見（ママ）様旦那次第之御朱印之先規法式を相守れとの事ニ而可レ有候、此御朱印も旦那次第之御朱印ニ而候、とかく
権見（ママ）様末来を御くり被レ成候、

と発言している。つまり、整合性を重視するあまり、宇治会合の家康朱印状を基準とした強引な意見さえも出されたのである。

次に、朱印状文言の解釈をめぐる議論を確認してゆく。六月八日の寄合でのやり取りを挙げる。年寄等が「先規法式と者何と仕候事を申候哉」と下問すると、山田三方の年寄たちは、

外宮より申上候者、先規法式と申者旦那衆外宮より内宮へもうり、内宮の旦那外宮へも買申付、両宮之間者先規法式相守候、旦那次第と御座候得者数代相伝之旦那もすたり、又者売買も御座有間敷と申上候、

とあるように、内宮と外宮の御師間で御師職の売買は可能であり、自由に売買することが先規法式であるとしている。集団の区別はあるが伊勢神宮の御師である点では同一であり、師旦関係も同一であるという理解に基づく主張であるといえよう。

対して、宇治会合の年寄たちは、

左様ニ而者無御座候、内宮之内者先規法式御座候、外宮と内宮之間者旦那次第ニ而御座候、外宮之うち者にて売買仕、内宮へまてかけ、国をもち候とて内宮へ之参宮人留申迷惑仕候、

と述べ、内宮御師集団の内（外宮御師集団の内）では「先規法式」であって売買は自由であるが、内宮と外宮のどちらの御師を選ぶかは「旦那次第」（旦那の意向次第）であると主張した。年寄等が、宇治会合の年寄たちに「外宮より内宮へも内宮より外宮[江茂](37)旦那売買之儀者如何候哉」と尋ねると、「此売買も旦那次第ニ而御座候、外宮之御師式内宮ニ買申候時其旦那へ窺申候、旦那之御かつてんニ而候へ者かい申候、御かつてんなき者かい不申候」として、旦那の意向次第で両御師間の売買が可能である旨を答えた。

すると、松平信綱が「此永喜いくらにうり可申や」と下問し、「何と御座候哉」と困惑する山田三方の年寄たちに「拾枚ニうり可申候由申候へ」と指示したので、「左様ニ候ハ、拾枚ニうり可申」と答えた。次に信綱は「内宮衆いくらにかい申候哉」と尋ねると、宇治会合の年寄たちは「何と御座候も不存候」と述べた。信綱が「拾枚に買候へ《ママ》

と申候へ」と指示すると、「左様ニ候ハ、拾枚ニかい候」と答えた。つまり、林永喜との師旦関係を例として売買をさせてみたのである。そして、信綱は両者のやり取りを見て「左様ニ而候へ者お師次第ニ而者なきか」と指摘した。信綱は、「旦那次第」と言ったところで内実は御師たちの都合次第であって、旦那に断りなく自由に売買されていることを見抜いたのである。これを受けて、土井利勝は「たかや馬かい申候と同前ニ而候、仕合能候へ者能成申候、仕合あしく候ハ、わるく成申候」と信綱に同意したが、酒井忠勝は「大炊殿や我々うりもかわれも仕間敷候、自然遠国之百性とも之事にて有へし、旦那次第ハ聞へ申候」と述べて、信綱の指摘した「お師次第」は「遠国之百性とも」との師旦関係を売買するような例外的な場合として、宇治会合の主張に理解を示した。

この後のやり取りで、

其後、志摩守殿外宮之能様に少御申被レ成候、内宮より申候者、志摩殿能御存知ニ而御座候とて、もの次而に内宮之申分も被二仰上一可レ被レ下候と申上候へハ、志摩殿迷惑成体ニ而御すさり被レ成候、其後、永喜外宮之能様ニ御指出被レ成候、内宮より申候者、永喜者御存知有間敷候に能御存知にて御座候と申候得者、是も迷惑成ていニて御すさり被レ成候、

とあるように、山田三方を擁護する山田奉行や林永喜の意見があったことや、本節一項で示した事例を踏まえるならば、山田三方の主張の方が実態に近いものであったと考えられる。

しかしながら、以後の寄合においては、宇治会合の主張が年寄等の支持を集めてゆくことになる。同主張は、師旦関係が集団ごとで別個のものであるとしておきながら、両者間で売買が可能であるとするなど矛盾を孕んだものであったが、「旦那次第」と「先規法式」を整合的に説明しているという点で理解を得たのである。一方、山田三方の主張は、自らの有する秀忠朱印状の「先規法式」を強弁するばかりで、宇治会合の有する家康・秀忠朱印状の「旦那

次第」を組み込んだ説明を行うことができなかった。また再発給の証拠を提示できなかったことも彼らの立場を不利にし、その主張の信憑性を損ねたといえる。

　最後に、両宮の関係をめぐる議論を見てゆく。七月十一日の寄合でのやり取りを挙げる。年寄等が「内宮と外宮之神者ちかい候哉」と尋ねると、宇治会合の年寄たちは、

　内宮者天照皇太神宮、外宮者とようけ太神宮ニ而御座候、其上外宮ハ四百八十年ニ御ちんさん被レ成候、則是ニ御りんし御座候、御覧し被レ成可レ被レ下候、此御りんし者　大かうさま御遷宮被レ成候時、内宮・外宮御神うつし跡先あらそひ御座候付、内宮理運之旨の御りんしニ而御座候、大かうさまの御判も御座候、

と答え、内宮と外宮が別であり、その鎮座や遷宮の先後の点でも相違していることを説明した。さらに「内宮は御隠居之御神ニ而者なきか」と下問すると、

　神之御隠居なとゝ申儀者無二御座一候、内宮者七所之別宮八十末社、外宮者四所之別宮四十末社御座候、内宮者天照皇太神宮、外宮はとようけ太神宮、御くらい相ちかい申候、

とあるように、神に隠居という事柄は無いことを述べ、内宮と外宮とでは別宮・末社の数が異なっており、このことから「御くらい相ちかい申候」とまで言い切り、内宮の優位を強調した。これに対し、年寄等が「内宮之申ことくニ而候や」と尋ねると、山田三方の年寄たちは「内宮の申ことくに而御座候」と答えるのみで反論を試みることはなかった。

　注目すべきは年寄等の認識である。右の下問から年寄等が正宮や祭神ついては確かな知識を有していなかったことが窺われる。つまり、ここにおいて伊勢神宮の特色（祭神や鎮座時期の異なる二つの正宮が存在し、それぞれ複数の別宮・摂末社がある）が認識されるところとなったと考えられよう。そして、このことが裁定時に発給された徳川家光朱

印状において、師旦関係のあり方として反映されることになるのである。

以上の議論と徳川家光による朱印状の実検を経て、七月二十八日、酒井忠勝宅での寄合において裁定が行われ、宇治会合の勝訴が言い渡された。そして、次のような朱印状が発給された。なお、検討の便宜上、宇治会合への朱印状(38)を【A】とし、山田三方への朱印状(39)を【B】とした。

【A】

一、伊勢大神宮領之内可レ為二守護不入一事、
　付、諸法度任二先規一年寄共可二申付一事、
一、喧嘩口論之儀堅令レ停二止之一訖、若於二違犯之族一者双方可レ処二罪科一事、
一、参宮之輩可レ為二檀那次第一事、
一、当分参宮之族者両宮之内可レ任二其志一、師職之由申、不レ可レ留レ之事、付、両宮之内師職無レ之者可レ為二参宮人之心次第一事、
一、古来相伝之檀那以二才覚一不レ可二奪取一事、
右条々任二慶長八年九月九日・元和三年九月三日両先判之旨一、且此度追加訖、弥可二相守一者也、

寛永十二年七月廿八日
（朱印）
内宮二郷
年寄

【B】

一、今度就二内宮・外宮之訴論一令二穿鑿一之処、元和三年九月六日先判所レ載先規法式近来其旨認二失之一、是外宮中間

之法式也、誤而内宮同事混雑用レ之、押二留内宮参宮之輩茂一不届之至也、向後参宮之族者可レ為二檀那次第一事、

一、当分参宮之輩者両宮之内可レ任二其志一、師職之由申、不レ可レ留レ之事、

付、於二両宮一師職無レ之者可レ為二参宮人之心次第一事、

一、古来相伝之檀那以二才覚一不レ可二奪取一事、

一、伊勢大神宮領之内可レ為二守護不入一事、付、諸法度任二先規一年寄共可二申付一事

一、喧嘩口論之儀堅令レ停二止之一訖、若於二違犯之族一者双方可レ処二罪科一事、

右任二元和三年九月六日先判之旨一、且此度相加畢、弥可レ相二守之一者也、

寛永十二年七月廿八日

外宮

年寄

師旦関係に関係するのは、【A】の三・四・五か条目、【B】の一・二・三か条目である。文面に相違があるものの、両者の趣旨が統一されていることに気付く。

【A】の三か条目が家康・秀忠朱印状を引き継ぐものであるのに対し、【B】の一か条目では、「先規法式」と「檀那次第」(「旦那次第」)についての詳しい説明がなされている。ここでは、師旦関係が正宮に対応する形で把握されており、秀忠朱印状の「先規法式」は「外宮中間之法式」であるとされ、「檀那次第」が指示されている。「先規法式」を根拠に「内宮参宮之輩」を抑留することが禁じられていることから、この「檀那次第」が両御師集団に共通した規定として位置づけられていることが読み取れよう。

次に、両朱印状で共通する条項(【A】の四・五か条目と、【B】の二・三か条目)をそれぞれ見てゆきたい。【A】の四

か条目と【B】の二か条目では、右で見た「檀那次第」と関連付けて師旦関係について踏み込んだ指示がなされている。つまり、参宮の際、どちらの御師を選択するかは旦那の意向に委ねることが命じられ、さらに、どちらの御師とも師旦関係を有していない参宮者の場合も同様であるとされた。これは具体的に「檀那次第」を説明するものであると指摘できる。

そして、【A】の五か条目と【B】の三か条目では、才覚を用いて他の御師の有する旦那・旦那所を奪ってはならないことが定められている。一見すると、「檀那次第」と矛盾するようにも捉えられるが、【B】の一か条目に載せるように「先規法式」が否定されたわけではなく、「外宮中間」への規定であるとされていることを踏まえるならば、この部分は御師集団内での師旦関係の承認を意味するものであると解釈できる。

従って、家光朱印状においては、「檀那次第」が両御師集団を規定するものとして明記され、さらに「先規法式」がそれぞれの御師集団内での、個々の御師が有する師旦関係を認めるものとして説明されるところとなったのである。前述の議論を振り返れば明らかなように、これは宇治会合の主張を色濃く反映した内容であるといえよう。

以上を小括すると次のようになる。師旦関係のあり方をめぐって、宇治会合と山田三方が幕府の法廷で対決した。宇治会合の主張は、師旦関係は集団ごとで別個であるとするものであったのに対し、山田三方の主張は、あくまで両御師集団は伊勢神宮の御師である点で同じであり、師旦関係も同一であるという立場をとるものであった。

裁定にあたった幕府の年寄等は、家康・秀忠の朱印状発給の事実だけではなく、その文言の整合性をも重視しており、このため、宇治会合の主張が適切なものとして受け入れられることになった。具体的には、徳川家光の発給した朱印状では、家康朱印状と秀忠朱印状との整合性をもたせることが試みられ、結果、家康朱印状の文言は、「旦那の意向を尊重せよ」という趣旨から「両宮どちらの御師を選ぶかは旦那の意向に任せよ」という趣旨に新たに解釈され、そして、山田三方の秀忠朱印状の文言は、御師集団内の師旦関係を保証するものとして解釈されるところとなった。ここにおいて、内宮御師と外宮御師とでは、取り結ぶ師旦関係が、それぞれで異なることが明確化されたと考えられる。

おわりに

最後にこれまで考察した内容をまとめ、寛永争論以降の神宮御師集団の展開について述べておきたい。

徳川家康・秀忠朱印状においては、旦那の応対について定めただけで師旦関係の承認がなされておらず、両御師集団の関係も調整されていなかった。加えて、秀忠朱印状では、宇治会合に発給された朱印状と山田三方へのそれとでは文言に相違が発生していた。これらのため、既存の師旦関係は不安定な状況にあったといえる。そして、寛永争論以前においては、集団の区別は存在するものの、師旦関係に明確な線引きが存在していたわけではなかった。

寛永争論を端緒として、曖昧であった師旦関係のあり方が整理されることになる。具体的には、伊勢神宮の正宮に対応する形で集団ごとに別個であるとされ、さらに、それぞれの集団内で個々の御師が有する師旦関係が承認された。右には、宇治会合の主張が反映されており、家康・秀忠朱印状の再解釈をもととした徳川家光朱印状の発給が契機となったと指摘できる。

しかしながら、この争論以降、両御師集団の争いが終息したわけではない。師旦関係が別個であるとされたことによって、内宮御師は外宮御師が有する旦那・旦那所へ、外宮御師は内宮御師が有するそれへ、それぞれ参入してゆくことが建前上では可能となり、旦那・旦那所をめぐって両者が競合・対立するという構図が形成されることになるのである。また、寛永争論において、内宮・外宮の優劣が論じられたため、以降、内宮・外宮の禰宜たちも、「両宮御祓銘論」といった両御師集団間の争いに関与せざるを得なくなったと考えられる。

今後の課題としては、内宮御師と外宮御師との競合の様相、御師集団と伊勢神宮との関係の変化、などの諸問題が挙げられる。これらに関しては別稿を期したい。

註

（1）例えば、久田松和則『伊勢御師と旦那―伊勢信仰の開拓者たち―』（弘文堂、二〇〇四年）など。

（2）西川順土「両宮御祓銘論の背景」（『皇學館論叢』九巻二号、一九七六年）。

（3）澤山孝子「朝幕関係のなかでの伊勢神宮―寛文十年御祓銘争論を事例として―」（『三重県史研究』一七号、二〇〇二年）。

（4）西山克『道者と地下人―中世末期の伊勢―』（吉川弘文館、一九八七年）、一六四・一九九頁。

（5）「徳川家康朱印状」（『三重県史』資料編近世1、三重県、七八九～七九〇頁）。なお、宛所に「内宮二郷年寄」とあるが、これは宇治会合を指す。宇治会合と山田三方は、御師集団の統制を行うだけではなく、それぞれ自治組織として鳥居前町とその周辺地域の支配を行った。このため、徳川秀忠朱印状・徳川家光朱印状などにおいても、宛所が「内宮二郷年寄」や「外宮年寄」とされている。

（6）瀧川政次郎『山田三方並に宇治会合所に就て』（神宮司庁、一九五〇年）、四三頁。

（7）大西源一『参宮の今昔』（神宮司庁教導部、一九五六年）、一三五頁。

（8）上野秀治「幕藩体制下における伊勢市域の特質」（伊勢市編『伊勢市史』第三巻近世編所収、伊勢市、二〇一三年）、三〇頁。

(9)「御師職式目」(『三重県史』資料編中世1下、三重県、三四一～三四二頁)。
(10)「師職の定」(『三重県史』資料編近世2、三重県、九四二頁)。
(11)長野友秀・日向政成は、厳密には国奉行であって山田奉行ではないが、その職務内容が後の山田奉行の職務をも含むものであったことから便宜上、山田奉行とした。専任の山田奉行となったのは寛永八年(一六三一)三月に就任した花房幸次からである。詳しくは、上野秀治「山田奉行の設置と統治」(前掲『伊勢市史』第三巻近世編所収)を参照。
(12)「長野友秀・日向一成連署書状(折紙)」(前掲『三重県史』資料編中世1下、三四三頁)。
(13)西山前掲『道者と地下人―中世末期の伊勢―』、一九九頁。
(14)「外宮御師連署誓約状」(前掲『三重県史』資料編中世1下、三四〇頁)。
(15)後述する寛永争論において、山田三方は抗議を行った理由を「参宮之輩旦那次第と御座候へ者両宮之売買すたり、太神宮御ちんさして以来数代相伝之旦那もすたり候得者、何とも迷惑仕候」と説明している(神宮文庫所蔵「寛永年中引留」寛永十二年六月八日条、図書番号一門一七三一〇の三二四号)。なお、「寛永年中引留」については註(34)を参照。以下、本章で使用する史料は特に断らない限り、すべて神宮文庫の所蔵である。
(16)国立公文書館所蔵「両宮御朱印師職古格」(請求番号一四二―〇八八七号)収録。なお、山田三方に発給された朱印状の原本はまったく現存していない。
(17)例えば、近年のものとして、千枝大志「三方会合成立期の様相」(前掲『伊勢市史』第三巻近世編所収、一八二～一八三頁)。
(18)「徳川秀忠朱印状」(図書番号一門八三二一の三二号)。この文書は前掲『三重県史』資料編近世1において翻刻されているが(七九〇頁)、脱文が看取されたため原本に拠った。
(19)伊勢河崎商人館所蔵「古事要覧」(書籍番号二一―四)収録。扉部分に「諸事古法書付之写　山田三方」とあり、朱印状など様々な文書が収録されていることから、山田三方が法規に関する文書をまとめたものであると考えられる。書写人は不明であるが、享保四年（一七一九）十月甲子日付で写した旨の奥書がある。秀忠朱印状の写しを載せる史料は他にも存在するが、それらには宛所を書き加えるなどの加筆が散見される。「古事要覧」はこれらに比べて最も書写年代が古く、収録する秀忠朱印状も原本に近いものと思料される。なお、この史料については千枝大志氏にご教示頂いた。

(20) 寛永争論において、「台徳院様御朱印ニあて所なく候、何と仕候哉」という下問がなされており（前掲「寛永年中引留」七月二十八日条）、もともと宛所を欠いていたことが確認できる。これに対して山田三方は明瞭に答えておらず、その理由は不明である。

(21) 前掲「寛永年中引留」六月八日条。

(22) 前掲「寛永年中引留」七月二十八日条。

(23) 千枝前掲「三方会合成立期の様相」、一八三頁。

(24) 「諸例綱目集成　参」（図書番号一門二九九六号）の「師職出入之事」。

(25) 中川忠勝は厳密には山田奉行ではない。註(11)を参照。

(26) 「御師職古文書（古文書之写）」収録（図書番号一門七四〇四号）。

(27) 同右。

(28) 同右。

(29) 千枝大志「表10　中近世伊勢御師道者売買一覧（寛永元年まで）」（伊勢市編『伊勢市史』第二巻中世編所収、伊勢市、二〇一一年）。

(30) この抑留事件については、千枝大志氏が「参宮者抑留問題」として、地域間や自治組織間の対立という視点から論じている（「宇治郷の様相」、前掲『伊勢市史』第三巻近世編所収、二八四～二八六頁）。

(31)「参宮客をめぐる外宮師職横暴につき言上書写」(前掲『三重県史』資料編近世2、九四三〜九四四頁)。
(32)「参宮客をめぐる外宮師職の横暴の覚」(同右、九四五〜九四六頁)。
(33)当該期の江戸幕府の政治機構については、藤井讓治『江戸幕府老中制形成過程の研究』(校倉書房、一九九〇年)を参照。
(34)前掲「寛永年中引留」寛永十二年六月五日条。「寛永年中引留」は、宇治会合の年寄家であった浦田氏の旧蔵で、他の写本に比べ脱字・脱文が少なく近世前期の書写であると考えられる。延享元年(一七四四)五月六日に書写された一本に載せる梅谷長政の識語(享保四年九月日付)によると、原本は宇治会合の年寄として寛永争論に参加した梅谷長重の手による記録であるとされる(「寛永十二年内外訴論引付」、図書番号一門四〇〇〇号)。以下、特に断らない限り、「寛永年中引留」を出典とする。
(35)慶光院については、浜口良光『遷宮上人慶光院記』(神社本庁長老慶光院少宮司を祝う会、一九八一年)を参照。
(36)この後、春日局は五月二十八日に「御内儀之御ひろしき」において、土井利勝・酒井忠勝・内藤忠重・阿部忠秋に対し、

権見《(ママ)》様之御時も台徳院様之御時も内宮への参宮人外宮ニ相留不レ申候ニ、此御代に外宮に新関をたて相留候者曲事成儀仕候、何と被二仰上一候哉、何れもの不レ被二仰上一候ハ、我等直ニ可二申上一候、左様ニ御座候ハ、御年寄衆御ためあしく御座有べく候、

と述べて、早く評定を開始するよう催促している。
(37)脱字が看取されたため、前掲「寛永十二年内外訴論引付」をもとに［　］部分を補った。
(38)「徳川家光朱印状」(前掲『三重県史』資料編近世1、七九〇〜七九一頁)。
(39)「内宮・外宮争論につき家光朱印状写」(前掲『三重県史』資料編近世2、九四六頁)。

第二章　山田三方と旦那争論
―裁判制度の整備を中心に―

はじめに

本章は、近世前期の旦那争論について、裁定主体と裁判制度に着目する視点から考察を行うものである。

山田三方は、外宮鳥居前町（山田）の自治組織であるとともに、御師集団に対して支配・統制を行ったことで知られている。この山田三方に関しては、自治都市を扱った先駆的研究(1)において取り上げられ、瀧川政次郎氏(2)の研究によって、成立から廃止までの流れと組織の概要が示された。その後、西山克氏(3)や飯田良一氏(4)・千枝大志氏(5)などにより研究が深められてきた。ここで関心の中心となったのは、山田三方の「自治」の様相とその性格であって(6)、これにより、中世末期における山田三方の実態が解明された。

近年、注目されるのは、近世前期を対象とした研究(7)である。千枝大志氏は、山田三方の展開を検討し、「近世自治機能の確立」期は寛永年間（一六二四～四四）であると指摘している。これは、従来、等閑視されてきた当該期に対し先鞭をつけた成果として高く評価できるものである。

また、太田未帆氏は、

近世全般を通して「自治組織」という評価ができるほど、宇治・山田の「自治」のありかたが現在充分に検討されているとはいえず、「自治」という言葉が先行するあまり、住民組織による町政の具体像というものが看過されているといっても過言ではない。

と述べ、「自治」の内実を明らかにすることの必要性を提起している(8)。

現状としては、近世前期の山田三方に関わる研究は右に限られており、中世末期を対象とする研究に比べると、いまだ緒に就いたばかりであると言わざるを得ない(9)。

このような状況を踏まえ、本章では旦那争論を取り上げ、中世末期から近世への展開に焦点を絞って考察を行いたい。鳥居前町とその周辺地域の裁判を管轄していたのは山田奉行であったが、近世中期に外宮権禰宜の久志本常武が著した随筆「常武神胤家語」には(10)、

山田三方

古ヘハ、山田を上中下と三つニ別、須原方・坂方・岩渕方と称して番別に事務せしゅへ三方と称し来れり、（中略）山田中ノ諸法度を申付、道者公事を裁判して、奉行所公事裁判の日ハ三方番別ニ二人ツヽ、出座するなり、（後略）

と記され、「道者公事」つまり、旦那をめぐる争論は山田三方が裁判を実施していたとある。従って、これは山田三方の権限の一つとして見做すことができ、裁判の実施が「自治」の主要な構成要素であるとするならば、その展開を具体的に跡付ける必要があろう。

旦那争論に関しても触れておく。中世末期以降、御師たちの活発な活動により、多くの人々が御師との間に師旦関係を結ぶようになった。そして、これにより頻発したのが、旦那・旦那所の帰属をめぐる争いである。師旦関係の保持が御師家の存立にとって極めて重要な事項であったこともあって、この争いは激しいものとならざるを得ず、例え

ば、慶長年間（一五九六～一六一五）に起きた久保倉氏と三日市氏との争論では、

一、常陸国一円久保倉御旦那ニ而御座候処ニ、今度常陸衆御参宮被ﾚ成候を三日市大夫次郎方に御宿被ﾚ申候間、右之御道者久保倉江御越候へと御迎に人を越候へば、御道者をハかへされす、剰大夫次郎自身長刀をぬき、其外家来之者共刀をぬき、石打、宣阿ミと申坊主之あたまを打わり理不尽成様子迷惑仕候、（後略）

とあるように(11)、真偽は不明であるが、刃傷沙汰さえ発生したとされる。

従来の研究では、山田三方は、右のような御師間の争いを調停する役割を果たしていたとされ、中世末期以降、彼らによってその裁判が間断なく実施されてきたものと考えられてきた。しかしながら、このことに関して正面から扱った研究は皆無であって、これは諸制度が整った時期のあり方から敷衍されたイメージの域を出るものではない。

以上をもとに、第一節では旦那争論と裁定主体の変遷について、第二節では山田三方による裁判制度の整備について、それぞれ考察してゆきたい。

一　旦那争論と裁定主体の変遷

本節では、旦那争論の裁判に関して、裁定主体の変遷に着目して検討を行う。【表5】は、寛永年間までの確認できる裁許状を集めたものである。「期間」とあるのは、裁定主体に基づいてその時期ごとに区分したものである。以下、それぞれ特色を見てゆくこととする。

（寛永年間まで）

宛　所	内　容	出　典
山田橋村殿	肥前国道者をめぐって橋村と上大夫が争論。橋村の勝訴。	「織田信雄奉行人連署書状」（『三重県史』資料編中世1《下》「輯古帖」収録、692～693頁）。
吉沢半入殿	尾州之内五郷所御師職堀尾弁同名中をめぐって吉沢と内宮長官之内又蔵が争論。吉沢の勝訴。	「町野重仍・上部貞永連署書状」（『三重県史』資料編中世2「吉沢文書」所収、297頁）。
谷帯刀丞殿	当国白子郷中御師職をめぐって谷と宇治中館が争論。谷の勝訴。	「大原与右衛門尉等連署書状」（前掲「輯古帖」収録、787頁）。ただし、神宮文庫所蔵「三方会合所引留」（図書番号1門3560号）と校合し、一部、修正を加えた。また、作成年に関しては、「三方会合所引留」の記述をもとに推定した。
福井主計助殿参	三夫女房衆所持被申候紀伊国之御道者をめぐって福井と中山勝大夫が争論。福井の勝訴。	「長野友秀下代連署裁許状」（『三重県史』資料編中世2「上部文書」所収、159頁）。なお、作成年に関しては、日向政成の在職時期（慶長8年～同20年）と、干支から推定した。
橘館孫九郎殿	高野山南谷旦那式をめぐって橘館孫九郎と橘館久三郎が争論。孫九郎の勝訴。	神宮文庫所蔵「諸家古文書」（図書番号1門7976号）収録。
中津与兵衛殿	一志郡内宮古村御師職をめぐって中津と内宮作所が争論。中津の勝訴。	神宮文庫所蔵「御師職古文書（古文書之写）」（図書番号1門7404号）収録。作成年に関しては、日向政成の在職時期（慶長8年～同20年）から推定した。
福嶋弥五右衛門殿	但馬之国郡谷之長殿御師職をめぐって福嶋と幸田孫兵衛が争論。福嶋の勝訴。	神宮文庫所蔵「永禄五年道者売渡証文写」（図書番号1門5668号）収録。
幸福内匠殿参	紀伊国荒川庄嶋村幷神田村旦那をめぐって幸福と慶徳主馬が争論。幸福の勝訴。	前掲「三方会合所引留」収録。
三頭又左衛門とのへ	赤座土佐守殿御師職をめぐって三頭と西村八郎兵衛が争論。三頭の勝訴。	「赤座土佐守の師職につき山田三方裁許状写」（『三重県史』資料編近世2「山田三方宛古文書写」収録、939頁）。

【表5】旦那争論に関する裁許状一覧

<table>
<tr><th></th><th>年月日</th><th>西暦</th><th>期間</th><th>発給者</th></tr>
<tr><td>1</td><td>天正
10.2.17</td><td>1582</td><td>A</td><td>林備後守雅顕（花押影）・垂水越中守国定（花押影）・笠井宗右兵衛尉康正（花押影）・城戸内蔵佐元政（花押影）・水谷播磨守敬頼（花押影）・有楽斎永任（花押影）・松庵土房（花押影）</td></tr>
<tr><td>2</td><td>天正
17.5.17</td><td>1589</td><td rowspan="2">B</td><td>町野左近助重仍（花押）・上部越中守貞永（花押）</td></tr>
<tr><td>3</td><td>（慶長2）
10.15</td><td>（1597）</td><td>大原与右衛門尉将□《判読不能》（花押影）・武藤彦左衛門尉吉勝（花押影）・岡部右兵衛尉忠吉（花押影）</td></tr>
<tr><td>4</td><td>（慶長11）
4.26</td><td>（1606）</td><td rowspan="5">C</td><td>中村勝兵衛定成（花押）・三崎重右衛門尉正以（花押）</td></tr>
<tr><td>5</td><td>慶長
12.閏4.2</td><td>1607</td><td>長野内蔵允（花押影）・日向半兵衛（花押影）</td></tr>
<tr><td>6</td><td>（慶長8
～20）
12.16</td><td>（1603
～
1615）</td><td>長野内蔵允判・日向半兵衛判</td></tr>
<tr><td>7</td><td>慶長
20.2.27</td><td>1615</td><td>長野内蔵允御判・日向半兵衛御判</td></tr>
<tr><td>8</td><td>元和
6.3.26</td><td>1620</td><td>水谷九左衛門御名乗御判・山岡図書頭御名乗御判</td></tr>
<tr><td>9</td><td>寛永
5.10.6</td><td>1628</td><td>D</td><td>三方 判・判・判</td></tr>
</table>

A　北畠氏領国期（天正元年～天正十二年）

当該期間は、織田信雄が北畠氏の当主となった天正元年（一五七三）十月[12]から、宮川以東の地域が豊臣氏の勢力下に置かれた天正十二年六月[13]までの時期を想定している。No.1は、確認できる裁許状のなかで最も古いものである。林雅顕などの北畠氏の奉行人が発給者として名前を連ねており、裁判が北畠氏の領国支配のもとで実施されていたことがわかる。文面に「其方と上大夫肥前国紛之儀、被ㇾ為二批判一候、其方被ㇾ申様尤候間」とあることから、御師の主張（「被ㇾ申様」）をもとに裁定を行っていたことが窺われる。

ただし、この北畠氏のみを裁定主体とする理解には問題が残る。それは当該期（天正五年閏七月）に山田三方も裁判を実施していた形跡[14]が確認できるからである。従って、二通りの推測が可能である。

①北畠氏と山田三方のそれぞれが裁判を行っていた。あるいは、山田三方の裁判で解決できなかった場合、北畠氏へ上訴され、同氏の手による裁判が実施された。

②天正五年閏七月以降のある時期に、山田三方による裁判が停止され、北畠氏によって単一に裁判が行われるようになった。

検討する材料が不足しており、ここでは右を提示するにとどめておく。

なお、この時期以前の裁判については、西山克氏の指摘[15]や、伊藤裕偉氏による北畠氏の都市（山田）支配に関する見解[16]から推測すると、山田三方の手によって裁判がなされていたものと考えられる。

B　豊臣氏政権期（天正十二年〜慶長八年）

当該期間は、天正十二年（一五八四）六月から徳川氏の影響下に入る慶長八年（一六〇三）五月[17]までを想定している。ただし、№２と№３の発給者が相違していることからも明らかなように、厳密には二期（前期・後期）に分けることができる。

前期は、天正十二年六月に蒲生氏が南伊勢を領するようになり、その家臣である町野重仍と、豊臣氏の御師であった上部貞永によって支配がなされた時期である[18]。その下限は、天正十八年八月に蒲生氏が移封し[19]、さらに上部が没する天正十九年五月[20]までと考えられる。

注目すべきは、裁判において山田三方が果たす役割が明示されたことである。天正十二年十二月四日付で上部・町野が山田三方宛に出した「覚　条々」[21]の四か条目には、

一、可レ被レ相二守故実法度一、於二論所対決一者可レ為二三問三答一、但於二此上一茂相紛義在レ之者、秀吉様江得二御意一、可レ為二御掟次第一事、

付、参宮之人宿等出入之儀者、猶以地下中江相尋可レ為二順路一事、

とある。すなわち、旦那争論については、「地下中」つまり、山田三方に諮問する方式が定められたことがわかる。

また、天正十五年八月日付の豊臣秀吉が町野・上部宛に発給した「定」(22)の四か条目にも、

一、宮川内地下人公事等出来之時、両人ニ申聞、於二相紛一者、山田三方年寄共一同罷上、可レ致二言上一事、付、諸座并大工所被二相破一事

と見えており、山田三方の意見が「宮川内地下人公事等」を裁定する上で重視されていたことが窺われる。

右から、山田三方は、町野と上部からの諮問に答える役割を担うことになったと考えられる。このことから、少なくとも当該期以降、山田三方は裁判権を失っていたものとみて大過ないであろう。

また、上部自身が山田三方の年寄家である上部氏の出身であり、御師であったことを重視するならば、このように山田三方の関与が敢えて指示されたことは、上部だけでは手に負い兼ねるほど御師間の慣行が複雑であり、「参宮之人宿等出入」が煩雑な争論であったということを如実に示しているといえよう。

また、天正十七年五月十九日付で「置目条々」(23)が定められていることも見逃せない。

置目条々

一、諸国御参宮衆本宿へ者かくしをき、町方にてはたこ同ク宿仕候者、本宿被二聞出一可レ被レ仰候、急度相尋可二申付一候事、

一、諸国御檀那本宿無二合点一ニ為二私と一申合、物をかし御宿申者於レ在レ之者、改二厳重ニ一可二申付一、押而代物かし

申候ハ、かしそんたるへき事、
一、船江之御道者右同前之事、
以上
上部越中守
貞永判
天正十七
町野左近助
五月十九日
重仍判

一か条目に「本宿」とあるのは、参宮者と師旦関係にある御師家を指すと捉えられ、これは、その御師家が持つ権利（旦那が参宮した場合、独占的に止宿先となることができる権利）への侵犯を禁じたものであると理解することができる。従って、当該期より御師家の権利関係に対し、公権力が保護・統制を行うようになったといえる。

後期は、天正十九年五月以降、伊勢国内で所領を有する豊臣系大名とその下代によって支配が行われた時期で、下限としては、徳川氏の支配下となる慶長八年五月までと考えられる。

この時期に「奉行」として支配を行った豊臣系大名とその下代について比定しておく。天正二十年二月二日付で、鮓屋半四郎吉定が「今社之御師子」をめぐって太郎衛門尉と争った際に作成した申状の宛所をみると、「御奉行御両三人様　参」となっている。[24]このことから複数の奉行が存在していたことが確認できる。「氏晴神主引付」に載せる文禄三年（一五九四）正月吉日付「内宮解」の注記をみると、岩出城主の稲葉道通、亀山城主の岡本良勝、松坂城主の服部一忠を「伊勢三奉行衆」としており、[25]彼らが伊勢国の奉行を務めていたことがわかる。そして、それぞれの下代としては、「文禄検地沙汰文」の記述から[26]岡部右兵衛尉・大原与右衛門・林助左衛門と考えられる。[27]ただし、服部は文禄四年七月に豊臣秀次に連座して改易となっており、(28)このため、新たに松坂城主となった古田重勝が奉行に加わったものと推定される。従って、No.3の発給者として連署する武藤彦左衛門尉は、古田の下代とみて大過ないであろう。(29)なお、岡本は慶長五年九月の関ヶ原の戦いで西軍に与したため改易となり、その後は、稲葉・古田によって支配が行われた。(30)

特色としては、法規などが制定された形跡が確認できないことが挙げられる。これは前述の前期と大きく異なる点であって、支配の面で消極的な印象を受ける。あるいは、宮川以東の地域が文禄三年十一月十六日付の豊臣秀吉朱印状において伊勢神宮の「敷地」とされ、(31)伊勢神宮領と位置づけられたことが関係しているのかもしれない。

C　徳川氏政権期（慶長八年～元和九年）

当該期間は、慶長八年（一六〇三）五月から、山田三方へ裁判権が移った元和九年（一六二三）十月までを想定している。慶長八年九月九日付で徳川家康から朱印状(32)が発給されていることからも明らかなように、新たな政権の担い手となった徳川氏の影響下のもと支配が実施されている。実際に支配を行ったのは、江戸幕府の国奉行とその下代であって、(33)No.4は長野友秀・日向政成の下代である中村定成・三崎正以、No.5・6・7は長野・日向、No.8は同じく国奉行の水谷光勝・山岡景政が裁許状を発給している。

ここで特筆すべきは、「御師職式目之条々」の成立である。これは慶長十年十二月吉日の成立で、その内容としては、師旦関係に関する慣行を成文化したものである。(34)長野友秀・日向政成は、同年十一月二十二日付で次のような指示を行い、山田三方に作成を命じている。(35)

一筆申入候、仍山田諸国旦那式出入、各へ相尋候へハ、事不レ行候間、先規より有来候通、懇ニ被レ成二式目ニ一、

三方衆連判ニ而、此方へ渡可レ被レ置候、以来、道者出入在レ之ハ、任二式目一可二申付一候、（後略）

つまり、B期で見たような山田三方に意見を諮問して裁判を行う方式が否定され、「御師職式目之条々」に基づいて裁定を行う方式への転換が図られたといえる。

この理由としては、同年七月に久保倉氏と三日市氏との間で争論が起きていることに注目したい(36)。すなわち、従来の方式では、三日市氏などのように山田三方の年寄家が争論の当事者であった場合、山田三方内で意見が相違したりして、機能不全に陥ることが想定される。つまり、長野・日向が「各へ相尋候へハ、事不レ行候間」としているように、この方式では個々の意見に頼らざるを得ず、彼らの恣意が介在する余地があったのである。

従って、江戸幕府は、山田三方に依存する不安定な裁判制度を忌避し、「御師職式目之条々」に基づき国奉行が裁定を下す安定した制度の確立を志向したと考えられる。しかし、後述するように、№８に挙げた幸福内匠と慶徳主馬の争論は、水谷・山岡による裁定を受けても解決しておらず、このような新たな裁判のあり方は失敗に終わったと評価せざるを得ない。

D　山田三方自治期（元和九年～）

当該期間は、元和九年（一六二三）十月以降を想定している。この時期は、№９を見れば明らかなように、山田三方の手によって裁判が行われている。

その開始は詳らかではないが、左で述べる「覚」に見える「起請」を山田三方が元和九年十月六日付で行っており（次節で詳述）、これを起点として山田三方による裁判が始まったものと考えられる。寛永元年（一六二四）十月六日付で御巫平左衛門が「長谷川左兵衛殿御舎弟忠兵衛殿」との師旦関係などをめぐって、御巫味右衛門を訴えた山田三方宛の訴状[37]が確認でき、少なくとも寛永元年十月以降には、裁判を行うことが可能な体制が整っていたと見ることができる。

では、山田三方へ裁判権が委譲された経緯とその理由は如何なるものだったのだろうか。元和十年二月二日付で山田三方から江戸幕府の年寄に出された「覚」[38]を見ると、三か条目に、

一、御師職出入之義を三方として裁許可レ仕之由、去年於二京都一被二仰下一候、無調法之者共如何ニ存候へ共、御意難二黙止一、其上先規法式之旨ニ被二仰付一忝存、無レ所レ曲様ニ各起請を致し御師職出入裁許仕候、起請之前かき乍レ憚さし上申候、

とある。ここから、元和九年の徳川秀忠・家光の上洛の際に、「御意」によって委譲が命じられたことがわかる。これに関しては、寛永元年三月六日付で年寄が返書として山田三方へ与えた「覚」[39]の二か条目に、

一、松前志摩守御師職事、去年於二二条一如下被二仰出一候上、山田三方年寄共として古来のごとく弥可二沙汰一、紀州神田村・嶋村御師職之儀も可レ為二右同前一事、

とみえ、二つの争論が原因となっていたことが読み取れる。一方は、三日市大夫次郎と五文子屋庄左衛門の「松前殿御師職」をめぐる争論で、他方は幸福内匠と慶徳主馬の「紀州神田村・嶋村両在所」をめぐる争論であった[40]。

両争論においては、裁定を行うべき国奉行が不在となっていたため、山田三方が「せんさく」を行い、その意見をもとに江戸幕府の年寄が裁定を下すという方式が採られていた[41]。しかし、両争論ともに難航しており、特に後者については、慶長年間（一五九六〜一六一五）から争い続き[42]、№８の水谷・山岡による裁定でも終息しておらず[43]、泥沼化の様相を呈していたといえる[44]。

右のような状況を踏まえるならば、委譲の背景には、Ｂ期で指摘した御師間慣行の複雑さと旦那争論の煩雑さが

あったと考えられる。江戸幕府はC期で山田三方の排除を試みたものの、これらのために、裁判の運営に支障をきたしてしまい、結局、山田三方へ一任する方式に転換せざるを得なくなったと捉えることができよう。以降、山田三方が裁判を行うことが定着し、[45]次節で検討するような制度整備が実施されてゆくことになるのである。

ここまでをまとめておく。従来の研究では、山田三方の手による裁判が、中世から近世へと間断なく連続しているものと捉えられてきた。しかし、本節における検討の結果から、少なくとも天正十二年（一五八四）六月から元和九年（一六二三）十月の間、山田三方が裁判権を喪失していたことが明らかとなった。そして、その間において裁判の方式に変遷があったことを浮き彫りとした。また、江戸幕府からの裁判権の委譲に関しては、御師間慣行の複雑さと争論の煩雑さが背景にあったことを指摘した。

二　山田三方による裁判制度の整備

前節では、旦那争論の裁判のあり方について裁許状をもとに考察を行ってきた。本節では、D期において山田三方で実施された制度整備の過程を見てゆく。

まず、山田三方への裁判権の委譲に際して、山田三方が元和九年（一六二三）十月六日付で作成し、江戸幕府に提出した「御師職諍論以㆓上意㆒任㆓先規法式㆒就㆓理非決断㆒起請事」[46]（A）の内容を確認しておく。

御師職諍論以㆓上意㆒任㆓先規法式㆒就㆓理非決断㆒起請事

一、於㆓理非裁判㆒者不㆑可㆑有㆓親疎㆒、不㆑可㆑有㆓好悪㆒、所㆑寄㆓存知㆒之理非、不㆑残㆓置心中㆒可㆑出㆑詞事、

一、愚暗之身依㆓分別之不㆒㆑及旨趣相違之儀申出者非㆓心之所㆒㆑曲事、

一、裁断之旨叶㆓道理㆒則一同之憲法也、又誤雖㆑行㆓非道㆒一同之越度也、然者相㆓向訴人幷其縁者等㆒自身者雖㆑存㆓其方道理㆒、会合之中其人之申様致㆓違乱㆒申儀不㆑可㆑有㆑之事、
一、雖㆑為㆓誰之親類・縁者・知音・従者㆒、若有㆓曲事㆒則可㆑為㆓其沙汰㆒、向後不㆑可㆑有㆓遺恨㆒事、
一、裁判之日不参之事、難㆑去依㆓所用㆒、且於㆓病気㆒者可㆑為㆓免除㆒矣、雖㆑然或少用号㆓大儀㆒或構㆓虚病㆒、自由之不参不㆑可㆑有㆑之事、
右之条々雖㆓一事㆒公事致㆓裁判㆒間、若令㆓違犯㆒者、
梵天・帝釈・四大天王・惣日本国中六拾余州大小神祇・八幡大菩薩・春日大明神・熊野三所権現・天満大自在天神、部類眷属神罰・冥罰各可㆓罷蒙㆒者也、仍起請文如㆑件、

敬白

元和九癸亥年拾月六日

旦那争論について、先規法式に則り裁判を行う旨が誓約されたことがわかる。下敷きとなっているのは、「御成敗式目」の「起請」部分[47]であって、いずれも公正な裁判を行ってゆく上で不可欠な事項が挙げられているといえる。

注目すべきは一・四か条目である。前節のC期で述べたように、江戸幕府は、年寄たちの恣意が裁判に介在し、裁定に影響を及ぼすことを警戒しており、この二つの箇条はその自制を誓うものであると考えられる。この起請によって、裁判を運営し、裁定を行う上で準拠すべき規範が確立されたと評価できよう。

第二に、寛永三年（一六二六）六月七日付で山田三方が作成し、山田奉行の中川忠勝から承認を得た「覚」[48]（B）を挙げる。

覚

一、旦那公事穿鑿の場にて対㆓三方人㆒悪口之事、

付、あいて双方悪口申、穿鑿のさハりニなし我まゝ申者之事、

一、公事落着之上非分の者旦那まハりいたし、又者神物取候事、

付、公事落着三方より申付候処、承引不㆑仕とかく申ものゝ事、

一、公事落着不㆑申内ニ三方相談の下知を得す為㆑私旦那まハりいたし、又者神物取候事、但公事の様子ニより相談可㆑有事、

一、公事落着無㆑之内ニ非分を存候ニよつて御道者と調略いたし、借金させ内宮へつけ候事、

一、出入の御道者参宮之時俄落着難㆑成ニ付、三方より先当座の異見にてしつめ候を承引不㆑申者之事、

一、出入之道者参宮之時、三方より異見申内ニ道者を下向させ申候事、

一、人数を出シ御道者をとめ候事、

一、一向いはれさる公事申かけ候者の事、

但、軽重可㆑有事、

一、公事人何かとかこつけを申、批判場へ不㆑出ものゝ事、

一、御道者はたこ致し候事、

一、此外旦那公事法度をそむき候者の事、

以上

寛永三

六月七日　三方印

進上

中川半左衛門様参

右之条数之者於レ在レ之者、従二其人一其科之従二軽重一、或籠者或所を払、又者過銭急度可レ被二申付一候、以上、

六月七日　　中川半左衛門御判

この「覚」は一一か条から成っており、すべて公事人に関する内容となっている。これにより、裁判当事者に対する規定が整備されたものと捉えておきたい。特に重点が置かれているのは、御師と争点となっている旦那との往来の禁止であって（三～七か条目）、裁判中は師旦関係が一時的に停止されたことがわかる。二か条目において、裁定後に敗訴となった御師による「旦那まハり」と「神物取」の禁止が敢えて明記されていることを考え合わせると、御師と旦那との結びつきが極めて強く、裁判中はこれに対して注意が払われたことが窺われる。

また、一一か条に「旦那公事法度」と見える。これが如何なるものであるのか定かではないが、その名称から、旦那争論に関する内容であると推定され、寛永三年六月以前に、既にこのような法規が存在していたことになる。

第三に、寛永十八年九月二十六日付の「起請事」[49]（C）を挙げる。

起請事

一、三方会合諸事評定事、不レ存二依怙一不レ構二贔屓一宜レ任二道理之旨一也、雖レ然為レ世為レ人、各以二吟味一随時之宜可レ有、加二了簡一義是亦可レ為二憲法一之條更非二心之所レ曲事、

付、愚闇之身依レ不レ及二分別一旨趣相違之儀者最不レ苦事、

一、三方相談之事、強雖レ顕二誰人之悪事一敢不レ可レ存二遺恨一、是所三以無二好悪一也、縦雖レ及二何程之荒言一聊不レ可レ有二

宿意一、是以無二親疎一也、但互可レ慎二過言一事、

一、三方密談之事、聊不レ可二他言一矣、但令レ聞二他人之口上一所レ用有レ之時、或自身伝舌（ママ）之、或使者免二許之一、是等最可レ為二各別一事、

一、三方評定之趣縦雖レ叶二道理一一同之憲法也、誤雖レ有二僻事一一同之越度也、然則相二向外人一而、或云二他人紕謬一或云二自身之名誉一、是既非二一味之義一甚以黒心也、堅不レ可レ出二言之一事、

一、三方と他所相論事幷若蔑二如三方一者出来之時、旁不レ労二親類・縁者一不レ顧二知音・従者一、三方之儀可レ然之思案・助成之才覚頗可レ励也、但相談之上依レ人随事加二用捨一、又以二了簡一調二無為一者可レ為二各別一事、右之条々若令二違犯一者辱

上者梵天・帝釈・四大天王・炎魔法王・五道冥官・泰山府君、下界者王城鎮守稲荷・祇園・加茂・春日・八幡大菩薩、別而熊野三社大権現・富士白山妙理大権現・伊豆箱根両所権現・三嶋大明神、惣日本国中六拾余州大小神祇・天満大自在天神、神罰（ママ）・冥罰部類眷属可二罷蒙一者也、仍起請文如レ件、

敬白

于レ時寛永十八辛巳年九月廿六日

付、依二裁断一会合之密談尤不レ可レ有二他言一、雖レ然令レ聞二他人之口上一有二取用一者可レ随二其相談一事、

元和九亥年拾月六日

右起請前書之内也、

これは、山田奉行である石川正次の着任に備えてまとめられたものと考えられ(50)、山田三方の評議について詳しく取り決められている。末尾の「付」の部分は、元和九年十月六日付の「御師職諍論以二上意一任二先規法式一就二理非決断一

起請事」（A）へ追加する箇条として記されたものであろう。従って、この評議も裁判に関連するものとして理解しておきたい。

第四に、寛永十八年年十月八日付で成立した「当地御奉行所江就二申上儀一起請之事」[51]（D）を挙げる。

当地御奉行所江就二申上儀一起請之事

一、訴訟人之儀、縦雖レ為二親類・縁者・智音・従者之事一、無二依怙贔屓一万事有様之旨可二申上一、但依レ事随時宜レ令二遠慮一、不二出言一義者格別之道理也、最不レ苦事、

一、誰之善悪雖二申上一、親疎・好悪之差別無レ之上者、毛頭不レ可レ有二遺恨一事、

一、愚暗之身不レ及二分別一故、亦依二失念一旁旨趣相違之義者勿論非二心之所レ曲事、

右之条々雖レ為二一事一、令二違犯一者

敬曰天起請文之事、

上者梵天・帝釈、下者四天王・惣者日本国六拾余州大小神祇、別者王城鎮守・熊野三所権現・春日大明神・住吉・日吉・賀茂下上・松尾・平野・伊豆・箱根両所権現・三嶋大明神・八幡大菩薩・天満大自在天神、部類眷属、若雖二一事一存二曲事一令二違犯一者、神罰各々可二罷蒙一者也、今生成二白癩・黒癩一受二短命・七難一、尤於二来世一者可レ堕二無間地獄一者也、仍而起請文如レ件、

于レ時寛永拾八年辛巳年拾月八日

つまり、

①訴訟人については、たとえ親類・縁者・智音・従者に関することであっても、依怙贔屓せず有りのままに申し上げるべきである。ただし、内容によっては適宜それを慎み、上申しないことも格別の道理である。

②誰の善悪を申し上げることになっても、親疎・好悪の差別はあってはならないことなので、遺恨を持ってはならない。

③考えが及ばないことや、失念によって上申の内容が相違してしまっても、それは悪意によるものではない。

となる。従って、山田三方が公正に山田奉行所へ上申を行うことが取り決められたことがわかる。

ここまで裁判制度の整備について概観してきた。それぞれの成立時期をみると、(A)が元和年間の末年で、それ以外の(B)～(D)が寛永年間であることに気付く。従って、制度整備は、裁判権の委譲後、寛永年間に集中して行われたと指摘できる。

最後に裁判制度の水面下で機能していた内済に関しても触れておきたい。前節では旦那争論の裁判のあり方について裁許状をもとに検討を行った。改めて気付かされるのは、確認できる裁許状の少なさである。これは元和九年十月以降も同様であって、残存状況の問題を勘案しても少なく、やはり裁判自体が実施されなかったことを意味している[52]と考えざるを得ない。そして、その理由として想定されるのが、内済による解決である。以下、千枝大志氏の成果を[53]踏まえつつ検討してゆきたい。

左の証文は、元和元年十一月六日付で大主宗勝が作成したものである。

越前之国一乗之山崎殿御師職之儀、貴殿と我等出入雖ㇾ有ㇾ之、福嶋出雲守殿・谷左馬助殿・三頭源兵衛殿御あつかひを以、山崎殿御師職ハ其方へ相渡し申候、然上者御一類共ニ末代ニ至リ我等申分無二御座一候、仍為二後日一如ㇾ此候、

元和元年十一月六日　　　　大主又左衛門尉

宗勝(花押)

（切断のため後欠）

大主と某氏との間で「越前之国一乗之山崎殿御師職」の帰属をめぐって争論となっていたが、福嶋出雲守・谷左馬助・三頭源兵衛の「御あつかひ」によって内済が成立したことが読み取れる(54)。

次に寛文元年（一六六一）閏八月の三頭近周と為田家政との争論の例を挙げておく。これは「越前之国之御道者」をめぐるもので、三頭は同月六日付で山田三方への訴状を作成した。しかし、二見勘三郎・幸田源内・谷弥一右衛門・谷一郎大夫の「御口入」によって内済となった(55)。

さらに、外宮長官（松木満彦）の「異見」によって解決した例も存在する。これは延宝七年（一六七九）九月から十一月にかけて広田正令と中西常貞の間で起きた争論で、論点となったのは「信州旦那所夜交・うき・横倉三ヶ村」の帰属である。「旦方出入ニ付起請仕三方会合へ差遣之由」を聞いた外宮長官は、「当月九月と申於二当地一ヶ様之義不レ宜儀」と考え、両者へ「祭礼過迄延引之旨」を申し入れ、起請を延期させた。すると、「此末も何卒双方へ御異見被レ仰被レ済候様」と山田三方から願ってきたので、外宮長官は両者に「異見」を行い、それに基づく形で落着した(56)。

このように、第三者の調停を受けて内済を図るという解決方法が確認でき、鳥居前町において広く一般化していたものと推量される。

おわりに

本章では、近世前期の山田三方と旦那争論について、裁判権の所在と裁判の制度整備を中心に考察を行ってきた。内容を簡潔にまとめておきたい。

第一節では、確認できる裁許状への検討から裁定主体に変遷があることを明らかにした。そして、これにより判明したのは、山田三方による裁判が実施されていない時期があり、裁判を行う権限は江戸幕府から委譲されたものであったという事実である。また、いくつかの時期において、裁判の方式に関して、様々な形が模索されたことも浮き彫りとなった。そこで問題となったのは、旦那争論の特殊性であり、このことが江戸幕府から山田三方への裁判権の委譲をもたらすことになったと考えられる。

第二節では、裁判権が委譲された後における裁判制度の整備過程について検討した。この結果から、制度整備が寛永年間に集中して行われていることを示すとともに、公正な運営の実現に主眼が置かれていたことを明らかにした。冒頭で触れた千枝氏の「近世自治機能の確立」期を寛永年間(一六二四～四四)とする指摘は、裁判制度の整備面からも裏付けることができるといえる。また、裁判制度の水面下においては、内済という解決方法が存在し、広く機能していたことを指摘した。

残された課題としては、宇治会合の制度整備が如何なるものであったか、という問題が挙げられる。このことに関しては、近世前期における宇治の御師集団の動向を踏まえ、他稿を期したい。

註

(1) 例えば、豊田武『増訂　中世日本商業史の研究』(岩波書店、一九五二年。ただし、同書は増訂を加えたもので、初出は『中世日本商業史の研究』、岩波書店、一九四四年)など。
(2) 瀧川政次郎『山田三方並に宇治会合所に就て』(神宮司庁、一九五〇年)。
(3) 西山克『道者と地下人—中世末期の伊勢—』(吉川弘文館、一九八七年)。

（4）飯田良一「中世後期の宇治六郷と山田三方」（『三重県史研究』七号、一九九一年）。
（5）千枝大志「伊勢山田における地域特性の形成とその変容」（『中近世伊勢神宮地域の貨幣と商業組織』所収、岩田書院、二〇一一年）。
（6）このように「自治」の様相とその性格に関心が集中したのは、網野善彦氏によって『無縁・公界・楽―日本中世の自由と平和―』（平凡社、一九七八年）が発表され、その中で「公界」の事例として山田三方が取り上げられたことによるところが大きい。
（7）千枝大志「三方会合成立期の様相」（伊勢市編『伊勢市史』第三巻近世編所収、伊勢市、二〇一三年）。
（8）太田未帆「近世宇治・山田の住民組織と「自治」―宮川渡船の運営を通して―」（上野秀治編『近世の伊勢神宮と地域社会』所収、岩田書院、二〇一五年、四一六頁）。ここで同氏は宮川渡船の運営を素材として、近世中期以降を中心とした宇治会合・山田三方の「自治」機能の展開について検討している。
（9）近世の山田三方の概要については、太田未帆「会合所の機能」（前掲『伊勢市史』第三巻近世編所収）を参照。
（10）神宮文庫所蔵「常武神胤家語」（図書番号一門五五九三号）。これは、明和八年（一七七一）六月十八日に六十三歳で没した久志本常武が著した随筆で、伊勢神宮や鳥居前町に関する様々な事柄について述べられている。当史料は、弘化三年（一八四六）仲夏付で外宮禰宜の久志本常達の「蔵書」を外宮禰宜の久志本常庸が書写したものである。以下、本章で使用する史料は、特に断らない限り、すべて神宮文庫の所蔵である。
（11）「申上候条々」（図書番号一門一八六〇五号）。
（12）西山克氏は、天正元年（一五七三）十月には、織田信雄は既に北畠氏当主の地位にあったと指摘している（前掲『道者と地下人―中世末期の伊勢―』、二一六～二一七頁）。
（13）藤田達生「織豊期の北畠氏―南伊勢支配を中心に―」（同編『伊勢国司北畠氏の研究』所収、吉川弘文館、二〇〇四年)、五二一〜五三三頁。

(14)　閏七月六日付で「今度相論下地之義」について北友親・蔵田国貞など六人が榎倉新九郎・同弥平次宛に出した「北友親等連署裁許状」(『三重県史』資料編中世1下「輯古帖」収録、三重県、七七六頁)が存在する。西山克氏は、これを天正五年に発給されたものとし、「三方に繋属された訴訟に対し、公式に調停案を提示する公文書」であるとしている(前掲『道者と地下人―中世末期の伊勢―』、九六頁)。

(15)　西山克氏は、山田三方が「民事を含む在地裁判の権限」を確保した時期を「遅くとも文明十年代の前半」と推測し、さらに、三方黒印状への検討から「文明末年から明応初年にかけて、三方は戦国期の都市行政の担い手として、十二分な強権とともに立ち現れた」と指摘している(前掲『道者と地下人―中世末期の伊勢―』、七七〜八五頁)。

(16)　伊藤裕偉氏は、北畠氏が「山田在住商人と個別の関係を形成していたこと」をもとに、「山田という都市を直接支配するのではなく、内部構成員の一部を人頭支配して間接的に関わっていた、と見られる」としている(「地域構造における領域支配と拠点の位相―北畠氏領域と多気の状況―」、藤田編前掲『伊勢国司北畠氏の研究』所収、九六頁)。

(17)　高木昭作氏は、慶長八年(一六〇三)五月吉日付世古坊譲状に長野友秀・日向政成が奥印を加えていることから、「両者ともに慶長八年には、神宮ないしは伊勢の訴訟を担当する地位にあったことが推測される」としている(「幕藩初期の国奉行制」、同『日本近世国家史の研究』所収、岩波書店、一九九〇年。初出は「幕藩初期の国奉行制について」、『歴史学研究』四三一号、一九七六年)。従って、少なくとも慶長八年五月には、鳥居前町とその周辺地域は、徳川氏の影響下にあったものとみて大過ないであろう。

(18)　町野重仍と上部貞永について、窪寺恭秀氏は「近世の山田奉行の前身と位置付けても良いのではないだろうか」と指摘している(「伊勢御師の成長」、伊勢市編『伊勢市史』第二巻中世編所収、伊勢市、二〇一一年、六八七頁)。

(19)　高木昭作執筆「蒲生氏郷」項(国史大辞典編集委員会編『国史大辞典』第三巻、吉川弘文館、一九八二年)。

(20)『考訂度会系図』の「上部越中家系」(神宮古典籍影印叢刊編集委員会編『神宮古典籍影印叢刊5-1 神宮禰宜系譜』所収、皇學館大学)。

(21)「御師職古文書(古文書之写)」収録(図書番号一門七四〇四号)。

(22)「豊臣秀吉朱印状」(『三重県史』資料編中世2、三重県、四四四頁)。

(23)前掲「御師職古文書(古文書之写)」収録。

(24)「鮓屋吉定申状」(前掲『三重県史』資料編中世1下「輯古帖」収録、七一九頁)。

(25)「氏晴神主引付」(『三重県史』資料編中世1上、三重県、九九五頁)。稲葉道通・岡本良勝・服部一忠については、高木昭作監修・谷口克広著『織田信長家臣人名辞典』(吉川弘文館、一九九五年)を参照。

(26)「文禄検地沙汰文」(『三重県史』資料編近世1、三重県、三五七〜三七七頁)。

(27)例えば、天正二十年二月五日付で大原与右衛門・岡部右兵衛尉・林助左衛門が、外宮御師の北監物に「今度かまや善左衛門と浦田地下中と借銭之申事」について「其方被ニ申分一理運ニ被ニ聞召分一候」旨を伝える裁許状が存在する(「京都大学所蔵来田文書一 写真版」収録、図書番号一門一五〇九〇号)。

(28)谷口前掲『織田信長家臣人名辞典』。

(29)直接の証左は確認できないが、寛文六年(一六六六)三月七日に七十九歳で没した外宮権禰宜松木盛彦の談話集である「松木盛彦細談」(図書番号一門七四七八号)において、「一、両宮奉行」の項に、稲葉道通とともに「古田兵部 松坂下代彦左衛門」とみえる。「松木盛彦細談」については、神宮司庁編『二宮叢典 前篇』(吉川弘文館、二〇一三年)の「貞次話記抄・盛彦細談抄」解題を参照。

(30)「成願寺定福院跡目之義」を「りやうこん」と太郎館氏(内宮鳥居前町宇治に居住する内宮御師)が争った一件について、岡部右兵衛尉と武藤彦左衛門尉が太郎館氏に発給した慶長七年(一六〇二)十二月二日付の裁許状が確認できる(「太

郎館家旧蔵資料」所収「(定福院跡目之儀に付裁許状)」、図書番号一門二〇五六五の四二三号)。
(31)「豊臣秀吉朱印状」(前掲『三重県史』資料編中世1下、九八六頁)。
(32)「徳川家康朱印状」(『三重県史』資料編近世1、三重県、七八九～七九〇頁)。
(33)近世前期の国奉行制については、高木前掲「幕藩初期の国奉行制」を参照。国奉行による鳥居前町とその周辺地域に対する支配については、上野秀治「山田奉行の設置と奉行所機構」(前掲『伊勢市史』第三巻近世編所収)を参照。
(34)詳しくは、千枝前掲「三方会合成立期の様相」(一八四～一八八頁)を参照。
(35)「長野友秀・日向一成連署書状(折紙)」(前掲『三重県史』資料編中世1下、三四三頁)。
(36)前掲「申上候条々」。当史料は、慶長十年七月五日付で久保倉氏の内衆である丹蔵次郎兵衛ら二人の名前で長野友秀・日向政成宛に作成されており、その内容から三日市氏に対する返答書(写し)であると考えられる。
(37)「輯古帖」収録(図書番号一門一〇七五三号)。当史料は、写真版(図書番号一門一五〇四七号)を閲覧した。
(38)「古法書」収録(図書番号一門一五三二一号)。当史料は、内題に「御代々様御朱印之写・御朱印御文言ニ附差上候書面写・御神領伊勢山田古法旧例後鑑書面写」とあって、歴代将軍からの朱印状や、鳥居前町(山田)に関する法規・先例などを集めたものであると考えられる。その内容から山田三方の内部で作成されたものとみて大過ないであろう。安政二年(一八五五)九月十一日付の徳川家定の朱印状を「御当代様御朱印写」としていることから、家定が将軍であった嘉永六年(一八五三)～安政五年の間に成立したものと推定される。ただし、「御神領伊勢山田古法旧例後鑑書面写」の部分は、山田三方年寄であった久保倉弘毅が寛政十一年(一七九九)四月に著した「諸例綱目集成」(図書番号一門二九九六号)において、「子細ハ古法旧例後鑑ニ委有レ之」といった形で言及しており、成立が寛政十一年(一七九九)四月以前に遡る可能性がある。
(39)「山田の支配につき幕府老中奉書写」(『三重県史』資料編近世2、三重県、九三八頁)。なお、本紙裏の継目には、酒井忠世・土井利勝・井上正就・永井尚政の印が捺されていたとされる（「日向一成書状」、前掲『三重県史』資料編中世1下、三四二～三四三頁）。

(40) 前掲「古法書」収録「覚」。

(41) 同右。

(42) 日向政成が三月二十四日付で幸福内匠に対し、「貴殿と慶徳主馬助出入之儀」について、「無二別条一相済候間、可二御心易一候」旨を報じた書状が確認できる（「三方会合引留」収録、図書番号一門三五六〇号）。日向の在職期間が慶長八年（一六〇三）～慶長二十年であることから、この間に争論が起きたものと考えられる。

(43) 土井利勝・嶋田利正・板倉重宗は元和九年（一六二三）八月二十九日付で幸福内匠へ「先年於二江戸に一聞候けいとく主馬と其方公事之儀、可二申付一候間、早々可二罷上一」旨を命じている（前掲「三方会合引留」収録）。

(44) 三日市大夫次郎と五文子屋庄左衛門との争論においても、敗訴した五文子屋が裁定を不服として再び訴訟を試み、闕所・追放処分となっている（前掲「諸例綱目集成」の「師職出入之事」項）。

(45) ただし、寛政二年十二月に山田奉行の野一色義恭が行った町政改革によって、山田三方は裁判を行う権限を剥奪されてしまったとされる（太田未帆「寛政改革」、前掲『伊勢市史』第三巻近世編所収、一〇六～一一二頁）。

(46) 「三方起請之写一　旦那公事裁断付起請」（図書番号一門七九五三の一号）。

(47) 「校本　御成敗式目」（佐藤進一・池内義資編『中世法制史料集』第一巻、岩波書店、二八～三一頁）。

(48) 前掲「古法書」収録「覚」。

(49) 「三方起請之写二　三方会合諸事評定ニ付起請文」（図書番号一門七九五三の二号）。

(50) 花房幸次が寛永十八年四月十二日に没して以降、山田奉行は不在となっていたが、石川正次が寛永十八年十月に新しく山田奉行として赴任した（「外宮引付天正明暦」寛永十八年十月条、図書番号一門四一四四号）。

(51)「三方起請之写三　御奉行所江申上候ニ付起請文」(図書番号一門七九五三の三号)。
(52) 近世の内済については、大平祐一「内済と裁判」(藤田覚編『近世法の再検討―歴史学と法史学の対話―』所収、山川出版社、二〇〇五年)を参照。
(53) 千枝氏は、外宮御師である藤井氏の中世末期から近世前期にかけての越前国における活動について検討するなかで、旦那争論の内済による解決に言及し、これを十六世紀前半に遡る慣習であったとしている(「中世末・近世初期の伊勢御師に関する一考察―外宮御師宮後三頭大夫の越前国における活動を中心に―」、上野編前掲『近世の伊勢神宮と地域社会』所収、一三五～一四四頁)。
(54)「元和元年師職譲状」(「退蔵文庫旧蔵道者田畠屋敷沽券類」所収、図書番号一門一一五四五の四一号)。ただし、宛所の部分が切断されており、後に何らかの事情で反故となった可能性が高い。
(55)「越前国道者ニツキ三頭文左衛門訴状」(「足代文書」所収、図書番号一門七九五八の一七号)。
(56)「神宮編年記　満彦記」延宝七年(一六七九)九月四日条～十一月二十六日条(図書番号一門一五九一三の一五八九号)。「神宮編年記」とは、内宮・外宮それぞれの長官(一禰宜)の公務日記の総称である。内宮のものが慶安元年(一六四八)から慶応三年(一八六七)まで、外宮のものが延宝四年から明治四年(一八七一)まで現存している。詳しくは、「〈史料紹介〉神宮編年記(内宮長官日記)」(『皇學館大学神道研究所紀要』一七輯、皇學館大学神道研究所、二〇〇一年)の「解題」を参照。

第三章　神宮御師の連帯意識の萌芽
―「内宮六坊出入」を素材として―

はじめに

本章は、近世前期に争われた「内宮六坊出入」と呼称される一件の意義について、神宮御師集団に与えた影響という視座から考察するものである。

神宮御師に関する研究は、萩原龍夫氏(1)や新城常三氏(2)が実態を素描した御祓配り（廻旦）などの活動面を中心に進められており、近年では、久田松和則氏(3)・内田鉄平氏(4)・千枝大志氏(5)などによって、地域ごとの個別研究が着実に積み重ねられつつある。しかしながら、近世の御師集団のあり方の問題に限っては、多くの検討の余地が残されている。そこで以下を課題として設定したい。

伊勢神宮の鳥居前町（宇治・山田）に居住する御師たちは、神宮御師と一括りにいうものの、厳密には内宮御師と外宮御師に大別され、それぞれ別個の集団を形成し、両者の間には潜在的な対立も存在していた。それは中世末期以降、個々の御師同士の争論を端緒として、度々、表面化したとされる(6)。これについて西川順土氏は、内宮御師と外宮御師の争論が内宮・外宮を巻き込むものであったことを述べた上で、特に寛文年間の御祓銘をめぐる争論（両宮御祓銘論）に注目し、当該期の御師をも包括した内宮・外宮の「集団の個性化」が、争いの背景となっていることを指摘している。そして、「師職争論やお祓銘論は内宮側外宮側双方から提起された問題点について、互にその個性を明らかにする、即ち両宮の本質を説明し、かつ批判し合った場であった」[7]と評価している。

ただ、斯かる関係が近世を通じて変化なく継続したという理解は正確ではない。例えば、天和年間（一六八一～八四）の帯刀をめぐる一件においては、両宮の御師たちが協力して帯刀の格式を希望し、結果、伊勢神宮の神職（祠官）として位置づけられ帯刀が許可された事例[8]が存在する。この事実を重視するならば、両宮の御師たちが連携して行動する場合があったと考えられ、また、その前段階においての、別個の集団であった内宮御師・外宮御師が御師であることを以て連帯し、自らを一つの集団として意識する契機があったことが想定される。しかしながら、このような視座からの検討はいまだ行われていないのが現状であり、御師集団への理解を深めてゆくためには、右に挙げた伊勢神宮のなかに位置づけられる上での前提を探る作業が不可欠であると考える。

次に、考察の対象について述べておく。対象とするのは、「内宮六坊出入」[9]と総称される一件である。同一件は、伊勢神宮の膝下で生成した宗教者間（御師と山伏）の対立であるといえ、詳しくは後述するが、慶安元年（一六四八）の三日市兵部と六坊との争いと、承応三年（一六五四）～明暦元年（一六五五）の宇治会合・山田三方と三か寺との争い、の二つの争論から成る。寛延二年（一七四九）に、駿河国駿東郡須走村の富士山御師たちと同村の百姓たちとが御師活動をめぐって争い、その過程で富士山御師たちが「仲間化＝集団化」を遂げ、身分確立を志向するようになったこと[10]を考慮すると、同一件の経過をみてゆくことは前述の課題を考える上で有効であるように思われる。

この「内宮六坊出入」を扱った研究としては、上椙英之氏と塚本明氏の論考が挙げられる。前者は、六坊の一つに数えられる明慶院の勧進活動の実態を探るなかで、その活動が御師集団の活動と衝突するものであったことを指摘するものであり[11]、後者は、近世の伊勢神宮領における神仏関係を考えるなかで、同一件で主張された内容をもとに、

「仏家の者が神宮の御師として活動することを否定する論理を、神宮神官たちは持ち合わせていなかった」(12)という事実を指摘するものである。対して本章は、特に争論の経過に注目し、前述の視座から検討を行うことに主眼を置く。

以上をもとに、神宮御師の連帯意識の萌芽という問題について考察を進めてゆきたい。

一　六坊と三日市兵部との争論

ここでは、慶安元年(一六四八)に起こった山田の御師三日市兵部(秀満)と宇治に存在した六坊(明慶院・清水寺・法楽舎・明王院・成願寺・地蔵院〔広厳寺〕)との争論を検討する。なお、六坊それぞれの所在は、明慶院が内宮宮域内の風日祈宮橋(以下、「風宮橋」と記す)の橋詰、清水寺が浦田町、法楽舎が中之切町、明王院(法楽舎の別院)が同じく中之切町、成願寺が浦田町、地蔵院が中之地蔵町、であったとされる(13)。

慶安元年十月十七日、三日市兵部は成願寺とその願人である南覚坊を小林《おはやし》村(現　三重県伊勢市御薗町)にある山田奉行所へ訴えた。その際、左の内容の訴状が提出された。

(Ⅰ)古来相伝の旦那所である上野国へ成願寺の使僧と称する南覚坊という山伏がやってきて、当初の二、三年は「仏家祈禱之札」を配っていたが、その御札を「太神宮之御祓」に直して配るようになり、当年などは御祓や土産等を調べ、私の旦那所へ残さず配ってしまっている。この件については、旦那所の旦那衆も迷惑しており、辞退したが脅しすかされ、結局、山伏は御祓を配り、帳簿を付けて旦那衆に判をさせ、私の旦那をほとんど奪ってしまった。

(Ⅱ)寛永十二年(一六三五)に与えられた「御朱印」(14)で「古来相伝之旦那(ママ)以㆓才覚㆒不㆑可㆓奪取㆒事」と両宮(内宮・外宮)

へ定められ、両宮の御師はその旨を守ってきた。しかし、南覚坊の今回の所業は、古来相伝の旦那を奪い取るものであり、「御朱印」の趣旨に背くものである。また、これでは伊勢神宮の古法も破滅してしまい、私一身に限らず、「惣御師共」が迷惑することになる。

(Ⅲ)この「御朱印」に「当分参宮之族者両宮之内可レ任二其志一」とあるが、これはあくまで当座の参宮者の事であって、山伏は、古来相伝の旦那をも奪い取っても差し支えないと考え、どのようなことを行っても、外宮の御師は文句を言わないとの存念でこのような驕った振る舞いをしている。少々のことならば成願寺が考えるように堪忍するところもあろうが、「旦那職」のことは御師にとっての「懸命之所領」であるから許すわけにはゆかない。

(Ⅳ)先年も出羽国にある私の旦那所へ法楽舎または成願寺の勧進の山伏がやってきて、御祓を配り、旦那を作ろうとしていたところに、私より吟味し、いずれも証跡を取って旦那所を追い出したこともある。しかしながら、何方からも今まで一言の申し訳もない。

(Ⅴ)両宮の御師でさえ、互いに旦那を奪い取るような工夫はしないのが道理であるのに、成願寺の勧進の山伏がむやみに御祓を配り、御初尾を申し請け、他の旦那を心任せに奪い取るような作法が許されるだろうか。これは偽山伏だろうと考えていたところ成願寺の使僧に紛れない旨を成願寺より聞かされ、驚き入るばかりである。

すなわち、三日市兵部は、自らの旦那所へ成願寺の山伏が御祓を配ったこと、その行為が朱印状によって定められた内容に反するものであること、の二点を訴えたのである。(Ⅱ)・(Ⅲ)において述べられているように、旦那との師旦関係の安定・維持は個々の御師にとっての死活問題だったのであり、兵部はこれを侵されたと判断したのである。とりわけ、(Ⅱ)において、「御師全体への損害にもつながる」と言及されていることに留意しておきたい。

山田奉行の石川正次は、この訴えを受理せず「両宮年寄江取扱可レ申様被二仰付一[15]」として、宇治・山田それぞれの住民組織である宇治会合・山田三方が争論を決するよう命じた[16]。これは、この訴訟が御祓配りを焦点とするものであったため、相手方が山伏であるとはいえ、御師同士の争論の仲裁・裁定を行ってきた両組織に任せるのが妥当であるという山田奉行の判断であると考えられる[17]。

三日市兵部の主張に対して、成願寺を援護する六坊は同年十一月二十三日付で左のような反駁する内容の口上書[18]を作成している。

(i)六坊は、聖武天皇が南都の東大寺を創建してより後、神宮寺と号している。そして、この六坊は上古以来の法水を汲むものであり、日々、護摩供を修し、毎月の三旬日の護摩供と御祓を捧げて再拝し、国家安全・五穀成熟の祈りを行う神宮倍増の法灯を掲げている。しかしながら、六坊は「無縁所」であるため、諸国へ僧を廻すことで、香花・灯明の助けとし、万民の施物を受けることで修造を行っている。このことは、往昔から今に至るまで私事ではない。

(ii)徳川家康の時代に、京都において伊勢の偽山伏が多くあるので、六坊より板倉勝重へ訴訟し、吟味の上、願人として勧進を許可する「判形」の発行が一か寺につき三三枚までと定まった。その後、徳川秀忠の時代に、老中より伊勢の「真似勧進」の山伏が多くあるので吟味するよう山田奉行の長野友秀・水谷光勝へ命ぜられ、穿鑿の結果、古法に任せて改めて「判形」の発行が三三枚に決められた。ただ、以降、検使として年寄たちが発行に立ち会うこととなった。また、山田奉行が花房幸次であった時にも、「判形」の前書・諸法度が先規のままに認められている。

(iii)今回、成願寺の願人が上野国において勧進を行ったところ、外宮の御師である三日市兵部が、その願人の勧進を押しとどめ、さらに、諸道具や六坊が発行した「判形」まで没収した。その後、三日市方より使者が来て、「偽山伏と思ったので諸道具を没収した。しかし、そちらの願人に間違いなく、願人に子細がないのなら返却する」旨を伝えてきたので、「勧進が法度に背くものではなくて安堵した」と返答した。これら一連のことを早々に注進するべきであったが、沙門の身がこのような沙汰を申し上げるのも如何と考えて遠慮していたところ、三日市方が目安を提出したことを聞いた。どうか古法の如く仰せ付けて頂きたい。

ここから、六坊が古来より勧進を行って来たことを主張し(19)、そのなかで論点となっている御祓も配って来たことを仄めかしていることが窺われる。ことに、(ii)に関しては詳しいことは定かではないが、『台徳院殿御実紀』元和四年（一六一八）正月二十日条に(20)、

又山田奉行水谷九左衛門《(水谷光勝)》某に諸老臣より。伊勢の神号をかりて。諸国勧進するものあまたありと聞ゆれば。山田の神宮その外寺院に令し。かゝるひがふるまひする者を。厳に禁ずべきむねつたふ。

とある事柄を受けてから後の、山田奉行による一連の施策を指すと考えられる。従って、自らが行う勧進が伊勢神宮の神号を称し、無認可で行っている偽の勧進ではないことを強調していると捉えられる。

つまり、右に挙げた三日市兵部と六坊の主張は、三日市兵部が御師としての論理を用いているのに対して、六坊は勧進を行う山伏としての論理を用いているのであり、まったく噛み合わないものであった。

同年十一月二十九日、次のような形で和睦が成り、山田奉行所へ報告された。

今度三日市兵部旦那所上州へ成願寺之願人札ニ御祓を添賦申ニより兵部御目安を指上候、然共カ様之出入於二御奉行所一御聞候義にて無レ之段、前々両宮年寄可レ為二批判一之旨被二仰渡一候ニ付、吟味仕相済候覚

一、三日市兵部申分ハ前方者仏家之札斗にて勧進仕候へ共、近年ハ御祓ニなをし賦り申ニ付、今度相改御訴訟申上候由申候、六ヶ寺之申分ハ雖レ為二誰之旦那所一修造勧進之願人ハ札ニ御祓を添、古来より勧進仕来候旨申候事、

一、両宮年寄存候者縦六ヶ寺之被二申分一之通ニ候共、寺修造之勧進ニ御祓賦り候儀不相応ニ候間、六ヶ寺修造勧進之願人之山伏者其寺々之札を以可レ被レ請二施物一候、向後伊勢山伏之願人ニ曽而御祓くはらセ申間敷旨六ヶ寺へ申定候事、

一、六ヶ寺ニ持分之旦那所へハ尤御祓賦り可レ被レ申候、同持分之外願人之勧進所へ御祓くはり被レ申間敷候事、

右三ヵ条為二後日一如レ件、

慶安元戊子年十一月廿九日

内宮
年寄中印判
山田
三方印判

進上御奉行所様

注目すべきは二か条目と三か条目である。まず、二か条目では、寺の修造の勧進において御祓を配ることは不相応であり、願人の山伏は寺の御札で施物を受けるべきであるとして、勧進での御祓配りが禁止されている。そして三か条目では、六坊が御師たちと同様に保持している旦那所に限り、御祓を配っても良いと取り決められている。この二点から、一か条目にある「御師の旦那所であっても御札に御祓を添えて勧進を行ってきた」という六坊の主張は斥けられたことがわかる。ただ、このような処置は、二か条目にあるような六坊の勧進方法の不相応によるものであり、山伏が御祓を配ることを完全に否定するものではなかったのである。

また、両組織は、

一、六ヶ寺伊勢山伏之似セ勧進諸国ニ曽而無二御座一様ニ被レ成可レ被レ下候事、

(21)と、六坊が行う勧進を模倣した偽の勧進が諸国に横行することがないよう山田奉行に願っている。これに対する山田

奉行の解答は「被レ仰候ハ、六ヶ寺伊勢山伏にせ勧進之義ハ大隅守江戸へ参次第ニ江戸御老中へ被二仰上一、諸国へ御触渡し様ニ可レ被レ成との事(22)」とあるように、両組織の要望を承諾し、その徹底を約するものであった。六坊による勧進への便宜を図るため、その活動を阻害する偽の勧進の取り締まりが企図されたといえる。

また、次のような書状(23)が存在する。

尊墨拝受、青海苔一折并海鼠腸曲物一饋給、誠遠路御心付令二祝着一候、然者旦那所上州之儀其方勝手ニ落着之由紙面之通得二其意一候、一段之義候、尚期二後音之時一候条不レ能レ詳候、恐々謹言、

極月廿二日　松伊豆守信綱丸印

三日市兵部殿　眼気以後之間印判を用候、

返状

これは、同年十二月二十二日付で老中であった松平信綱から三日市兵部へ出されたものである。信綱が「青海苔一折」と「海鼠腸曲物一饋」の贈与の礼を述べ、六坊との争論について三日市兵部の勝訴を祝していることがわかる。この書状から、三日市兵部が老中などへも何らかの働きかけを行い、その後押しを受けていたことが窺われる。従って、同争論は宇治会合・山田三方の扱いとなったとはいえ、その裁定は、三日市兵部の主張を支持する幕府の意向に沿ったものであったと考えられる。

小括すると以下のようになる。三日市兵部と六坊の間で、山伏が勧進において御祓を添えて配ることを焦点とする争論が起きた。両者の主張は、それぞれの立場からの論理を用いたものであり、正面から噛み合うものではなかった。山田奉行に代わって争論を扱った宇治会合と山田三方は、六坊が主張する山伏の「寺の修造のために御祓を配る」という勧進方法が不適当であることを理由として六坊の敗北を意味する裁定を下した。これは、幕府の意向を踏

まえたものであったが、あくまで個々の御師が保持する旦那所を侵させないことに主眼が置かれており、山伏の御祓配り自体を否定するものではなかった。

二　三か寺の再訴

次に、承応三年（一六五四）から明暦元年（一六五五）にかけて起きた宇治会合・山田三方と明慶院・清水寺・地蔵院（広厳寺）の三か寺との争論を検討する。

承応三年正月十一日、山田奉行のもとへ宇治会合・山田三方の年寄たちが訪れ、年頭の御礼を行った。その際、同じく御礼に来ていた六坊が御札に御祓を添えて献上したため、山田奉行の家老であった岩代半之丞は、宇治会合の年寄たちに「先年三日市兵部と内宮成願寺出入之時、六ヶ寺持分旦那之外御祓くはりさるやうニ両宮年寄被レ定候処ニ、今又加様ニ有レ之事ハいかゝ候ハんや」と、自身の旦那所の他には配ってはいけないはずであるにもかかわらず、六坊が御祓の献上を行ったことについて尋ねた。しかし、その時の年寄たちの返答は「何ともわからさる」ものであったため、山田奉行は御祓を返却し、六坊は御札のみで御礼を行った。

この処置を受けて六坊内で話し合いが行われたが、明慶院・清水寺・地蔵院の三か寺は納得せず、同月二十二日に、「如二古来一国々所々江御祓致二持参一、勧進仕候様被二成下一度」と、自由に御祓を持参して勧進したい旨を山田奉行へ願い出た[24]。この三か寺が翌二十三日付で山田奉行所へ提出した訴状をみると、

一、内宮六ヶ寺神宮寺にて御座候、持統天王御宇風宮之住持道登法師大化戊子年（ママ）、四十一代桓武天王御宇水性山清水寺延暦十八己卯、又十年仁明天王御宇長峯山広厳寺承和元年甲丑年（ママ）五十四代右之時代より穀屋寺々にて御座候

へ共、知行一円無レ之故不如意成寺ともに御座候ニ付、古来より御祓札を賦り、六十余州之旦那之請二他力を一香花灯明等之供具を調、神法楽の護摩供を修し、捧二御祓一再拝シ、天下国家之御祈禱仕候事、

一、如二古来一御年頭之御祓札上ケ申候処、御祓無二御頂戴（マヽ）一上者六ヶ寺大破ニ罷成迷惑仕候、全新法を申上候ニ無二御座一候御事、

とあることが注目される。つまり、

(a)六坊は神宮寺であったが、古代より寺を維持する知行がなかったため、古来より御祓札(御祓と御札)を諸国へ配ることで、寺の維持と天下国家の祈禱を行ってきた。

(b)古来のように年頭に御祓札を献上してきたのに、この御祓の授受を認めて頂けなければ、六坊は大破してしまう。

と述べているのである。(b)は山田奉行の処置への抗議であるが、その前提として、(a)にあるように六坊が自由に諸国へ御札とともに御祓を配って来たことを主張していることがわかる。すなわち、前回の三日市兵部との争論においては、あくまで御祓は寺の御札に添える副次的なものとしてしか扱われてなかったのに対し、今回の争論では、御札と一対となった物と位置づけられているのであり、御祓と御札を配ることが勧進の主要な行為とされているのである。これは御師たちの行っている御祓配りと真っ向から衝突する主張であったといえる。

これを受理した山田奉行は、同訴状を内々に山田三方の年寄たちに見せた。そして、三方年寄の堤刑部から依頼された出口延佳・与村弘正・岩出末清[25]によって返答書が作成され山田奉行へ上申された。また、この際に宇治会合から「三ヶ寺へ之返答可レ仕候へとも、自然三ヶ寺理運ニ成候ハヽ、両宮共ニ御師之ため悪敷候ハん間、両宮一味ニ申度由」との旨を伝える使者が到来し、二月九日には、両組織と三か寺の間で会合がなされたが、三か寺が承知しなかったた

め、翌十日、山田三方は山田奉行所へ訴訟を行った。応対した岩代半之丞・加藤弥五郎左衛門は、「此度之儀ハ大隅殿御聞可レ被レ成も又御聞有間敷候ハんも難レ斗候、左候ハ、江戸公事ニ成可レ申候、山田惣中之雑作可レ参候間、下にて相済候様」として、山田奉行が下す判断の見通しが立たず江戸での審理に発展する可能性もあるため、出来る限り、山田奉行の扱いにならないよう示唆した。

二月十五日、大宮司[26]が山田奉行所を訪れ、

内宮三ヶ寺訴訟申候由承候、訴訟之儀者兎も角も先以僧之身として祓を修し、其上太神宮神法楽之護摩を修するなと訴状ニ書上候由神慮無二勿体一候、惣而僧尼同座にてハ祓修する事忌事ニて候、それを我職のことく申なす子細、太神宮を仏家ニうはい取へきの企歟、将又風宮の橋つめニ山伏居住仕、宮中をけかし、五十鈴川ニ不浄を洗、無二勿体一候、先年より有来候といへとも、それハ中古乱世の時諸国を勧進いたし風宮の橋をかけ、其砌よりわつかなる座をかまへ諸参宮人ニ施をうけ、其後次第ニ作広け、近年ハ風宮となのり諸国を勧進仕事無二勿体一候、早々御追出し可レ被レ下候、大隅守殿仰をも承引不レ仕候者致二奏問一破却可レ仕御申候、

と述べた。大宮司が、

(A)三か寺の訴訟の件はともかくも、僧の身でありながら祓を修し、その上、「太神宮神法楽之護摩」を修するなどと訴状に書き上げていることは、神慮を踏みにじるものであり恐れ多いことである。僧尼が同座して祓を修することは忌事である。それを自分たちの職能の如く述べる子細は、伊勢神宮を仏家に奪い取る企てなのではないか。

(B)内宮の風宮橋の橋詰めに山伏(明慶院)が居住しているが、宮域内を汚したり、五十鈴川で不浄を洗ったりすることは不届きである。これは以前からのことであるが、それは中古乱世の時に諸国を勧進して風宮橋を架け、その

頃よりわずかな勧進の座を構え、諸参宮人に施しを受けていたからであって、その後、次第に拡張して、風宮と名乗って諸国を勧進していることは不届きである、早々に追い出して頂きたい。山田奉行の指示をも聞かないのならば朝廷へ奏聞して居宅を破却する所存である。

の二点を問題視していることがわかる。(A)は、三か寺の主張が偽りであることを伊勢神宮の先例の立場から批判するものであり、(B)は山伏の存在自体を内宮の宮域内から排除しようと企図するものであると理解できる。対して、山田奉行は、①右の内容を訴訟するなら早々に三か寺へ申し聞かせる旨、②自分も明慶院の存在は宮中には「不相応之者」と考えていた旨、③大宮司が表向きより訴訟をするのは不適当であるからまず内談で命じられるべき旨、を申し入れた。このやり取りから、両者の認識が、三か寺が主張する彼らと伊勢神宮との関係を否定する方向で一致していたことがわかる。

そして、翌十六日、河村勘兵衛と与村弘正が相談し、前述の返答書を再び書き直し、同二十一日、山田三方は山田奉行所へ「返答書并勘文」を提出した(27)。まず、返答書をみてゆくと、

今度内宮三ヶ寺より指上候御目安ニ付乍レ恐御訴訟申上候条々

一、内宮三ヶ寺之威光誠ニこと〳〵しき体ニ書上申候、然共皆無二正体一儀と奉レ存候、勘文長々敷御座候間、別紙ニ指上申候、たとへ者神宮寺にて御座候とても惣御師中之古来相伝之旦那へ自由ニ御賦り可レ申との三ヶ寺之御訴訟尤理不尽之至と奉レ存候御事、

一、御奉行所江御年頭之御礼之時、札ニ御祓相添不レ申候へ者六ヶ寺大破ニ罷成候とハ先以難二心得一申上様ニ而御座候、但三ヶ寺者御奉行所江さへ御祓上候と申たて諸国旦那之才覚之便りニて可レ仕との内存と察し申候、自然左様ニ六十余州江御祓賦り申事ニ成申候者惣御師中之家者悉大破ニ可二罷成一候事、

（中略）

右之条々被レ為二聞召分一、永代相違無二御座一様ニ急度被二仰付一被レ下候者惣御師中辱可レ奉レ存候、以上、

山田

三方　丸印

承応三甲午月日

進上御奉行所様

とある。整理すると、

⑴三か寺が述べている由緒は偽りである。たとえ三か寺が主張するように神宮寺であったとしても「惣御師中」の古来相伝の旦那へ自由に御祓を配るというのは理不尽なことである。

⑵奉行所への年頭の御礼の際、御札に御祓を添えてはならないのならば六坊が大破してしまうという主張は理解できない。おそらくこれは、「三か寺は奉行所にさえ御祓を献上している」と言い立てて、諸国の旦那を奪う糸口にしようとの魂胆であると推察される。もしそのように諸国へ御祓を配るようになったら「惣御師中」の家々は悉く大破してしまう。

となる。ここでは、三か寺の主張の内容が「惣御師中」すなわち、御師全体にとっての危機的問題であると捉えられているのであり、御師が山伏に競合する一つの集団として意識されていることが読み取れる。次に「勘文」の内容をみてゆくと、

持統天皇御宇風宮之住持道登法師大化三戊子《(ママ)》年四十一代との事

一、是者人王四十一代之帝持統天皇御宇大化三戊子《(ママ)》年風宮之住持に道登と申僧有レ之候との事と聞え申候、皆是相違なる儀共ニ候、先以持統天皇御宇に大化と申年号ハ無二御座一候、大化之年号ハ持統天皇より五代以前孝徳天皇之

年号にて御座候と日本紀ニも見え申候、其上支干も相違仕候、大化三年ハ丁未ニ而戊子にてハ無㆓御座㆒候、又大化三年風宮之住持と申上候事言語道断之事にて候、風宮号ハ伏見院御宇正応六年三月廿日子細有㆑之両宮同時ニ風宮と御宮号を　宣下被㆑成内人を定おかれ候、彼内人と申役人にて御座候而神役を勤申候、中々寺之やうに僧・山伏なとの住持に成申事に而ハ曽而以無㆓御座㆒候、又右如㆓申上候㆒風宮と申御名ハ三百六十余年以前ニ始り候ニ、千年ニあまり候大化三年に風宮之住持道登と申法師有りし由ハ殊之外なる相違にて御座候、又明慶院ハもとハ宇治橋之外ニ在㆑之候へとも乱世之比風宮之橋勧進之ためにかり小屋をかけ、後々ニハ勧進所之うしろニまきれ入住居仕候由承及候、寔ニ忝も内宮七所之別宮之御号をのか名にかり風宮となのり申候て、五十鈴の川上二の鳥居之内に寺をたて男女住居し、朝夕不浄を河水にてあらひ流し、其なかれの末を自国他国之参宮人之手水ニむすばセ、殊ニハ　太神宮之大事之御神事場幷瀧祭の宮又ハ八百万神之祓所、皆此河下なれはそれをも悉けかし申事、寔ニ勿体なく奉㆑存候、惣而　太神宮之四至之内ニハ山伏なとの類をは退ける事、これ神詫（ママ）ニ而御座候、其上彼居住之地ニハ神官之館なともさへたて申事難㆑成所ニ寺をたて山伏居住仕候儀神慮難㆑測候、

（後略）

といったように、三か寺の主張を一つ一つ批判するものであることがわかる。ここでは大宮司が述べた神宮側の見解を踏まえ、明慶院の主張する由緒が不正確であり、その存在が内宮の宮域内に相応しくないことを指摘している。注目すべきは、山田三方が明慶院の存在を非難している点である。反論を行うためであるとはいえ、外宮の御師集団が内宮の「神慮」を慮っているという事実は、先に指摘した御師全体を一つの集団として捉える意識が存在していることを如実に示しているといえよう。

右の「返答書幷勘文」から、三か寺の主張に対抗するなかで「御師」という枠組みが浮上し、まとまりとして意識

されたことが指摘できる。

では、この争論は如何なる形で終結したのであろうか。経過の詳細は定かではないが、四月の段階で三か寺が江戸への出訴を試みていることが確認でき(28)、「三方会合記録 二」の明暦元年五月条には左のようにある(29)。

内宮三ヶ寺之山伏江戸表江罷下り候而、寺社御奉行所江目安差上、御訴訟奉二申上一候処、山伏仏家之札ニ御祓を添、諸国配候義不相当之旨被二仰渡一、重而御訴訟申上候ハ、曲事可レ被二仰付一旨ニ而、両宮之年寄理運被二仰付一事、

三か寺が江戸へ赴き、実際に寺社奉行へ訴訟を行ったことが窺われ、寺社奉行は、山伏が寺の御札に御祓を添えて配ることは相応しくないとの裁定をし、宇治会合・山田三方が勝訴したことがわかる。また、この裁定は御祓配りが山伏ではなく御師の職分に属するという幕府の判断を示すものであるといえよう(30)。

そして同年八月朔日、上部越中などの両組織の代表の年寄が江戸に参着し(31)、翌日には、左のように山田奉行へ御礼を行っている(32)。

一、二日晴、今日大隅守殿へ越中・我等一同ニ罷越、今度願人山伏之義ニ付、三ヶ寺僧等罷下御訴訟申処ニ、前方両宮年寄書付指上候通ニ被二仰付一候、其上両宮年寄をも不二召寄一落着仕候事偏ニ忝奉レ存候間、其御礼ニ罷下候と申上候へハ、大隅守殿其時之様子具ニ被二仰聞一候事、

ここから、寺社奉行の裁定が宇治会合・山田三方の主張を全面的に支持するものであったことが窺われる。また、八月十一日付で山田奉行から山田三方へ出された書状を挙げると(33)、

以上

芳札披見候、然者今度内宮山伏六ヶ寺之内三ヶ寺罷下、寺社御奉行所へ及二訴訟一候処、両宮年寄中理運ニ相済、皆々難レ有被レ存候旨尤之事候、依レ之上部越中方被二罷下一口上之趣承候、委細越中方可レ被二申達一候、恐々謹言、

石大隅守
御判

八月十一日
山田
三方中

とあり、やはり宇治会合・山田三方の勝訴で終結したことが確認できる。

小括すると以下のようになる。明慶院・清水寺・地蔵院の三か寺によって再訴が行われた。それは、勧進での自由な御祓配りを希望するものであり、御師たちの活動と正面から衝突するものであった。これに対して山田三方が行った反駁は、内宮御師・外宮御師の区別を超えた御師全体の立場からの主張であった。その後、三か寺は寺社奉行への訴訟を行ったが、寺社奉行は、山伏が寺の御札に御祓を添えて配ることは不相応であるとの判断を下し、宇治会合・山田三方の勝訴を決定した。しかも、その裁定は両組織の主張に沿ったものであった。

おわりに

本章では、神宮御師の連帯意識の萌芽について、御祓配りをめぐる山伏との争論を素材に考察してきた。明らかとなったことをまとめておく。慶安元年(一六四八)に起きた三日市兵部と六坊との間の争論では、両者の主張は嚙み合うものではなく、争論を扱った宇治会合と山田三方も、勧進方法(修造のための勧進で御祓を配る)が不適当であることを理由として、実質的な六坊の敗訴を決した。しかしそれは、他の御師が有する旦那所への侵害を認めないという点で、あくまで六坊をも含む個々の御祓配りの安定を目的とするものであって、山伏の御祓配り自体を否定するものではなかった。その後、承応三年（一六五四）から明暦元年（一六五五）にかけて明慶院・清水寺・地蔵院の三か寺によって再び訴訟が試みられた。これは、御祓と御札を勧進において一対の物（御祓札）として自由に配ることを願うものであり、すべての御師たちの活動との衝突が明白に予想されるものであった。このような主張に対して反駁を行った山田三方は、御師全体の立場からの主張を展開した。その結果、寺社奉行から山伏が寺の御札に御祓を添えて配ることは不相応であるとの判断が下され、三か寺の敗訴と宇治会合・山田三方の勝訴が決定した。

以上から、内宮・外宮それぞれの御師たちは山伏たちと争うことで、利害を共有する一つの集団として意識し始めるようになったと指摘できる。同意識は、明確な競争相手が出現するという危機感に触発されたものであり、近似した活動を行う集団と対決する過程を通じて芽生えたものであった。このように考えると、内宮・外宮の別を超えた「御師」という枠組みのもと両集団の御師たちが連携する素地を形成した点において、山伏との争論は御師集団の展開上、意義があったと評価できよう。

註

（1）萩原龍夫『中世祭祀組織の研究　増補版』（吉川弘文館、一九七五年）。
（2）新城常三『新稿　社寺参詣の社会経済史的研究』（塙書房、一九八二年）。
（3）久田松和則『伊勢御師と旦那―伊勢信仰の開拓者たち―』（弘文堂、二〇〇四年）。
（4）内田鉄平「近世後期、豊前・豊後国における伊勢御師の活動―橋津家大庄屋日記を参考として―」（『史学論叢』三五号、二〇〇五年）。
（5）千枝大志「伊勢御師の動向と山国」（坂田聡編『禁裏領山国荘』所収、高志書院、二〇〇九年）。

(6) 例えば、澤山孝子「朝幕関係のなかでの伊勢神宮―寛文十年御祓銘争論を事例として―」(『三重県史研究』一七号、二〇〇二年)などに詳しい。
(7) 西川順士「両宮御祓銘論の背景」(『皇學館論叢』九巻二号、一九七六年)、一四頁。
(8) 詳しくは、第二部第六章を参照。
(9) 「内宮六坊出入幷雑記」(神宮文庫所蔵、図書番号一門四六六三号)。以降、断らない限り当史料を出典とする。奥書によると、原本は、内宮六坊出入に関わった橋村正満が記したものであるとされ、当史料は文政五年(一八二二)七月に足代弘訓が広辻光恒から借りて書写したものである。弘訓は光恒の本を橋村正満の自筆本(原本)と推定している。なお、本章で使用する史料は特に断らない限り、すべて神宮文庫の所蔵である。
(10) 高埜利彦「移動する身分―神職と百姓の間―」(朝尾直弘編『日本の近世』七巻所収、中央公論社、一九九二年)、三五九～三六二頁。
(11) 上椙英之「伊勢神宮風宮家と『風宮橋支配由来覚』」(『御影史学論集』三二号、二〇〇七年)、一二一～一二四頁。
(12) 塚本明「近世伊勢神宮領における神仏関係について」(三重大学人文学部文化学科『人文論叢』二七号、二〇一〇年)、一七～一九頁。後に、同『近世伊勢神宮領の触穢観念と被差別民』所収(清文堂出版、二〇一四年)。
(13) 『神宮典略』三十七巻「六坊」(神宮司庁編『神宮典略 後篇』所収、臨川書店、六三六～六三九頁)。同書の作者である薗田守良は広厳寺と地蔵院を別個のものとしているが、山田奉行所へ提出するため元文五年(一七四〇)八月日付で宇治会合が宇治六郷の寺社の分布・概要をまとめた調書の控である「宇治六郷神社寺院改帳」(図書番号一門六五〇四号)の上中之地蔵町の項に「真言宗無本寺　長峯山広厳寺　地蔵院」とみえ、広厳寺と地蔵院は同一の寺院を指すと考えられる。なお、『神宮典略』については、第三部補論二の註(17)を参照。
(14) 寛永十二年(一六三五)七月二十八日付で徳川家光から宇治会合・山田三方へ朱印状が与えられている。詳しくは、第一部第一章参照。

(15)「三方会合記録 二」慶安元年（一六四八）十月十七日条（神宮司庁編『神宮近世奉賽拾要 後篇』所収、吉川弘文館、三一〇頁）。当史料は一六冊からなる山田三方の記録で、宮中・寺院といった項目ごとに編年体で記されている。その記載されている期間は文亀元年（一五〇一）から嘉永六年（一八五三）までであり、長期間にわたって編纂された可能性がある。最終的な形が整ったのは幕末の頃であるとされる（平井誠二「『御朱印師職古格』と山田三方―豊臣秀吉のキリシタン禁令をめぐって―」、『古文書学研究』二五号、一九八六年、六九～七二頁）。

(16) 宇治会合・山田三方については、第一部第二章参照。また、両組織に関しては鳥居前町へ賦課された一種の租税である「貫《つなぎ》」の実態と寛政改革の影響について考察した中橋（太田）未帆「寛政改革と宇治・山田―町入用節減政策を中心に―」（『三重県史研究』二五号、二〇一〇年）も参照。

(17) ただし、内宮御師と外宮御師の間で争論が起き、それぞれの集団を代表する宇治会合と山田三方が対立してしまった場合は、江戸幕府が最終的な裁定を行った（澤山前掲「朝幕関係のなかでの伊勢神宮―寛文十年御祓銘争論を事例として―」、四五頁）。

(18)「浦田家旧蔵資料　内宮六ヶ寺地方勧化口上書」（図書番号一門一七三一〇の一七号―一六〇九）。当史料には宛所がなく、六坊が三日市兵部の主張に反駁する目的で作成した案文の写しであると考えられる。

(19) 六坊とその山伏は、幅広いネットワークを駆使して勧進を行っていたことが想定される。例えば、根井浄氏は、備前国邑久郡下笠加村（現　岡山県瀬戸内市）の大楽院（現　斎藤家）に、内宮風宮橋の勧進札の版木が伝わっている事実を紹介し、「中世の大善院（大楽院）山伏が伊勢風宮橋勧進にかかわっていた」と推定している。版木は「片面は青面金剛仏と猿（猿田彦像）を彫り込んだ庚申札であり、その片面が伊勢神宮風宮の橋勧進札」という形状であり、その図柄は、上部左右に日輪・月輪、下部に橋を配し、中央部には「本願賢□（欠損）坊　伊勢内宮風宮橋　□□（欠損）延命所」と彫られている（「熊野本願と諸国定着の熊野比丘尼―備前国邑久郡下笠加村定着の比久尼を中心として―」、豊島修・木場明志編『寺社造営勧進 本願職の研究』所収、清文堂出版、二〇一〇年、二一二～二一四頁）。また、西山克氏が「中世末期の宇治―朝熊嶽の線上にはおびただしい勧進聖の群れが集結しており、主に「宇治六坊（内宮六ヶ寺）」に帰属しながら、事実上の御師的機能を果たしていた」と指摘しているように（『道者と地下人―中世末期の伊勢―』、吉川弘文館、一九八七年、二一九～二二〇頁）、御師のように御祓を配るという勧進方法は、内宮六坊出入において問題が顕在化する以前から六坊によって行われていた可能性が高い。

(20)　『台徳院殿御実紀』巻四十八、元和四年正月二十日条（『新訂増補国史大系　徳川実紀』第三十九、一四六頁）。また、同年二十九日条に「老臣連署もて。宇治山田の神官幷に年寄等へ厳に命じ。諸勧進の者を禁ずべき旨。山田奉行に令し。また京職板倉勝重にも。諸老臣より令せしは。愛宕勧進といつはり。諸方募縁する山伏あまた徘徊する聞えあり。さる者を厳禁すべき旨寺家へ令すべし。真の愛宕山伏は牌をもてまぎれざらん様定め。そのほか江戸にをいて査検せしむべしとなり」とある。

(21)　「浦田家旧蔵資料　日記」慶安元年十一月二十九日条（図書番号一門一七三一〇の三二〇号）。表紙に「浦田蔵人藤原長次自筆也（印）」とあることから、当史料は、宇治会合年寄の浦田長次によって記された日次記であると推定される。

(22)　同右。

(23)　「御師職古文書」上巻（図書番号一門七四〇四号）収録。

(24)　前掲「三方会合記録 二」承応三年（一六五四）正月二十二日条、三一一頁。

(25)　出口延佳・与村弘正・岩出末清は、山田の住人で三者ともに古典・神籍に通じ博学で知られた人物である（中村英彦編『度会人物誌』、度会郷友会、一九三四年、三〇四・一七三～一七四・三五頁）。このように、三か寺の主張に対する返答書を作成したのは、鳥居前町でも屈指の学者たちであった。

(26) 当時の大宮司は河辺精長である(『内宮禰宜年表』、神宮司庁編『神宮典略 二宮禰宜年表』所収、臨川書店、一〇三頁)。

(27) 「内宮六坊出入幷雑記」の内容をみる限り、この「返答書幷勘文」を作成するに際して宇治会合へ相談した形跡は確認できない。よって、「返答書幷勘文」は、山田三方が独自に内宮・外宮の御師を代表する形で提出したものであると考えられ、協力する方向で一致しながらもまとまりきれない両集団の様相が窺われる。

(28) 「浦田家旧蔵資料 承応四年未日記」(図書番号一門一七三一〇の三一八号)。なお、当史料はその内容から「浦田家旧蔵資料 日記」(前掲)と同じく浦田氏の日次記であると考えられる。

(29) 前掲「三方会合記録 二」明暦元年(一六五五)五月条、三一二頁。

(30) このことについては第二部第五章を参照。

(31) 前掲「浦田家旧蔵資料 承応四年未日記」八月朔日条。

(32) 同右、八月二日条。また、同月五日には、寺社奉行の松平勝隆などのもとへ御礼に訪ねている(同月五日条)。

(33) 「伊勢山田三方御裁許書写」所収「明暦元乙未年八月内宮山伏六ヶ寺之内三ヶ寺寺社御奉行所江御訴訟申上候儀両宮年寄理運ニ相済候ニ付石川大隅守様より御状写」(図書番号一門一五六九八号)。

第二部　神宮御師と近世社会

第四章　伊勢神宮外宮宮域支配と山田三方

―「宮中之定」をめぐって―

はじめに

本章は、寛永年間（一六二四～四四）に起きた争論を素材として、外宮宮域支配と山田三方との関わりについて考察するものである。

近世の寺社参詣を扱った研究は、参詣の諸相と特徴を提示した新城常三氏の成果を[1]一つの到達点として、以降も一定の蓄積がなされ、近年では、参詣者を受け入れる側からの視点を導入した青柳周一氏の成果を[2]踏まえ、原淳一郎氏によって本格的な体系化が図られた[3]。これを受けて、多様な切り口による新たな成果が続々と生みだされつつある。

このような状況のなかで興味深いのは、「名所化」という現象に着目する視点である。これは、「名所」を「前代までの宗教的・歴史的・文化的伝統を継承しつつ、大量の参詣者を実際に招き寄せるだけの魅力と能力を備えた場所」とした上で、寺社の「名所化」を「寺社が中世後期から近世にかけての時期において、政治的・社会的な諸変化に適応するなかで生じた現象」と理解するものであり[4]、寺社それ自体の変化を参詣との関係から読み解き、議論の俎上に載せた点で、従来の研究を大きく深化させるものであるといえる[5]。

本章は、右の視点を念頭に置きつつ、伊勢神宮外宮を対象として、同宮の宮域（境内）において参宮者（参詣者）の保護を主眼とした法規が制定されるまでの過程を浮き彫りにし、さらに、このような法規が整備されたことの意義について考察を行うものである。具体的には、寛永十八年に外宮宮域の支配をめぐって山田三方（外宮鳥居前町の住民組織）と外宮の一部の禰宜たちとの間で起こった争論を検討する。(6) この争論は、「宮守」と「宮人」との諍いから発展したもので、焦点となったのは、山田三方が作成し、外宮長官（檜垣常晨）に承認を迫った「宮中之定」（後述）と呼ばれる宮域支配に関する法規の諾否であった。

近世における伊勢神宮の宮域支配を対象とした研究は、部分的に扱われているに止まっているのが現状であり、(7) 管見の限り、まとまったものとしては中西正幸氏の成果が挙げられるのみである。(8) 同氏は、宮域に関する法規が整備されてゆく過程を検討することを通じて、制度面での拡充の様相を明らかにしており、今後の研究の立脚点となる成果であるといえる。

ここで注目されるのは、中西氏が宮域支配をめぐって外宮と鳥居前町（山田）の住民とが対抗関係にあったことを指摘した上で、「宮中をめぐる諸法度の成立には、そのような宮域内外における両者の抗争と和解のあとを窺うことができる」とし、その事例の一つとして「宮中之定」の制定を挙げている点である。(9) これに関しては、瀧川政次郎氏が山田三方と宇治会合の形成と展開を論じた研究のなかで、山田三方の勢力の伸張として位置づけて以降、(10) 同評価が支持され、中西氏は「山田三方が宮中干渉の挙にいでた初例」(11) とし、千枝大志氏も山田三方の「自治機能の拡大」(12) としている。

しかしながら、何故この時期に、何を目的として、どのような経緯を経て制定されたのか、といった諸事項については論じられておらず、その意義に関しても等閑に付されたままとなっている。瀧川氏や中西氏・千枝氏が提示した評価のように、この法規の制定が山田三方の動向と密接に関係するのであるならば、これらについて検討することは外宮宮域と鳥居前町住民との関わりのあり方を考える上での一助となろう。従って、本章では、新たな法規が外宮宮域において成立する過程を、外宮と山田三方の動きに着目する視点から捉えることを目指したい。

一　近世前期の外宮宮域内の状況

本論に入る前に、外宮とその鳥居前町、そして、外宮宮域に関して整理しておく。外宮は、伊勢国度会郡山田(現三重県伊勢市豊川町)に鎮座する伊勢神宮の正宮で、正式名称は豊受大神宮である(外宮は通称)。主祭神は、当時において国常立尊や天御中主尊と同体とされていた豊受大神である。[13]外宮の膝下に広がる山田は、中世以来、参宮者を迎える鳥居前町として発展し、寛永二十年(一六四三)三月の時点で戸数が八四三八家、人口が三万九一〇人(五歳以上)であったとされる。[14]また、御師の数は、承応二年(一六五三)八月の時点で三八九家であった。[15]この鳥居前町の支配は、江戸幕府から派遣された山田奉行の監督の下、二四の有力な御師家で構成される住民組織(山田三方)によって担われており、基本的には外宮が関与することはなかったとされる。[16]

宮域内の支配については、外宮長官(一禰宜)がその権限を握り、さらに、二禰宜～十禰宜が協力する形で、社殿・草木の管理や祠官の統制などがなされていた。しかし、近世に入ると、山田三方が独自に制札(寛永四年正月二十日付)[17]を宮域内へ建てるなどの明白な介入を試みるようになり、山田奉行も制札(寛永十四年二月十八日付)[18]を建てるようになる。従って、本章で対象とする時期においては、外宮長官による一元的な支配は動揺をきたしていたと考えられる。

とりわけ、この支配をめぐっては、参拝に訪れた参宮者への応対が案件として含まれていたことが重要である。そもそも古代においては、伊勢神宮は私幣が禁じられており、内宮・外宮ともに、その宮域は祠官たちが神を祭る「祭祀の場」であった。しかし、中世以降、減少した神領からの収入に代わる新たな財源の模索と伊勢信仰の普及によって、次第に諸国から参宮者が訪れるようになり[19]、多くの人々が祈りを捧げる「信仰の場」という性格を併せ持つようになる。この変化の端的な証左として、櫻井勝之進氏が指摘し[20]、岩間宏富氏が実態を明らかにした子良館の変化（宮域内の斎館である子良館で、祈禱や御祓の授与といった参宮者を対象とした活動が行われるようになる）を挙げることができよう[21]。また、近世になると、戦乱の終焉により、参宮に訪れる人々の範囲も拡大することとなり、寛永年間の末には、「ぬけまいり之子共」や「ぬけ参と相見へ候六十余之男幷わらんへ」といった人々の姿が確認できるようになる[22]。

つまり、宮域内に「信仰の場」としての性格が加わったことにより、外宮は、多数かつ多様な参宮者の存在を意識しなければならなくなったのであり、「祭祀の場」だけではなく、現出した「信仰の場」にも対処する必要に迫られたと考えられる。そして、この動向の一つの帰結として、特に法制面での整備が推し進められることとなったのが近世前期であったといえる。

例えば、外宮長官（檜垣常晨）は寛永十二年極月二十八日付で左のような「掟」を定め[23]、宮域内の制札としている[24]。

掟

一、諸国参宮人於㆓宮中㆒若口論有㆑之時、宮人出合早無事之旨双方可㆑申㆓宥之㆒事、付、諸宮守・宮人等対㆓参宮人㆒少茂不㆑可㆑致㆓無礼㆒事、

一、参宮人於㆓宮中㆒被㆓忘置㆒物在㆑之者、宮人急度遂㆓穿鑿㆒、其主江可㆓相渡㆒事、

一、東者一之鳥居之橋・北者小宮之橋・西者藤社限、従㆓豊川㆒内江乗輿等昇入、乗馬牽通儀不㆑可㆑有㆑之事、付、木履・革草履不㆑可㆑着㆑之事、

右之条々任㆓古例㆒弥堅相定之状如㆑件、

外宮長官

寛永十二乙寅《ママ》年極月廿八日　家司大夫

一・二か条目は、参宮者同士や参宮者と宮守・宮人（後述）間のトラブル防止を目的とするものであり、三か条目は、参宮者が参拝を行う上での注意事項を提示している。つまり、宮域内の秩序が参宮者によって乱されることが無いように定められた法規であると理解することができる。

このように、外宮にとって参宮者への応対は、「祭祀の場」の秩序を参宮者が乱す可能性があるという点で重大な案件だったといえ、それは参宮者によって成り立つ鳥居前町に居住する御師以下の住民たちにとっても、参宮者に悪印象を与えるわけにはいかないという点で同様であった。従って、宮域内支配を論点とした外宮と山田三方（鳥居前町の住民の利害を代表）との摩擦の発生は当然の事態だったといえよう。

次に、「宮守」と「宮人」と呼ばれる人々に関して概説し、この争論の発端となった宮守と宮人との諍いの背景について指摘しておきたい。

宮守とは、宮域内の特定の場所（社殿など）に伺候し、その管理・警衛を行う者たちで、延宝六年（一六七八）四月の時点では、正宮（「大宮宮守」）など七か所に宮守が置かれていたことが確認できる(25)。ただし、元禄十年（一六九七）四月に成立した「外宮神宮法例(26)」には記載されておらず、職制上、非公式な存在であったと考えられる。この宮守を務めたのは、鳥居前町の住民たちで、寛永年間以前においては、運上金を納入することで宮守に任命され、管理・警衛の報酬として、その伺候する社殿に納められた賽銭や初穂料を取得していたとされる(27)。

例えば、寛永二十年ごろに、岩戸(28)に伺候していた宮守（岩戸宮守）は八人で、その運上金は二九〇両であった。なお、このようにして得られた運上金は、「御蔵入」として外宮長官のもとへ納められた。

寛永年間以前における宮守たちの行状は悪質だったらしく、

一社に小板を廿斗つゝすへならへ、老若男女子共をつれ、二百四五十人ほと宮中へ出入をそしたりける儀、其内に乞食の体成者おほかりけり、或ハ子をおふつ、或ハちのミ子をふところニいだきつ、或ハ手を引つ、又ハけいせいのようなるものも有、又ハはらミたるも有、

とあるように、伺候する社殿に賽銭を募る「小板」を据え並べ、また、宮守以外の、乞食体の者、子ども連れの者、傾城のような者、妊婦、などといった様々な人々を自由に出入りさせていたとされる。さらに「若さかりのあらけなき大おとこハ、参宮人に悪口を云、あらけなくあたり、銭をむりにとりたる」といったように、参宮者に悪口を言い、強引に金銭を奪い取る者まであった。

宮人について述べる。宮人とは、宮引とも呼ばれ、前掲の「外宮神宮法例」には、

一、宮人、七十余家、

宮人と申者ハ、不レ断宮中に出入仕、諸国参宮人之案内を仕、代参を被レ頼候而、初穂を申請候、此宮人之内にて長官心望足者共を撰ひ、荷用・人長・昼番・十六人方と申役人に申付候事、

とある。彼らは、宮域内において参宮者の案内や代参の請負を行い、その初穂料を取得していた者たちであり、なかには、外宮長官から任命されて荷用・人長・昼番・十六人方といった「諸神事之下役人」(29)を務める者もあった。彼らも、宮守と同じく鳥居前町の住民であったと考えられ、寛文二年（一六六二）九月の時点では、「毎日数百人斗宮中江相詰申事に御座候」(30)とあるように、数百人もの宮人が宮域内の各所に詰めていたとされる。

右のように両者をみてゆくと、

①宮守は、伺候する社殿への賽銭・初穂料を収入としており、なかには、そのために参宮者に危害を及ぼす者まであった。

②宮人は、案内や代参の初穂料を収入としており、案内という形で参宮者と親しく接する立場にあった。

という実態が浮き彫りとなる。つまり、両者は、収入・職務ともに参宮者の存在を前提としており、創設時期は不明であるが(31)、少なくとも「信仰の場」が現出したことによって設置された職であると考えることができる。

しかしながら、宮守・宮人間の利害が必ずしも調整されていたわけではなく、両者の収入はともに参宮者からの初穂料であったため、この取得と参宮者への応対をめぐって、両者は競合する関係にあったといえる。

とりわけ、寛永十八年の前後は、寛永飢饉の兆候(32)により参宮者の数が減少しつつあったと推測され、翌寛永十九年には、「諸国より之御参宮人、つねのとしの百分一ほともなきにより、宮廻之道ハ草茂り垣もかへもなし」という様相を呈していた。さらに、前述したように宮守たちの行状も悪質なものとなっていたのであって、このような状況下によってもたらされた両者間に潜在する対立の顕在化が、次節で詳述する諍いの背景となったと考えられる。

二　宮守と宮人の諍いと宮域内の法規

寛永十八年(一六四一)三月二十一日、古殿宮守の岩戸屋弥一郎の子長次郎と宮人の扇館七郎兵衛が争った。外宮長官はこのことに「腹立」し、七郎兵衛と居合わせた者五人、そして、その親兄弟、計一四、五人を宮域内から追放した。

同月二十三日、宮人たち(宮人中)は外宮長官に次の内容の訴状を提出した。

①今月二十一日に、吉ノ三左衛門のもとから参宮者二〇人ばかりが参拝に訪れ、七郎兵衛が案内を行っていたところ、古殿地に居た長次郎が参宮者を押し留め、悪口を言い、からかった。
②七郎兵衛が①を聞き、「大切な参宮者に対し、粗暴に接するのは謂れ無いことだ」と述べると、長次郎が現れ、七郎兵衛の顔を平手で叩いた。其時、即座に争闘するところであったが、参宮者の案内をしている最中であったため、案内を最後まで遂げて、荷用に参宮者を引き合わせ、七郎兵衛が長次郎に叩かれた旨を届けた。
③同日の夕方に、長次郎が宿へ向かっていたところを七郎兵衛が発見し、争闘をしようと考えて追いかけたので、そこに居合わせた数名の宮人は、宮域内で軽率なことをさせてはいけないと思い、後から駆けつけて二人を引き離した。
④以上のような事情にもかかわらず、弥一郎と長次郎が偽って申し上げた「造意の由」との言葉を信じ、理不尽な処置を仰せ付けられたのは迷惑である。

右から、長次郎の参宮者に対する粗暴な言動が原因で、諍いが発生したことが窺われる。また、「七郎兵衛が争闘に及ぼうとした」との認識に基づいて、外宮長官が宮人を処罰したことが確認できる。

訴状を受けて、外宮長官は、「扇館七郎兵衛から岩戸屋弥一郎方へ謝罪をして落着させるように」との裁定を行った。しかし、宮人たちは承知せず、同日、山田三方に訴状を提出するとともに、山田の町々の月行事へ宮守を糾弾するべき旨の廻文を出した。宮人たちは、あくまで宮守の肩を持つ外宮長官に反発し、鳥居前町の御師たちに訴えることで解決を試みたのである。

この山田三方への訴状には、近来の宮守による参宮者への粗暴な振舞い（悪口や乱暴、賽銭の無理強いなど）が書き上げられており、さらに、これが宮人ばかりではなく、御師たちにも関わる事柄であることが強調されていた。つまり、宮人たちは、参宮者の保護が徹底されていない事実を暴露し、宮域内支配がこれと直接に関わることとして訴えることにより、御師たちをこの問題へと引きこみ、彼らの圧力によって、外宮長官の裁定を覆すとともに、宮守たちの行状を正そうと試みたのである。

さらに、宮人たちは、落着しなかった場合、上京して祭主に訴えることを決め、訴状を以て「祭主様江御状一通被ㇾ遣被ㇾ下候様ニ」との旨を大宮司へ願ったとされ、大宮司は祭主への具申を約し、宮人への支持を表明したとされる。

しかしながら、外宮長官は、あくまで宮人は「長官之まゝニなる者共」であり、自身の命に従うべきであるとの旨を山田三方へ内々に申し入れ、裁定を変更するつもりはないという姿勢をとった。

以上の経過で注目されるのは、

(A)古殿宮守の岩戸屋弥一郎の子である長次郎が参宮者に対して危害を加えても、外宮長官は処罰を行わず、宮人のみが争闘に及ぼうとしたことを理由に処罰された。

(B)宮守は参宮者に対し、悪質な行為を繰り返していた。

という二点である。(A)からは、外宮長官は、あくまで「祭祀の場」の秩序を維持することを第一としており、参宮者の保護は管掌外として認識していたことが窺われ、(B)からは、そのような認識により、参宮者に危害を加えても外宮からは処罰がなされなかったことがわかる。

このように、この時点における参宮者に対する外宮の方針は、前述した寛永十二年極月二十八日付の「掟」の内容からも窺われるように、宮守・宮人へ一任するというものであって関知しないことを旨としており、宮域内における参宮者の保護は不完全な状態にあったのである。

四月十一日、山田三方は会合を開き、宮人たちから子細を聞いた上で、外宮長官へ「宮域内から追放した宮人を復帰させるように」と申し入れることを決定する。また、山田の月行事五〇余人が欣浄寺で相談を行い、一三か条から成る「宮中之定」を作成した。そして、同日の夕刻、山田三方は、河村勘兵衛を使者として外宮長官へ追放した宮人を復帰させ、「宮中之定」に裏書を行い承認するよう迫った。この「宮中之定」は次のようにあった。

宮中之定

一、宮山領内顚倒之外諸木を伐、土石を御掘採候義有レ之間敷事、
　付、道之外之篠草御からせ有レ之間敷事、
一、参宮人之心さし之外の散銭貪取へからさる事、
　付、白石持同前之事、
一、宮守参宮人にたいし悪口を云、又者すかり付義有レ之へからさる事、
一、にせ道者を仕、色々致二調略一候義有レ之へからさる事、
一、大社・小社ニよらす、宮守烏帽子・素袍にて座ニ居、一切参宮人に立むかひ申間敷候、惣而少茂不礼ヶ間敷義有レ之間敷候、
一、外宮領内之外之者ニ宮御請させ有間敷事、
　付、女を宮ニ置間敷事、
一、法体之者を礼物ニ而神前近ク参らせ候義有レ之間敷事、
一、神前にて灯明銭を取、又者帳ニ付候義有レ之間敷事、
一、岩戸之口にて関のことくニ銭を取、又灯明銭を押而取候義すへからさる事、

付、無理ニ植木をさせ候義有レ之間敷事、

一、宮中幷岩戸道ニ古来無レ之新宮・同小板置候義有レ之間敷事、

付、無理ニ宮廻りさせ候義有へからさる事、

一、道ニ注連をはり垣を仕、幣祓等を足本ニてふり、参宮人を通し不レ申候義有へからさる事、

一、宮中内御池ニきたなき物を捨置、又者大小便をむさと仕義有へからさる事、

一、火之用心悪敷仕義有へからさる事、

付、宮之外ニ小屋を作り飯を焼へからさる事、

右之十三ヶ条之趣不レ残於二御合点一者可レ為二御神忠一候、以上、

寛永十八年卯月十一日　　山田

三方判

外宮

官長殿

山田三方が参宮者の保護と宮域内の引き締めを企図していることがわかる。それぞれを整理すると以下のようになる。一・六(付)・七・一〇・一二・一三か条目は、宮域内の景観に関する内容であり、宮山の草木・土石の保護、僧体の者の排除、社殿・小板を新設することの禁止、清浄の維持、火災への注意などを通じて、宮域内の保全が目指されている。そして、二・三・四・五・八・九・一〇(付)・一一か条目は、参宮者に金銭などを要求したり、迷惑をかけたりするような行為が禁止されている。

いずれも参宮者へ悪印象を与える事柄が対象となっており、「宮中之定」が、参宮者の保護の徹底と、その「信仰

の場」としての宮域の保全を強く意識したものであることは明らかであろう。また、草木の管理や宮守の任命といった外宮長官の権限を制限する箇条が存在することも注目される。つまり、山田三方は宮守の行状の改善を目的として、宮域内の支配への干渉を試みたといえる。

翌十二日早朝、外宮長官は追放した宮人の復帰を許可したが、この宮人たちは、「宮中之定」を外宮長官が承認しなければ復帰しない旨を主張して抵抗した。しかし、山田三方が「かまハず早々罷出よ」と命じたため、宮人たちは十四日より宮域に復帰した。ただ、「長官江ハ一礼も不レ云」とあるように、外宮長官への不満が解消されることは無かったのである。

この「宮中之定」の諾否をめぐっては、外宮内で議論が巻き起こったとされる。外宮長官は承認するつもりであったが、他の禰宜たちに相談したところ、「是ハ末代神宮之きす」や「いや、是ハ長官一代之きず」といったように、この「宮中之定」を認めることによって、禰宜たちや外宮長官の名誉が損なわれるとの意見が出され、結果、一部の者たちの間で、「神宮之きずと云立、長官を流罪ニせんと云合、一代之悪き事を祭主江申上ン」ことが話し合われるという事態にまでなった。禰宜たちは、「宮中之定」の内容を妥当なものと認識していたが、宮域内の支配を山田三方から指図された先例は無いとして強く反発したのである[33]。

そして、十七日[34]、三禰宜(松木信彦)・五禰宜(松木全彦)・六禰宜(松木満彦)・七禰宜(檜垣常和)・八禰宜(松木集彦)・九禰宜(檜垣貞和)と権禰宜たちは、「宮中ノ掟ハ従二祭主一可レ有二事成一」と考え[35]、「三方よりの十三ヶ条ほんごニせん」ため、京都へ使者を派遣し、「三方ヨリ宮中之掟新義迷惑候間、掟被レ遊被レ下候様ニ」として[36]、祭主に新しく法規を定めてくれるよう願った。この際、三禰宜以下の禰宜たちは、祭主に「長官一代之悪行」を訴えたとされ、山田三方の「宮中之定」を承認する姿勢をとった外宮長官を処罰によって排除することすら試みられたのである。

すると、祭主から左に挙げた「宮中掟」が与えられた。

宮中掟

一、宮山領内顛倒之外伐二採諸木一、穿二土石一荒二宮山一事者、自レ古被レ載二大科式目一之条今以堅可レ令二禁止一者也、次宮道之外篠草一切為レ刈申間敷事、

一、於二宮山一殺生禁断之事弥可レ相二守旧法一事、

一、自二往古一相定宮地之内雖レ為二寸地一不レ可二押領一事、

一、至二宮社・神木・御池・石地形等一迄上古之風儀今更不レ可二作改一事、

一、僧尼・俗人に不レ寄法体之者、如二古法一　神前近不レ可レ有二参入一事、

一、宮中・同御池江物を捨不浄仕儀堅可レ制事、付、従二先規一相定殿舎之外小屋を作り、火を焼、酒食を拵、自由之働仕間敷事、

一、宮中諸役人幷宮守・宮人以下迄他所之者を不レ可二成置一、其上子良館居住女子之外宮社に女子を置間敷事、

一、神前ニ而帳を付、灯明銭を取、於二宮中・岩戸辺一従二先規一無レ之新宮を[立](37)、板をかまへ、宮道に垣を作、曳二注連一、幣祓をふりかけ、参宮人を不レ可二押留一事、

一、於二宮中一宮守・宮人・白石持種々企二謀略一、悩二参宮人一散銭を貪取、剰対二参宮人一致二狼藉一之由前代未聞曲事沙汰之限候、向後堅可レ令二停止一事、

右之趣為二　神慮一候条於二末代一各堅可レ被レ相二守此旨一候、若違犯之輩於レ有レ之者早可レ被二注進一者也、仍如レ件、

寛永十八年四月廿七日　　祭主神祇権大副判

宮司

外宮
禰宜中
同　権任中

「宮中掟」が山田三方の「宮中之定」を九か条に書き改めたものであることがわかる。祭主は、「宮中之定」を修正し、自身の名で新たに定めることで、参宮者の保護を徹底したいという山田三方の要望と、支配関係の先例を守ろうとする三禰宜以下の禰宜たちの要望との両立を図ったと考えられる。また、外宮長官の処罰に関しては何ら指示がなく、この「宮中掟」が「宮中之定」を書き改めただけの同趣旨の法規であることを勘案すると、祭主は外宮長官の姿勢を支持したと考えられる。

これを受けて、大宮司と長官以下の禰宜たちは、この法規を守る旨を奥書し、連判して祭主に提出した。ただ、山田三方の諾否は考慮されず、山田三方へ連絡されることは無かった。

以上を小括しておく。参宮者への応対をきっかけとして、宮守と宮人が諍いを起こした。これに対する外宮長官の裁定を不服とした宮人たちは山田三方に訴状を提出した。訴えを受けて、山田三方は、「宮中之定」の承認を外宮長官に迫った。その内容は、参宮者の保護を主眼としており、従来の外宮の方針に転換を促すものであった。この法規に関しては、外宮長官は承認の姿勢をとったが、大多数の禰宜たちは、先例が無く彼らの名誉を損なうものとして反発した。そして、京都の祭主へ法規の作成を願うとともに、外宮長官を訴えるという強硬な手段さえ試みられた。これを受けて、祭主から新たな法規が与えられた。山田三方の「宮中之定」は妥当なものと認識されたが、先例が無いとして禰宜たちの反発を招いたのである。そして、祭主が定めた「宮中掟」が正当な法規として期待された。しかしながら、この「宮中掟」は山田三方に知らされることはなかった。

三　宮域内の法規をめぐる対立とその決着

寛永十八年（一六四一）の五月に入ると、山田三方は外宮長官に、「拾三箇条之趣御合点候哉、左候者、三方次第との墨付可ㇾ有」と、留保されていた「宮中之定」の諾否を訊ね、承認を迫った。外宮長官は返答に詰まり、「宮中之定」に反発する禰宜たちに相談したが、「我々は知らない」との返事が来たため、外宮長官は再度、禰宜たちに返答を求めた。すると、「祭主殿江連判之壱通指上候上ハ、墨付被ㇾ成三方へ御渡候へとハ不ㇾ被ㇾ申候、乍ㇾ去御分別次第」との返事が来た。つまり、祭主からの「宮中掟」を受け入れていることを理由に、「宮中之定」の承認に反対したのである。このため、外宮長官は「どのようにもするところではあるが、他の禰宜たちが無用と言っている」と山田三方に伝えた(38)。

五月十二日、山田三方は、河村勘兵衛を使いとして、反発する禰宜たちへ「長官ハ御合点候処、神宮衆之コタハリ殊勝ニ不ㇾ存候、向後三方中絶可ㇾ仕候、左様ニ相心得可ㇾ申」旨を申し入れ、「宮中之定」を承認しないのは感心しないとして、彼らと絶交することを表明した。これに対し、禰宜たちから断りを行ったが、絶交が解かれることはなく、翌十三日には、山田三方から「神宮拾三人江出入、其上売物仕間敷」と触が出された(39)。山田三方は、鳥居前町の住民に対しても、禰宜たちとの絶交を命じたのである(40)。この絶交は徹底されており、例えば、

一、五月十三日、八日市慶徳三郎左衛門酒を檜垣河内方よりかいニ遣候処、三郎左衛門被ㇾ申候ハ、郷内よりうり申間敷候由申候、(41)

とあるように、慶徳三郎左衛門のところへ檜垣貞次方から酒を買いに行ったところ、販売を断られている。

十四日、六・九禰宜は大宮司に、

今度三方中より山田中上中下十三人を不通仕、うり物以下迄相留られ候、殊ニ宮人以下まて右之内へ出入不レ仕様ニ申ふれ、又不礼をも仕候様ニとふれ申候へ者、何角無自由なる事ニ御座候者諸神事も難レ勤候間、左様ニ御心得被レ成候へと申、

として、神事を勤めがたい旨を申し入れた(42)。同日、大宮司は、「今度之義万事無自由候ま、理りニ不レ及(43)」と返事をしている。一部の禰宜たちは、山田三方の絶交処置によって、神事への参加もままならないという状況に陥ったのである。

さらに、絶交された禰宜たちは、大宮司からの了承を得た上で、「三方企二徒党一、天下御法度之一味仕、神宮拾三人之者共江売物迄相留申候由(44)」を祭主に訴えることを決した。これにより、外宮長官は山田三方へ「宮中之定」の諾否に関して「うら書すこし御待候へ」と、承認の延期を申し入れたとされる。この後、「宮中之定」の諾否は、外宮長官の子である四禰宜(檜垣貞晨)の「預り分」になったとされ、その結果、四禰宜が「宮中之定」に「うら書・判」をすることとなったとされる。

十五日、使者となった権禰宜の松木修理は、大宮司からの使者である川辺喜左衛門を伴って京都に向けて発足した。しかし、同日の夕方、久志本弥四郎から「何とて可レ有候間、先罷帰候へ」旨の書状が届いた。松木と川辺は、津に戻って逗留し、久志本による数度の説得を受けて、結局、京都に向かわずに引き返してしまう(45)。

実は、松木修理が京都へ向けて発足したことを知った山田三方は、十六日に「拾三人へ出入仕候共、売物仕候共心持次第」との旨を山田の町々に触れ直しており、町々からの絶交は形式上では解かれていたのである(46)。ただし、山田三方との関係が修復されたわけではなく、また、町々の住民のなかにも絶交を継続する者があったため、禰宜たちを

取り巻く状況が改善したわけではなかった。

同月二十一日、山田三方は、

一、今度宮中作法之事、長官江申届候へとも不㆓相済㆒子細候ニ付、未町々江も申渡候義無㆑之候、其内自然宮を請申度存候もの有㆑之候者、三方より書出し之十三ヶ条之趣以来毛頭無㆓相違㆒可㆓相守㆒と存候て、其通能々心得候て宮を請可㆑然候、相済次第ニ町々江急度可㆓申渡㆒候、末代少も十三ヶ条之通ハ猥ニさせ申間敷候、若以来者ゆるかせにも可㆑成なと、頼ヲ仕候而ハ可㆑為㆓曲事㆒候間、能々心得可㆑然候、已上、

五月廿一日　　三方

として、宮守を勤仕するならば「宮中之定」を遵守するべき旨を町々に触れた。これは、山田三方が「京之九ヶ条之義、京ハ程遠く候間、定相背候ハん」[47]と、祭主が京都に居住しているため、祭主の「宮中掟」では、法規として効力がないと考えたからであるとされる。

「宮中物語」によれば、ここで言う「不㆓相済㆒子細」とは、「神宮衆祭主殿江又申さんとひしめける」という状況を指しているとされ、この触が禰宜たちの動きを牽制する狙いがあることは明らかであろう。また、「宮中掟」は町々に触れられておらず、「誰不㆑聞」という有様であったとされる。つまり、山田三方は、宮守を務める町々の住民に「宮中之定」を守らせることで、効力が疑わしい「宮中掟」の破棄と、既成事実化による「宮中之定」の発効を狙ったと考えられる。

二十三日、久志本弥四郎の使者である中野吉左衛門が絶交された禰宜たちのもとを訪ね、説得を行ったが効果はなく、二十四日には、再び松木修理が京都に向けて出発し、さらに、後日、権禰宜の檜垣三河と檜垣主馬も上京した。[48]

この檜垣三河と檜垣主馬は、祭主へ同年六月五日付の訴状を提出している。[49]その内容は、山田三方の処置を「山田

惣中江以二権威一悉之触を廻し、禰宜・権任等を撥し万事買物迄とめ候、（中略）其上山田地下中下々之者迄に不儀を可レ働之旨申付候」とし、「天下御祈禱神事」の妨げと成る行為として非難するものであった。つまり、町々からの絶交が事実上、いまだ継続しているとの認識のもと、この山田三方による無法な処置を訴えることによって、山田三方が「宮中之定」を強要しようとしている事実を祭主に知らせ、状況の好転を図ったといえよう。

同じく五日、外宮長官はすべての宮守たちに対し、次の法規を守るよう命じた。

宮中御掟御請申条々

一、宮山諸木ヲ剪、土石を掘採、宮山を荒し、篠草ヲ刈取等之義仕ましき事、
一、宮山にて弓ヲ射、鉄砲ヲ放幷殺生仕ましき事、
一、僧尼・俗人ニよらす法体之者ヲ古法のことく神前近ク参入させ申ましき事、
一、神前ニて帳ヲ付、灯明銭ヲ取申ましき事、付、岩戸ノ口にて関のことくニ銭を取、押テ灯明銭をとり、無理に植木ヲさせ候義仕ましき事、
一、宮中幷岩戸道ニて先規無レ之新宮ヲ立、小板ヲかまゆる義仕ましき事、
一、参宮人之心さしの外散銭貪取申ましき事、
一、参宮人ニ対し悪口ヲ云、又ハすかり付、狼藉成義ヲ仕ましき事、
一、にせ道者ヲ仕、種々ノ調略ヲ企義仕ましき事、
一、大宮・小宮ニよらす宮守烏帽子・素袍を着し、座ニ居て一切参宮人ニ立むかひ申ましく候、惣テ不礼かましき義を仕、参宮人を悩ス義仕ましき事、
一、宮守他所之者ニ下請させ申ましく候、幷女を置申ましき事、

一、宮道ニ垣ヲ仕、注連ヲ曳、幣祓ヲ足本ニてふりかけ参宮人ヲ押留申ましき事、付、無理ニ宮廻させ候義仕ましき事、
一、宮中御池江不浄之物を捨、大小便ヲむさと仕ましき事、
一、先規より相定殿舎の外小屋ヲ作リ、火を焼酒食を拵、自由ノ働仕ましき事、
一、火之用心堅仕、宮守里江かへる時弥念を入、火を仕廻可レ申事、
一、宮守面々之宮之前ヲ掃、地寄《(ママ)》麗ニ可レ仕事、
右十五ヶ条之通被二仰付一、慥ニ御請申候上者、自今以後自然相背候ハ何様之事曲事ニ成共可レ被二仰付一候、其時一言之異義も往々御侘言も申上間敷候、仍為二後日一御請状如レ件、

六月五日

この法規が山田三方の「宮中之定」と祭主の「宮中掟」を踏まえたものであることがわかる。従って、外宮長官は、「宮中之定」の欠点(山田三方が定めた法規であるため、支配関係上、正当ではない)と、「宮中掟」の欠点(外宮から遠く離れた京都に居住する祭主が定めた法規であるため、効力が疑わしい)を克服するため、自らの手による法規の制定を試みたと考えられる。しかし、「宮中物語」によると、宮守たちは、四人が押印したのみで、その他は山田三方の「宮中之定」を支持し、連判を拒否したとされる。宮人に引き続き、宮守も外宮長官の命を聞かず、ここに外宮長官の定めた法規であっても、宮人・宮守に対しては拘束力を有さないことが明白となったといえる。思わぬ反発に遭った外宮長官は、「請宮もふちニ給たる宮もとりあけもなし給ハす、掟ノさたもなし」とあるように、宮守たちを処罰することはせず、その発効を諦めてしまったようである。

同月十六日、禰宜たちの訴訟を受けて京都の祭主から次のような外宮長官・二禰宜宛の書状が到来した。

態令レ申候、然者　宮中下知法度山田三方年寄共申付候儀自二先規一其例在レ之事候哉、弥被レ正二旧法一具可レ被二申越一候、次山田三方中方より禰宜・権任中各別撰出之由、是又如何様之子細候哉、其旨趣以二墨付一可レ承候、為レ其如レ此候、恐々謹言、

六月十四日　　友忠判

外宮

一禰宜殿へ

同

二禰宜殿へ

この書状で、祭主は外宮長官・二禰宜に、①「宮域内の法規を山田三方が定めた先例はあるのか、旧法を調べて報告しなさい」、②「一部の禰宜・権禰宜が町々から絶交されているが、その事情を説明しなさい」との指示を行っている。これに対し、外宮長官は、

御書中令二拝見一候、然者　宮中下知法度山田三方年寄中被二申付一候様ニ被二仰越一候、今度宮中之義三方より異見被レ申候段ハ如二先書一申達候、宮守とも我等申付候作法共相背候由我等ハ不レ存候而居候処ニ、従二三方中一より（ママ）被二聞出一、其趣を書立、此通於二合点一者可レ為二神忠一と被二申越一候間、右之紙面神宮中江相談申、宮中宮守作法之義任二旧例一我等申付候、其後従二京都一九ヶ条之掟被レ下候、御下知之上ハ無二異儀一領掌之書判仕上申候、将又、禰宜・権任之内各別ニ被二撰出一之義三方年寄中より此方へハ様子不レ被二申聞一候故、意趣分明不レ存候、委細ハ宮司殿江申入候、恐惶謹言、

六月廿日　　常晨

進上祭主殿

と返答し、二禰宜も、

尊書致二拝見一候、仍　宮中下知法度従二山田三方年寄中一被二申付一候様ニ蒙レ仰候、此頃宮守共対二参宮人一無作法之事有レ之由ニ付而、従二三方中一以二書付一長官江被二申越一候処ニ、則宮中之仕置長官より被二申付一候、次ニ三方中より禰宜・権任之内各別に被二撰出一候趣以二墨付一可二申上一候蒙レ仰候へとも、子細分明不レ存候間難二申上一候、此旨御披露所レ仰候、恐惶謹言、

六月廿一日　　外宮二禰宜朝雄

沢地民部殿

とあるように、二十一日付の書状で同趣旨の答申を行っている。その内容をみると、両書状ともに、祭主の②の指示には明白に不明である旨を説明しているにもかかわらず、①に関しては、求められた先例には言及せず、その内容も要領を得たものではないことに気付く[50]。

とりわけ注目したいのは、祭主の①の指示に対して、「祭主から、「宮域内の法規は山田三方が申し付けるように」との命を受けた」と述べている点である。ここから、外宮長官・二禰宜ともに、祭主の書状に「弥被レ正二旧法一具可レ被二申越一候」とある文言を「旧法を改正し、報告するように」と解釈して回答を行ったことが判明する。

つまり、外宮長官・二禰宜は、山田三方の「宮中之定」を採用することを企図し、祭主の指示とすることで押し切る方法を選んだと考えられる。これは、これまでの曲折を踏まえると、鳥居前町の住民で構成される宮人・宮守に対しては、山田三方の定めた法規の方が拘束力を有するという判断に基づく処置であろう。そして、この後、祭主が異議を唱えるような動向はみられず、祭主は右の処置を認めたといえる。従って、ここに「宮中之定」は、宮域内の法

規としての地位を獲得したと指摘できる。

これ以後も禰宜たちは、祭主への働きかけを続けたようであるが、祭主が動くことはなく、祭主は山田三方が五月十六日付で町々へ絶交を解くように触れていることを根拠に在京中の三人に下向を勧め、八月十日には松木修理が帰り、九月三日には、残りの檜垣三河と檜垣主馬も京都を後にした(51)。

さらに、十月に入り、不在であった山田奉行に石川正次が着任すると(52)、禰宜たちは訴訟を試み、十一月二十二日には山田奉行所へ訴状を提出している。その内容は、「山田惣中年寄共、次ニ月行事ニ至迄尓レ今□(虫損)堅一味仕候故、此上ニも又如何様之取存をかまへ、如何様之あたを心中ニさしはさみ居候哉らんも不レ存」という状況であるから、「向後無異ニ而山田居住仕、弥　天下泰平・国家安全之御祈禱無二懈怠一勤申候様」に仰せ付けて欲しいというものであった(53)。山田三方との絶交が継続していることを問題視していることがわかる。しかしながら、この訴えを山田奉行が取り上げることは無く、絶交は以降も続き、和解が成ったのは慶安五年(一六五二)七月六日のことであった(54)。

ここまでを小括しておく。山田三方は、再び「宮中之定」の承認を外宮長官に迫った。一部の禰宜たちは、祭主の「宮中掟」があることを理由として反対を表明する。対して山田三方は、絶交を宣言し、山田の町々へも同調を命じた。禰宜たちは、京都の祭主のもとへ再び訴えることを決し、使者を派遣する。これを受けて、山田三方は、町々へ絶交を解くように指示を行ったが、彼ら自身が態度を改めることは無かった。さらに、「宮中之定」を守るように触を廻し、既成事実化を試みた。このため、禰宜たちは祭主に訴状を提出した。また、外宮長官は、自らの手による法規によって事態の収拾を模索したが、宮守たちの反発により断念することとなる。結局、山田三方の法規を採用することに決した外宮長官・二禰宜の意向と祭主の黙過によって、山田三方の「宮中之定」が宮域内の法規として、その地位を獲得することとなった。

おわりに

本章では、寛永十八年(一六四一)の外宮宮域支配をめぐる争論を対象に検討を行ってきた。最後に、明らかとなった内容と成立した法規の意義についてまとめておく。

外宮長官の支配が動揺するなか、参宮者層の拡大と当該期の参宮者数の減少、そして、宮守の行状の悪質化によって、宮守と宮人との対立が顕在化し、両者は諍いを起こした。この諍いにより、宮域内における参宮者の保護が不十分であることが露呈してしまう。このため、宮守と宮人との対立だったものが山田三方も巻き込んだ宮域内の支配を焦点とした争いへと発展することとなった。

この支配をめぐって山田三方と禰宜たちが対立を深めてゆく。前者は、参宮者の保護を実現するため強引に「宮中之定」の発効を求め、後者は先例の堅守を望んだ。ここで争点となったのは、山田三方の、ひいては鳥居前町の影響力が宮域内に及ぶことの是非である。山田三方にとって、参宮者の保護を徹底するためには、これは不可欠なことであるといえ、禰宜たちとっては先例に反する避けたい事柄であった。禰宜たちは、山田三方からの要求に対して支配関係面での問題を理由として対抗を試みた。これにより、両者の対立を解消する意図のもと、祭主の「宮中掟」、そして、外宮長官の「宮中御掟御請申条々」がそれぞれ定められた。しかしながら、これらは鳥居前町の住民で構成される宮守・宮人たちに対しては拘束力に疑問が残るものであったため、発効に至ることはなかった。

右の結果、法規としての有効性を鑑みた外宮長官・二禰宜の判断と、祭主の黙過により「宮中之定」が法規として地位を得ることとなった。このことは、現出した「信仰の場」に対応する新たな法規の成立として評価でき、今後の制度・法規面での整備がなされる上での起点となったと考えられる。特に、山田三方の主導のもと、禰宜たちの主張する先例を押し切る形でこの法規が制定されたことは重大で、以後、「信仰の場」の保全を目的として、山田三方はこれらに関連した宮域内の事柄に干渉を試みるようになるのである（承応二年九月に実施された横目の設置など）。

本章の冒頭で触れた寺社の名所化の議論に関わっては、当事例から、①参詣者（参宮者）を受け入れる寺社内部の仕組みの整備、②その整備において門前町（鳥居前町）の住民たちが果たした役割、の二点にも目配りが必要であることを指摘できよう。

しかし、このような山田三方による干渉は、外宮の支配関係上、変則的な事態であったため、禰宜たちの間に根強い反発を残すこととなった。また、これ以降も、宮域内と参宮者をめぐる問題は止むことが無く、近世前期に限って例を挙げれば、承応年間（一六五二～五五）・寛文年間（一六六一～七三）、そして延宝年間（一六七三～八一）に法規の再確認・再制定が実施されることとなる。特に、延宝年間のそれは、山田三方ではなく外宮長官松木満彦の名のもとに法規が定められており、外宮長官を頂点とした支配関係を再構築する試みとして位置づけられる。これらに関しては、山田奉行、そして内宮とその鳥居前町（宇治）の動向も踏まえ、他稿を期すこととしたい。

註

（1）新城常三『新稿　社寺参詣の社会経済史的研究』（塙書房、一九八二年）。
（2）青柳周一『富嶽旅百景―観光地域史の試み―』（角川書店、二〇〇二年）。
（3）原淳一郎『近世寺社参詣の研究』（思文閣出版、二〇〇七年）。
（4）西田かほる・青柳周一「地域のひろがりと宗教」（青柳周一・高埜利彦・西田かほる編『近世の宗教と社会1』所収、

吉川弘文館、二〇〇八年）。

（5）このような視点から検討を行った研究として、青柳周一「近世における寺社の名所化と存立構造―地域の交流関係の展開と維持―」（『日本史研究』五四七号、二〇〇八年）・同「近世の「観光地」における利益配分と旅行者管理体制―近江国下坂本村を事例に―」（『ヒストリア』二四一号、二〇一三年）、白井哲哉「近世鎌倉寺社の再興と名所化―十七世紀を中心に―」（前掲『近世の宗教と社会1』所収）などがある。

（6）この争論については、大西源一『大神宮史要』（平凡社、一九六〇年）で既に紹介されている。

（7）近年の成果として、山田三方の自治機能の問題から検討を行った千枝大志「宮中の粛正問題と近世三方家」（『伊勢市史』第三巻近世編所収、伊勢市、二〇一三年）が挙げられる。

（8）中西正幸「近世における神宮の制規（一）」（『神道宗教』一二〇号、一九八五年）。

（9）同右、五五頁。

（10）瀧川政次郎『山田三方並に宇治会合所に就て』（神宮司庁、一九五〇年）、七一頁。

（11）中西前掲「近世における神宮の制規（一）」、五八頁。

（12）千枝前掲「宮中の粛正問題と近世三方家」、一九〇～一九一頁。

（13）序章註（93）を参照。

（14）大西源一『参宮の今昔』（神宮司庁教導部、一九五六年）、一三三頁。

（15）序章註（111）参照。

（16）塚本明「山田奉行の裁許権」（『三重大史学』二号、二〇〇二年）。

（17）「三方会合記録　一」寛永四年（一六二七）正月条（神宮司庁編『神宮近世奉賽拾要　後篇』所収、吉川弘文館）、一三三頁。

(18)「外宮引付天正明暦」寛永十四年二月条（神宮文庫所蔵、図書番号一門四一四四号）。当史料は、天正から明暦までの出来事や文書類を記した引付である。「松木氏之蔵書」との蔵書印が確認できることから、外宮禰宜家の松木家で伝わったものであると考えられる。なお、本章で使用する史料は特に断らない限り、すべて神宮文庫の所蔵である。

(19)新城前掲『新稿　社寺参詣の社会経済史的研究』、九二～九四・三七五～四三二頁。

(20)櫻井勝之進「大物忌」（『伊勢神宮の祖型と展開』所収、国書刊行会、一九九一年。初出は、「大物忌について」、『社会と伝承』六巻五号、一九六二年）、一九三頁。

(21)岩間宏富「中世における神宮物忌の活動について」（『神道史研究』四九巻三号、二〇〇一年）。なお、このような子良館の変化がいつ起きたかについては、市村高男氏の指摘を目安としておきたい。同氏は、「中世都市研究会二〇〇六・三重大会」の全体討論において、伊勢神宮で多数の参宮者を受け入れる「態勢」が整ってくるのは天文年間（一五三二～五五）であるとしている（「全体討論「都市をつなぐ」」、伊藤裕偉・藤田達生編『都市をつなぐ―中世都市研究13―』、新人物往来社、二〇〇七年、二一一頁）。

(22)「宮中物語」（神宮司庁編『神宮近世奉賽拾要　前篇』所収、吉川公文館）。当史料は、近世前期に外宮宮域内で起きた出来事をまとめたもので、高宮守見物忌を勤仕し、寛文元年（一六六一）四月十八日に七十二歳で没した御巫清弘が書き留めた記録である。多くの文書や法規を載せている点に特色がある。奥書によると、その清弘の孫にあたる清集の蔵書を西村高義が享保十九年七月八日付で書写したものであるとされる。以下、断らない限り、当史料を出典とする。

(23)前掲「外宮引付天正明暦」寛永十二年極月条収録。

(24)「皇継年序記」寛永十二年条（神宮司庁編『二宮叢典　前篇』、吉川弘文館、一〇二五頁）。

(25)「廿八箇条沙汰文」延宝六年（一六七八）四月条（図書番号一門七一二六号）。

(26)「外宮神宮法例」（図書番号一門二九八七号）。奥書によると、これは外宮権禰宜であった河崎延貞が、新たに着任した山田奉行（久永重高）へ提出する目的で、外宮の職制などについてまとめたものである。

(27) 寛永二十一年正月に山田奉行の指示を受けて、運上金制は廃止されている（前掲「宮中物語」）。

(28) 「岩戸」とは、現在の高倉山古墳を指す。近世においては、この「岩戸」は天岩戸と見做され、多くの人々が参拝に訪れる場所であったとされる。詳しくは、佐古一洌「高倉山・天岩窟信仰について」（『瑞垣』一〇七号、一九七五年）を参照。

(29) 前掲「外宮神宮法例」。

(30) 「宮人沙汰文」寛文二年（一六六二）九月条（図書番号一門三五五七号）。当史料は、寛文二年九月から十二月にかけて起きた「子良館神楽御供料」の賽銭の「口まへ取」をめぐる宮人と物忌父との争論についての記録である。

(31) 宮人に関しては、管見の限り「外宮子良館旧記」延徳四年（一四九二）五月十三日条にその姿が確認でき、このころには既に存在していたものと考えられる（前掲『二宮叢典　前篇』所収、九五八頁）。

(32) 寛永飢饉については、藤田覚「寛永飢饉と幕政」（同『近世史料論の世界』所収、校倉書房、二〇一二年）を参照。初出は「寛永飢饉と幕政」（『歴史』四九・五〇号、一九八二・一九八三年）。

(33) 前掲「外宮引付天正明暦」寛永十八年四月条。

(34) 同右。

(35) 前掲「皇継年序記」寛永十八年条。

(36) 前掲「外宮引付天正明暦」寛永十八年四月条。

(37) 脱字が看取されたため、［　］の部分は「外宮引付天正明暦」（前掲）寛永十八年四月条に収録の「宮中掟」をもとに補った。

(38) 前掲「外宮引付天正明暦」寛永十八年五月条。

(39) 同右。

(40) 絶交された禰宜・権禰宜に関しては史料によって若干の異同がある。前掲「外宮引付天正明暦」では、松木信彦（四禰宜）・松木全彦（六禰宜）・松木満彦（七禰宜）・檜垣常和（八禰宜）・松木為彦（九禰宜。別名集彦）、檜垣内膳（常幸）・檜垣三河（貞光）・檜垣主馬（宣尚）・檜垣五郎兵衛（常内）・松木修理（盛彦）・松木主計（慶彦）・松木弥六郎（雅彦、別称長作）・檜垣河内（貞次。別称主馬）、の一三人としている。対して、前掲「宮中物語」では、絶交されたのは、松木信彦（三禰宜）・松木全彦（五禰宜）・松木満彦（六禰宜）・檜垣常和（七禰宜）・松木集彦（八禰宜）・檜垣貞和（九禰宜）、檜垣内膳・檜垣三河・檜垣主馬・檜垣五郎兵衛・松木修理・松木主計・松木長作・檜垣全左衛門（不詳）・檜垣作之丞（不詳）、の一五名とする。試みに、「外宮禰宜年表」（神宮司庁編『神宮典略 二宮禰宜年表』所収、臨川書店）をもとに、寛永十八年五月における禰宜の序列・補任を確認すると、「外宮引付天正明暦」の記述は誤っており「宮中物語」の記述が正しい。従って、絶交された禰宜・権禰宜も「宮中物語」が記す一五人の方が正確である可能性が高い。なお、同年十一月二十二日付で禰宜たちが山田奉行所へ提出した訴状には「山田惣中、舟江・川崎迄以二権威一悉触廻し禰宜六人・権任七、八人を擯し出し、万事之買物迄相留候」とある（前掲「外宮引付天正明暦」同年十一月条）。

(41) 「神宮引付」寛永十八年五月条（図書番号一門四一五〇の二号）。当史料は、寛永十四年から元禄二年（一六八九）までの記録で（枝番号一〜二二号）、外宮禰宜職を勤仕した檜垣貞和とその子の常方（常副）の日次記（一部）と考えられる。常方が禰宜に就任する寛文年間までのものは、貞和の手による日次記であると推定される。

(42) 前掲「神宮引付」寛永十八年五月条。

(43) 同右。

(44) 前掲「外宮引付天正明暦」寛永十八年五月条。

(45) 同右。

(46) 同右。

(47) 前掲「神宮引付」寛永十八年五月条。

(48) 前掲「外宮引付天正明暦」寛永十八年五月条。

(49) 同右、寛永十八年六月条。なお、この訴状においては、外宮三禰宜・五禰宜・六禰宜・七禰宜・八禰宜・九禰宜が名前を連ねている。

(50) なお、祭主からの下問は山田三方に対しても行われており、山田三方は明瞭に回答している（前掲「神宮引付」寛永十八年六月条）。

(51) 前掲「外宮引付天正明暦」寛永十八年八月条。

(52) 山田奉行の花房幸次が寛永十八年四月十二日に没したため（『寛政重修諸家譜』巻九十、『新訂 寛政重修諸家譜』二、続群書類従完成会、二〇七頁）、山田奉行は不在となっていた。その後、

一、同年十月（寛永十八年）、石川八左衛門殿両宮御奉行ニ被㆑為㆓仰付㆒候而御越也、（後略）

とあるように、十月に石川正次が山田奉行として赴任している（前掲「外宮引付天正明暦」寛永十八年十月条）。

(53) 前掲「外宮引付天正明暦」寛永十八年十一月条。

(54) 同右、慶安五年七月条。

第五章　山伏から御師への転身
―内宮御師風宮兵庫大夫家を例に―

はじめに

本章は、山伏から御師への転身とその背景について考察するものである。

中世末期、伊勢神宮の膝下で生活する山伏たちは、勧進を行うとともに、各地からの参宮者を迎えていた。彼らの活動は、御師たちの行う活動（特定の旦那・旦那所に御祓を配る廻旦など）と類似したものであったとされ、山伏の属する寺院と御師との間での旦那・旦那所の譲渡さえも行われていたことが明らかにされている。[1] 他方、近世においては、このような山伏による「御師活動」が次第に確認できなくなることも周知の事実である。

従来の研究では、中世・近世の御師による廻旦の実態に関心が集中し、[2] 右のような活動の断絶が存在していることについては、塚本明氏によって断絶の時期が指摘されている限りで（後述）、踏み込んだ考察はなされて来なかった。両者の活動が競合するものであった事実を重視するならば、山伏たちの御師活動が断絶し、御師たちによる活動の独占へと向かうまでの過程を跡付ける必要があろう。

そこで本章では、もともと山伏であったとされる内宮御師の風宮《かぜのみや》兵庫大夫家（以下、「風宮家」と記す）を対象に、同家が如何なる過程を経て、御師へと転身することになったかを浮き彫りにしてみたい。この転身の事例に着目することにより、山伏による御師活動が断絶に至るまでの道筋と、山伏が御師へと転身した要因を具体的に明らかにすることが可能であると考える。

では、山伏からの御師への転身の要因として何が想定されるのだろうか。関連する成果として最初に挙げられるのは、近世の伊勢神宮と鳥居前町における神仏関係について考察した塚本明氏の研究である(3)。同氏は、伊勢神宮とその鳥居前町において、神と仏とが区別されつつ併存していたことを論じた上で、この「分離」を推し進めた「動力」として「神宮の神官たちが、諸国を巡回する神宮御師としての立場から、活動が共通し利害が対立しかねない山伏らを排除しようとした点」と、「伊勢神宮を保護し、その本来あるべき姿を維持する」役割を担っていた山田奉行による「行政的な容喙」があった点、の二点を指摘している。この見解は、同地域における近世を通じた神仏を「分離」する動きの主要な「動力」を説明するものとして極めて説得力を持つ。

ただ、これらの「動力」は、近世全体を通じて確認される動きを総括して導き出されたものであり、本章で扱う限られた期間(近世前期)での事例の説明に用いるのには不適当であろう。従って、近世前期に焦点を絞り要因を考える必要がある。

ここで注目したいのは、神社とその宗教者に関する近世前期の二つの動向である。

第一に、神社内の仏教的要素を排除しようとする主体的な動きが挙げられる。例えば、出雲大社では、中世以前に遡る同社の「鰐淵寺との徹底した神仏隔離と相互補完関係の上に成り立っていた」という「特異な歴史的伝統」が一つの背景となって「本願の追放・廃止と大社境内からの仏教施設の撤去」が実施されたとされる(4)。伊勢神宮においても「仏教忌諱の伝統」が存在していたことを考慮すると(5)、同様の動きが起きたことが想定されよう。

第二に、宗教者の職分を明瞭にする動きが挙げられる。高埜利彦氏によると、近世前期は「社会全体にわたった多様な職分の分化」が進行した時期であるとされ、とりわけ、「宗教者すなわち僧侶・山伏・神職・陰陽師のそれぞれの職分は、一七〇〇年前後の元禄期頃、相互に侵し合わないように境界が格段に明確化された[6]」とされる。

近世前期に焦点を絞ると、右に示した二つの動向が転身の要因として考えられるのであり、本章では、このような動向による変化が、風宮家の前身とされる山伏（後述）の前にどのような形で立ち現れたのか、という視点から論を進めてゆくこととする。

また、今回、対象とするのは風宮家である。近世の同家は、鳥居前町（内宮側）の宇治に居住し、御師であるとともに、内宮の別宮である風日祈宮《かざひのみのみや》の参道に架かる風日祈宮橋（別称　五十鈴川橋）の管理を行う「風宮橋支配人[7]」であった。同家は、近世前期に風日祈宮橋（以下、「風宮橋」と記す）の袂にあった穀屋の山伏から御師へと転身したとされており[8]、この問題に関して上椙英之氏は、「万治元年（一六五八）には、宮中の火事により風宮橋の穀屋も焼失し、これを機に穀屋は廃止され、明慶院は宇治郷の岩井田に遷され、風宮兵庫大夫と名乗るようになる[9]」として、万治元年の宮域内での火災に伴う穀屋の廃止と転居を転身の直接的原因に求めている[10]。しかしながら、後述するように、万治元年以降も山伏としての称が使用され続けていたことを考えると、上椙氏の指摘のみでは不十分であり、他の理由を検討する必要があるように思われる。

以上をもとに、風宮家の事例を取り上げ、その転身の過程を考察してゆきたい。

一　内宮宮域と穀屋・山伏（近世初頭）

ここでは、近世初頭の風宮橋と穀屋の山伏との関わりについて検討する。中世末期においては、伊勢神宮は神領からの収入の途絶という事態に直面し、宮域内の社殿や橋の造替にすら支障をきたすに至る。そのため、風宮橋の造替などに、勧進を行うといった形で山伏などの仏家が関与することとなる。[11] しかし、近世に入ると、伊勢神宮の造替に関する費用は、統一政権から安定して支弁されるようになり、それに伴い勧進を行っていた山伏たちの関与は徐々に削減され、さらに、宮域内から仏教的要素が排除されてゆくこととなった。[12]

このようななかで問題として浮上したのが、風宮橋の袂に位置する穀屋の存在である。[13] 元和五年（一六一九）八月二十二日、宇治の住民組織である宇治会合から内宮に対し左のような願書が出された。[14]

乍レ恐申上候

風宮橋之こく屋之儀御やすめ可レ被レ成之儀ニ付御理申候へ共、御かつてんなき之由宇兵衛殿御申候、諸事神慮儀、大日於レ背二御意ヲ一者何やうニも郷内より可二申付一候、但こく屋之儀ハむかしより有レ之儀ニ候間、いくへにも御理可二申上一候、以上、

元和五年　　　　内宮

八月廿二日　　　上両郷（印）

家司大夫殿

内容をみると、①大日が神慮に背く場合は宇治会合（上両郷）より申しつける、②穀屋は昔よりあるものであるからその廃止はお断りする、旨の二点を内宮長官（一禰宜）の被官である家司大夫を通じて内宮へ伝えており、①にみえる「大日」とは、風宮家の先祖とされる大日を指すと考えられることから、[15] 内宮が穀屋とその山伏を宮域内から除こうと迫ったことが読み取れる。「宮奉行沙汰文」[16] には、この願書に関して、

(1)風宮橋の穀屋は、文明年間（一四六九～八七）に十穀聖である乗賢[17]が現れて以来、風宮橋の北詰に一丈四面の規模

で建てられており、穀屋の山伏たちは参宮者の幣物を以て、橋の掃除や参道の修繕などを行っていた。

⑵慶長年間の末より大日が穀屋の近くに居宅を建て、住むようになった。

⑶内宮が穀屋の廃止を迫った理由の第一は、穀屋の山伏が、居宅に妻子を置き、奴婢・僕従を抱え、橋の川上で下着を濯いだり、魚肉等を洗ったりするからである。

⑷廃止を迫る理由の第二は、山伏が錫杖を振ったり、鈴を鳴らしたりして、寺院のように振る舞うからである。

⑸これら⑶・⑷のことに関して、内宮よりたびたび異見を加えたが、奴婢・僕従たちは内宮からの命も聞き入れず、宮域内で不浄ばかりを行っている。

⑹当時、内宮長官であった薗田守基は、山伏の宮域内での居住をやめさせ、他所へ穀屋を移転させようとしていたが、大日は宇治の人々からの篤い帰依を受けていたため、宮奉行[18]も手を出し兼ね、実現しなかった。

⑺穀屋は宇治会合の会合場所としても使用されており、宇治会合はこのためもあって内宮からの命を断った。しかし、内宮長官は、宮域内のことは内宮長官の支配であり、穀屋は宮域内に不適切な存在である、として穀屋の移転または破却を迫った。


という説明がなされている。

まず、⑴と⑵から穀屋の山伏が風宮橋の袂に住むようになっていったことが窺われる。そして、穀屋とその山伏を排除しようとする動きは、⑶と⑷の点において、「穀屋とその山伏は宮域内に似つかわしくない」という内宮の意向によるものであったことがわかる。具体的には、山伏が宮域内で生活を営み、寺院が存在するかのような様相を呈していたことが問題視されたのである。

この後、同年八月吉日付で宮奉行から内宮長官に対し、八月二十六日に至っても穀屋と大日が立ち退かなければ宮

奉行が穀屋を取り壊す旨の怠状[19]が提出された。前掲の「宮奉行沙汰文」には、

右宮奉行中より大日坊方へ雖レ令二催促一、廿五日ニ至迄穀屋をも取不レ毀、方々奔走而雖二侘申一、取持人も無レ之、年寄会合より之荷担も依レ無レ之、元和五年八月廿六日宮奉行惣中出合、穀屋ヲ取こほし、于二其後一大日坊下畑村今之仙松庵之寺屋敷ニ穀屋を令レ建二立之一、

とある。すなわち、怠状にある通り、宮奉行によって元和五年八月二十六日付で穀屋は取り壊され、穀屋と大日は「下畑村」[20]へと移ることになったのである。

その後、元和十年二月二十一日に、慶光院の周清や法楽舎の光秀などの口入れを以て、大日から左のような詫状[21]が内宮へ提出される。これにより穀屋が風宮橋の袂へ戻されるとともに、大日も同所へ還住した[22]。

風宮穀屋御侘事申ニ付一書之事

一、仏絵をかけ、りんをならし、錫杖をふり申間敷事、

一、女子ををき、万むさき物を川上にてあらいすて申間敷事、

一、屋敷勧進所ともに北へ五間、同西東九間也、

右穀屋屋敷代々之御長官様依二御徳一、此度御上人様・法楽舎以二御肝煎一被二借置一上、右之旨於二相違仕一何時成共可レ為二御意次第一候、仍如レ件、

元和十年二月廿一日

内宮風宮穀屋大日坊

貞熙（花押）

同使法楽舎

光秀（花押）
（印）

内宮
御長官様
同
御神主中
参

この詫状から、大日が元和五年の立ち退きの際に問題となった諸点を行わない旨を誓約していることがわかる。さらに、穀屋とその山伏の居宅が宮域内に存在することは、内宮長官の特別の計らいによるものであることが改めて確認された。つまり、穀屋とその山伏は、①寺院と認識されるような言動をやめる、②宮域内での生活を慎む、③内宮の統制下に入る、といった掣肘を加えられた条件下のもとで、風宮橋の袂に戻ることになったのである。特に①は、内宮が穀屋の山伏の活動を、勧進で浄財を募ることと、風宮橋の管理維持を行うことに抑制しようとしたと捉えられる。

以上をまとめると次のようになる。中世末期、風宮橋の造替には山伏が関与していた。しかし、近世に入ると、造替の安定化に伴い、穀屋とその山伏は、宮域内に似つかわしくない存在として立ち退きを迫られた。交渉の結果、両者は故地へ戻ることを許されたが、寺院としての活動が制限されることとなった。すなわち、造替を支えていた山伏という仏家の存在は、近世への移行のなかで、内宮にとって異質な存在として認識されるようになり、排除の対象へとなっていったのである。

二　山伏から御師へ（近世前期）

ここでは、穀屋の山伏の御師への転身について、「寺」としての穀屋の機能、山伏の職分、宮域外への転居、という三点に焦点を絞り検討する。

1「寺」としての穀屋

まず、風宮橋の穀屋がいつの時点まで、公的な「寺」としての機能を有していたか、という問題について考えてみたい。古市町の宗門改帳（作成年不詳）の断片には、左のようにある。[23]

しんこん　　　　後家
宇治風のミや　　般若坊（花押）
　　　　　　　　子三人　男中之坊・六兵衛
　　　　　　　　女上り、下人二人

これは、宇治近郊の町場である古市町に居住していた般若坊一家の記載である。風宮橋の穀屋が真言宗の寺院であったと伝えられていることを考慮すると、[24]「宇治風のミや」とあるのは、内宮別宮の風日祈宮を指すのではなく、穀屋を指すと捉えるのが妥当であろう。従って、穀屋は近世前期の一時期、檀那寺としての役割を果たしていたと理解できる。

しかし、寛永二十年（一六四三）三月十一日付の同所の宗門改帳[25]をみると、

中之地蔵
一、真言　不動坊檀那
　男女七人

般若坊(印)
同母親
男子中之坊
同六兵衛
女子上り
下人与作
下女さふ

となっており、般若坊一家の檀那寺が穀屋から不動坊に変更されていることがわかる。試みに、同年三月十八日付の宇治の宗門改帳(26)をみると、穀屋とその山伏の存在はまったく確認できない。ここで注目されるのは、宇治の今在家町に居住する重右衛門という人物である。

同(禅宗)
一、恵日寺旦那
　男女合五人

重右衛門(印)
同女房
同母親
子同次郎介
同下女一人

重右衛門が禅宗の恵日寺を檀那寺としていたことがわかる。その印形をみると、【写真1】のようになっている。

さらに、寛永十六年八月十五日付で穀屋の山伏である三位(27)が山田奉行宛で作成した書付(案文)の印形部分を挙げると、【写真2】のようにある(28)。

【写真１】「上両郷寛永二十年宗門改帳」印形部分

【写真２】「風宮橋之目録　花房志摩守宛」印形部分

写真１・２を見比べると、印形が一致することに気付く。つまり、重右衛門と三位は同一人物であったと指摘でき、寛永二十年の時点で、穀屋の山伏は俗家として宗門改を受けていたことが明らかとなる。すなわち、少なくとも寛永二十年においては、穀屋の山伏は公的には俗家として把握されていたのであり、穀屋も「寺」として数えられておらず宮域内に存在しないことになっており、「寺」としての機能も喪失していたと考えられる。

2　御祓配りをめぐる争論

次に、穀屋の山伏の御祓配りについて、慶安元年（一六四八）と承応三年（一六五四）～明暦元年（一六五五）の二度に亙って争われた「内宮六坊出入」と称される一件が、穀屋とその山伏に与えた影響からみてゆく。この一件は、宇治の六坊（明慶院・清水寺・法楽舎・明王院・成願寺・地蔵院（広厳寺））の一つである成願寺の願人（山伏）が、山田（外宮側の鳥居前町）の御師三日市兵部の旦那所へ御祓を配ったことを発端とするもので、六坊の諸国勧進のあり方が焦点となった争論である。(29) 同一件は、三日市兵部や宇治会合・山田三方（山田の住民組織）と六坊との間で争われることとなった。六坊のうちの明慶院が穀屋の山伏であり、風宮家の先祖に数えられる明慶院定清である(30)。

この争論における三日市兵部の主張は、もともと六坊は寺の御札のみで勧進を行っていたが、近年、それを御祓に直して配るようになったので六坊を山田奉行へ訴えた、というものであり、対して、六坊の主張は、どの御師の旦那所であっても、修造勧進のために遣わした願人は、古来より寺の御札に御祓を添えて勧進を行ってきた、というものであった。

慶安元年十一月二十九日、両者の間で次のような形で和睦が成る(31)。

(1)六坊の主張の通りであったとしても、寺修造の勧進に御祓を配るのは相応しくない。よって、修造のために派遣した願人は、その寺の御札をもって施物を受けるべきであるから、以後、御祓を配らせてはならない。

(2)六坊が有している旦那所に限っては、御祓を配ってもよい。

つまり、六坊は勧進において御祓を配ることが禁止され、御師のように御祓を配ることは、自らが有する旦那所への廻旦のみに限定されたのである。

その後、六坊のうち、明慶院・清水寺・地蔵院の三か寺は、承応三年正月二十二日、「如㆓古来㆒国々所々江御祓致㆓持参㆒、勧進仕候様被㆓成下㆒度旨」を再び山田奉行所へ訴えた(32)。さらに、明暦元年五月、江戸へ下り寺社奉行に訴訟を行ったが、その結果は、

内宮三ヶ寺之山伏江戸表江罷下り候而、寺社御奉行所江目安差上、御訴訟奉㆓申上㆒候処、山伏仏家之札ニ御祓を添、諸国配候義不相当之旨被㆓仰渡㆒、重而御訴訟申上候ハヽ、曲事可㆑被㆓仰付㆒旨ニ而、両宮之年寄理運被㆓仰付㆒事、

とあるように(33)、山伏が寺の御札に御祓を添えて配ることは相応しくないとして、三か寺の全面的な敗北に帰する結果となった。ただ、寺社奉行の裁定によって山伏の御祓配りが完全に禁止されたわけではなく、裁定以降も保有する特

定の旦那所に限って、山伏の廻旦が認められていた[34]。

以上から、この一件を通じて、御祓を配るという行為が、基本的には御師の職分に属するものとして割り振られ、御師の行う廻旦と山伏の勧進とが峻別されたことがわかる。これにより、六坊の山伏たちは生計のあり方を、①寺院としての勧進、②保有する旦那所への廻旦、に限定されることになったのである。とりわけ、穀屋とその山伏(明慶院)に関しては、当時、穀屋が寺院としての実態を失いつつあった事実(第一節・本節一項参照)を勘案すると、①から得られる浄財は僅かなものであったと考えられる。つまり、穀屋とその山伏の主要な生計は、事実上、②に限られてしまったと指摘できよう。

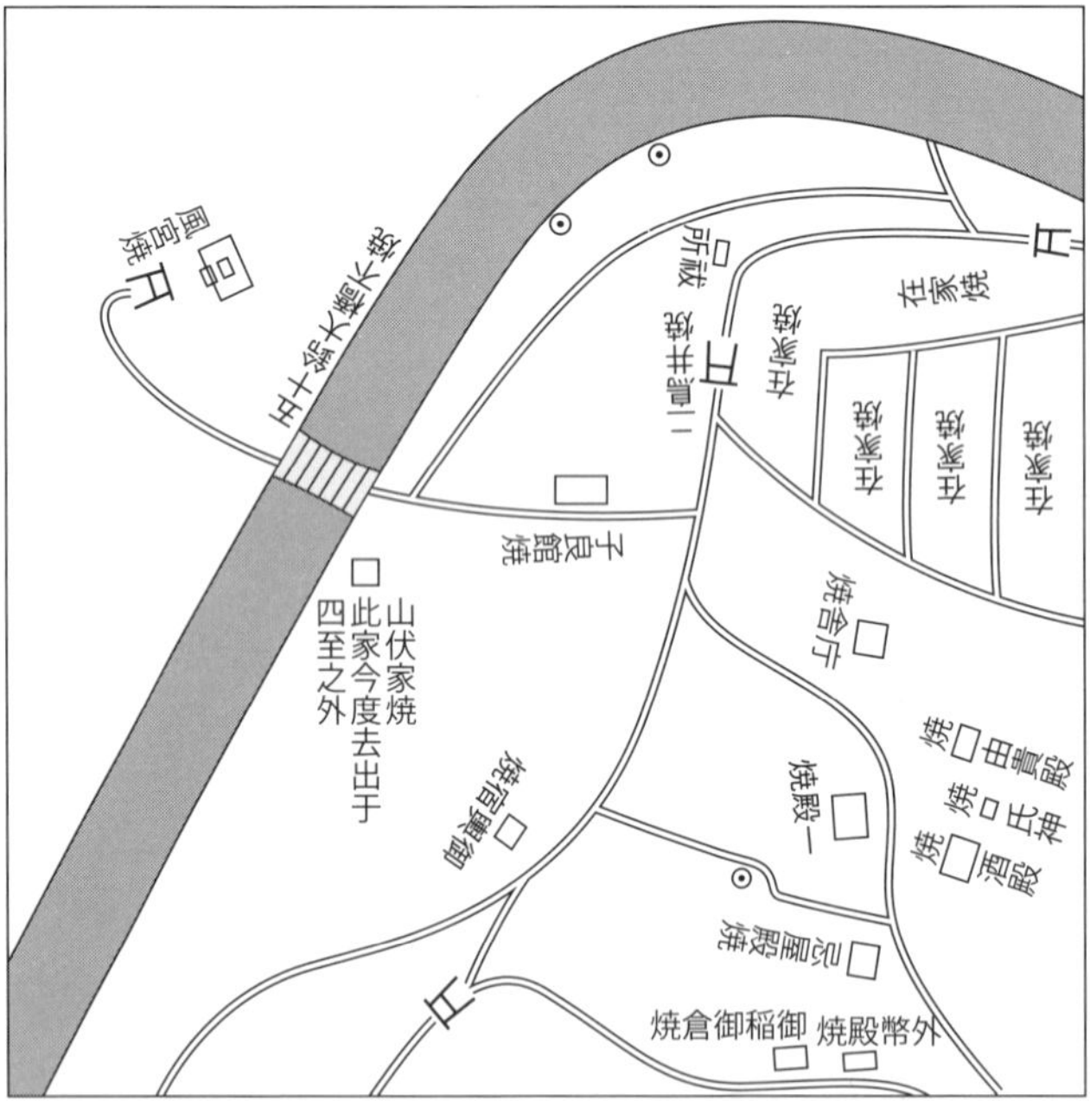

【図2】「所炎上図」部分（神宮文庫所蔵「万治元年内宮炎上記」、図書番号1門11143号)をもとに作成

3　宮域外への転居と御師への転身

最後に、穀屋の山伏から御師への転身の具体的様相をみてゆく。万治元年(一六五八)十二月晦日、内宮の宮域を火災が襲い、穀屋と山伏の居宅はすべて焼失してしまう【図2】。

これを受けて、同年閏十二月四日には大宮司が「彼山伏寺も焼失仕候間作事不レ仕、以前ニ他所江うつし候様ニ仕度」として、翌年正月十日には禰宜たちが「宮中之住居停止可レ仕」として、穀屋とその山伏を宮域外へ立ち退かせるよう山田奉行に要請し、(35)同二年二月には、宇治岩井田の新屋敷町への立ち退きが実施される運びとなった。(36)

前述したように、上椙英之氏はこの転居を転身の原因としている。しかしながら、この見解には問題が残る。【表6】は、「風宮家文書」(37)の所収する案文などをもとに、火災の起こった翌年から「風宮兵庫大夫」という御師としての称が定着する元禄二年（一六八九）までの作成文書の差出部分を一覧にしたものである。

一見して、万治二年の転居以降も山伏としての称が使用され続けていることが読み取れ、転居が転身の直接的な原因ではないことがわかる。注目すべきは、延宝二年（一六七四）と延宝八年の間に、明確な名称の変化が存在する点である。この変化を重視するならば、転身は延宝二年と延宝八年の間に起こったと考えることができる。

ここで参考となるのは塚本明氏の指摘である。同氏は、延宝三年九月に山田奉行によって、寺院や仏家が御祓を配る「御師活動」が禁止されたことを指摘し、「「仏家」の者が神宮の御師として活動すること」が否定された事実に言及している。(38)転身との関連を探るため、この政策の具体的な内容をみておきたい。

「神宮編年記　守秀記」の明和七年（一七七〇）七月十一日条に左のようにある。(39)

寛文六年寺院より諸国江御祓賦り候義指留候、引留致二吟味一候処、寛文六年之留書ニ右等之義相見不レ申候、六ヶ寺為二修造一願人御祓賦り候義ニ付、慶安年中(ママ)六ヶ寺内三ヶ寺江戸江罷下り御訴訟申上候、其節山伏之御祓賦り候事不相応之旨御差留被レ成候、乍レ然其後迚茂延宝之頃迄者御祓賦り候儀有レ之様相見候、延宝三年之留書ニ九月五日ニ六ヶ寺祓銘之事ニ付差留申候得者致二承知一、或者旦那をゆすり、或者俗名ニ相改、仏家之御祓り(ママ)賦り不レ申筈ニ罷成、則同七日　御役所江茂六ヶ寺召連御届申上候事、ヶ様之順合ニ相見候得者、急度相止り候義者

【表6】作成文書にみる山伏（明慶院）から御師（風宮兵庫大夫）への呼称の変化（万治2年～元禄2年）

	史料名	作成年	年月日	差出	宛所	神宮文庫図書番号
1	風宮古橋並鳥居建立の儀	一六五九	万治二己亥年二月三日	風宮橋穀屋別当 明慶院	進上御奉行所様 石川大隅守様・岡田将監様	1門17669-162
2	風宮御橋古材納先　御奉行所宛	一六五九	万治弐歳二月三日	風宮橋穀屋別当 明慶院定清（花押）	謹上　御奉行所様	1門17669-182
3	乍恐言上申上候　奉行所宛	一六六〇	万治三年九月廿一日	風宮橋穀屋別当 明慶院定清（印）	御奉行所様	1門17669-21
4	乍恐御口上申上候	一六六一	万治四年辛丑年二月十三日	風宮穀屋 明慶院定清（印）	進上御奉行所様	1門17669-30
5	乍恐言上　御奉行所宛	一六七四	延宝弐年寅九月廿二日	内宮風宮 明慶院	御奉行所様	1門17669-44
6	風宮御橋何角入用之目録	一六八〇	延宝八申年閏八月五日	風宮穀屋 兵庫大夫	なし	1門17669-109
7	風宮橋御入用何角目録　石川大隅守・八木但馬守・岡田豊前守宛	（一六八七）	（貞享四年カ）	風宮穀屋 兵庫之大夫	寛永年中 石川大隅守様 万治年中 八木但馬守様・岡田豊前守様	1門17669-159
8	風宮橋造替之節諸料物之覚	一六八九	元禄二己巳年正月廿五日	風宮兵庫大夫	進上御奉行所様 橋奉行 大嶋豊前守様・岡田駿河守様	1門1705

すべて神宮文庫所蔵。特に、8以外の1～7は「風宮家文書」所収の案文をもとに作成。なお、7の作成年は同文書の端裏書の記載から推定した。

延宝三年と相見申候、

これは、当時、問題となっていた「慶光院内院拝礼一件」(40)に関して、先例調査の一環として同年七月七日に内宮が行った下問に対する宇治会合からの答申である。内宮からの「寛文六年に寺院・仏家から諸国へ御祓を配ることが禁止されたのか」という質問に対して、宇治会合は、記録の内容をもとに「禁止されたのは寛文六年ではなく延宝三年である」と回答しており、延宝三年の九月五日に、宇治会合から六坊へ申し入れを行い、これによって、ある者は旦那所を他へ譲り、ある者は俗名に改めて俗家になった、ということが確認できる。

さらに、山田の事例も挙げておく。「三方会合記録　五」延宝三年九月条に、(41)

寺方道者持候義有レ之ニ付、何方江成共俗家ニ相譲師職之勤相止可レ申様御奉行所より被二仰渡一候ニ付、会合より町々江申渡事、右ニ付岡本町文殊寺・同町南之坊道者此後祓遣申間敷旨申渡、一札取置候旨同町より申出、一之木町越坂恩一坊旦那之義ハ二本杉左兵衛江相譲候旨同町より申出、岩淵町称一坊旦那之義ハ久保倉右近方江相譲候旨同町より申出、世義寺坊中よりハ向後祓納候義相止候旨申出候事、

とあり、山田では、寺院の旦那所は、すべて俗家に譲り渡すことになったことがわかる。

つまり、山田奉行の指示を受けて、旦那所を有する宇治・山田の寺院・仏家は、①旦那所を俗家の者に譲る、②俗名に改め俗家になる、という①・②のどちらかへの選択を迫られたと考えられる。では、穀屋の山伏が②を選んだ証左はあるのだろうか。

元禄四年二月八日付で風宮家の隠居である風宮定清が宇治会合に対して「風宮」を称することの正統性を説明する目的で作成した訴状の案文をみると、三か条目に、(42)

一、(以下、抹消の上、修正)慶光院殿御祓御停止之由、夫仍而先之年寄衆中私ニも旦那方御祓配候ハ、俗家ニ罷成候様との下知ニ付俗家ニ罷成候へ者次第〳〵迷惑仕候御事、今度御訴訟被二仰上一何事前々之通ニ成シ被レ下候様奉レ願候、以上、

とある。この箇条は、全文抹消され、新たに書き直されているのであるが、(43)ここで風宮定清は「慶光院の御祓配りが停止されたということで、私もそれによって、宇治会合の年寄たちから「御祓を配るのであれば俗家になるように」

と命じられたので俗家になった」と述べている[44]。ここから、穀屋の山伏が廻旦を続けるために②を選択したことが確かめられる。

従って、穀屋の山伏が風宮兵庫大夫という御師へと転身した直接的原因は、穀屋とその山伏の居宅の焼失とそれに伴う宮域外への転居だったのではなく、山田奉行が寺院・仏家の御師活動を禁止したことに求められると考えることができよう[45]。

以下、第1・2・3項をまとめる。前節でみたように、近世に入ると、穀屋とその山伏は、宮域内に似つかわしくない存在として認識され、寺院としての活動の制限を求められた。そのような状況下のなかで、穀屋は「寺」としての機能をも失ってゆき、少なくとも寛永二十年においては、穀屋とその山伏の存在は、公的には存在しないものとして扱われていた。そして、万治二年二月には、穀屋と山伏は宮域外への立ち退きを余儀なくされる。また、山伏が穀屋を維持する上で不可欠であった御祓配りも、慶安から承応年間に起こった争論の結果、山伏は御師たちと同質の廻旦の形でしか行えなくなった。そして、延宝三年九月には、山田奉行によって、この廻旦さえも完全に禁止され、穀屋の山伏は御師への転身を行った。この処置の背後には、寺院・仏家が御祓を配ることは相応しくないという幕府の認識（第2項参照）があったと理解でき、俗家であることが御師として必要な条件となったと考えられる。

おわりに

本章で明らかとなった内容をまとめる。中世末期において、風宮橋の造替には山伏が関与していた。しかし、近世に入ると、穀屋とその山伏は、宮域内に似つかわしくない存在として立ち退きを迫られ、結果、寺院としての活動が制限されてゆくこととなった。そして、万治二年（一六五九）二月の火災の際に、大宮司や禰宜たちの要請によって、穀屋と山伏の宮域外への立ち退きが決定する。また、穀屋の山伏は、御祓を用いた勧進を主要な収入源としていたが、慶安から承応年間（一六五二～五五）に争われた「内宮六坊出入」を機に、御祓を自由に配ることが禁止され、特定の旦那所へ御祓を配る廻旦に限定されてしまう。そして、延宝三年（一六七五）九月には、このような「御師活動」も山田奉行によって禁止された。これを受けて、穀屋の山伏は風宮兵庫大夫という御師へと転身を遂げる。

以上の穀屋の山伏の事例から、山伏による御師活動が断絶に至るまでの道筋を素描できたと考える。そして、このようにみてゆくと、山伏の転身には、近世前期の二つの変化との直面が要因として存在していたことがわかる。一方は、伊勢神宮との関係の変化が挙げられる。すなわち、仏家である山伏が宮域内に関わり続けることが問題視されるようになったのであり、このため、山伏はその活動を大きく制限されることとなった。もう一方は、職分をめぐる変化が挙げられる。すなわち、幕府によって山伏が御祓を扱うことが問題視されるようになったのであり、穀屋の山伏に即してこの影響を考えると、主要な収入源の途絶を意味したといえる。とりわけ後者は、直接的な転身の要因として位置づけられ、これによりに、山伏たちによって行われていた御師活動は完全に断絶することになったのである。

なお、山伏を前身とする御師家のその後の活動に関しては、他の御師家との相違の有無など興味深い課題が残る。これに関しては、風宮家や他家の事例をもとに別稿を期したい。

註

（1）　西山克『道者と地下人―中世末期の伊勢―』（吉川弘文館、一九八七年）、宮家準「伊勢の山伏と比丘尼」（同編『修験

道の地域的展開と神社』所収、國學院大學21世紀COEプログラム「神社と民俗宗教・修験道」研究会、二〇〇六年）。

（2）例えば、新城常三『新稿 社寺参詣の社会経済史的研究』（塙書房、一九八二年）、久田松和則『伊勢御師と旦那―伊勢信仰の開拓者たち―』（弘文堂、二〇〇四年）など。

（3）塚本明「近世伊勢神宮領における神仏関係について」（三重大学人文学部文化学科『人文論叢』二七号、二〇一〇年）。後に、同「近世伊勢神宮領の触穢観念と被差別民」所収（清文堂出版、二〇一四年）。

（4）井上寛司「近世初頭における出雲大社の「神仏分離」」（『國學院雑誌』一〇四巻一一号、二〇〇三年）。なお、同氏は、近世前期にみられる神仏を分離しようとする動きを安直に「神仏分離」と評価することに疑義を呈し、吉田神道との関係性等も踏まえた上で、それぞれの事例の個別性・特異性と普遍性との統一的把握に立脚して、個々の事例を再検討・再評価することが必要であると指摘している。

（5）伴五十嗣郎「近世神宮祠官の遷宮観」（『皇學館大学神道研究所紀要』一五輯、一九三六年）。

（6）高埜利彦「十八世紀前半の日本―泰平のなかの転換―」（『岩波講座 日本通史』13巻 近世3所収、岩波書店、一九九四年。後に『近世の朝廷と宗教』所収、吉川弘文館、二〇一四年）、一六～一八頁。

（7）嘉永元年（一八四八）十月付で作成された御会合衆中宛の口上書（案文）の差出に「風宮橋支配人　風宮兵庫大夫」（「奉願上口上〈風宮橋修覆の件〉」、神宮文庫所蔵、図書番号一門一七六六九の二〇〇号）とあることなど。以下、本章で使用する史料は特に断らない限り、すべて神宮文庫の所蔵である。なお、風宮橋については音羽悟「風日祈宮橋の歴史について」（『瑞垣』二一七号、二〇一〇年。後に、『悠久の森―神宮の祭祀と歴史―』所収、弘文堂、二〇一四年）、風宮家と風宮橋との関わりに関しては、上椙英之「神宮渡始式における老女―その名称と担い手を中心に―」（『人間文化H&S』二二号、二〇〇七年）に詳しい。

（8）穀屋（穀屋坊）とは、社堂の破損の修理や坊舎の管理、そして、そのための勧進活動などを行う聖集団の「寺院内における彼らの活動の拠点」を意味するとされる（吉井敏幸「近世初期一山寺院の寺僧集団」、『日本史研究』二六六号、一九八四年、五三頁）。従って、風宮橋の穀屋は、同橋の造替に関わっていた山伏たちの活動の拠点であったと考えられる。西山克氏は「この穀屋は、あるいは内宮法楽舎の末端施設であったのかも知れない」と法楽舎との関係を推量している（「聖地のディスクール—伊勢参詣曼荼羅をテクストとして—」、葛川絵図研究会編『絵図のコスモロジー　下巻』所収、地人書房、一九八九年、二二〇頁）。なお、勧進聖と山伏との「親縁性」については太田直之『中世の社寺と信仰—勧進と勧進聖の時代—』（弘文堂、二〇〇八年）を参照。

（9）薗田守良『神宮典略』三十六巻「風宮橋」（神宮司庁編『神宮典略　後篇』所収、臨川書店、五九一〜五九二頁）。なお、元文元年（一七三六）十二月付で、風宮家によってまとめられた同家と風宮橋の由緒に関する書付（案文）によると、御師家になる以前の、歴代の山伏の系譜関係は、観阿弥—正珎坊—知永—妙正—法珎坊—二位坊—真光坊—大日—三位—明慶院、であったとされる（「玄・覚書・控」、図書番号一門一七六六九の一〇号）。

（10）上椙前掲「神宮渡始式における老女—その名称と担い手を中心に—」、九頁。

（11）飯田良一「伊勢神宮と勧進—寺院・橋・殿舎を中心として—」（地方史研究協議会編『三重—その歴史と交流』所収、雄山閣出版、一九八九年）、鎌田純一『神宮史概説』（神社本庁、二〇〇三年）、宮家前掲「伊勢の山伏と比丘尼」。

（12）伴前掲「近世神宮祠官の遷宮観」、六〇〜六一頁、上椙前掲「神宮渡始式における老女—その名称と担い手を中心に—」、九頁。

（13）この問題に関しては、既に上椙英之氏によって扱われている（「伊勢神宮風宮家と「風宮橋支配由来覚」」、『御影史学論集』三二号、二〇〇七年、一二一〜一二二頁）。しかし、新たな関連史料（後述の「宮奉行沙汰文」）が確認できたので、同氏の見解を踏まえ、再度検討を行った。

（14）「風宮穀屋大日坊神慮に背くにつき嘆願書」（『三重県史』資料編近世2、三重県、九三五頁）。

(15) 前掲「玄・覚書・控」。なお、当史料によると、大日は、慶長年間と元和四年(一六一八)に風宮橋の造替を行ったとされる。
(16) 「宮奉行沙汰文」(図書番号一門四三四八号)。奥書と内容から「宮奉行沙汰文」は、貞享～元禄年間に内宮長官と宮奉行との間で宮奉行の任命をめぐって対立が起こった一件について、当時、長官であった中川経盛(元禄七年〔一六九四〕三月没)がまとめた引付であると推定される。当史料は、その子である中川経冬(宝永元年〔一七〇四〕四月没)が元禄十二年正月以降に書写した写本であると推定される。とりわけ、宮奉行関係の文書が多数引用され、その文書に関する説明(発給の経緯など)が詳細に記されている点が注目される。
(17) 乗賢は、文明三年(一四七一)正月に内宮庁宣を受けて勧進を行い、文明九年四月に宇治橋を架橋したと伝えられている(大西源一『大神宮史要』、平凡社、一九六〇年、三〇九～三一〇頁)。
(18) 宮奉行は、長官に属する被官で、宮域内の雑事を掌るとともに、宮域内の監視などを職務とした(神宮司庁編『神宮要綱』、神宮司庁、一九二八年、五八五・五八九頁)。
(19) 「風宮穀屋大日坊取壊しにつき証文」(前掲『三重県史』資料編近世2、九三六頁)。
(20) 仙松庵については、山田奉行所へ提出するため元文五年八月日付で宇治会合が宇治六郷の寺社の分布・概要をまとめた調書の控である「宇治六郷神社寺院改帳」の下館町の項に、「禅宗無本寺　仙松庵」とみえる(図書番号一門六五〇四号)。このことから、「下畑村」は下館町内の小字名であると考えられる。
(21) 「風宮穀屋大日坊詫状」(前掲『三重県史』資料編近世2、九三七頁)。
(22) 前掲「宮奉行沙汰文」。
(23) 「榊原家旧蔵資料　寺関係文書　楠部人別帳断片」(図書番号十一門三八八五の二〇六号)。なお、鳥居前町とその周辺地域で宗門改が開始されたのは、寛永十二年(一六三五)九月のこととされる(宇治山田市役所編『宇治山田市史』上

巻、宇治山田市、一九二九年、二四〇〜二四一頁）。
(24)『神宮典略』三十七巻「六坊」（前掲『神宮典略　後篇』所収）。
(25)「（寛永二十年宗門改帳）」（三重県伊勢市楠部町所蔵、整理番号四二―一一）。当史料は伊勢市市史編さん係においてマイクロフィルム版を閲覧した。
(26)「上両郷寛永二十年宗門改帳」（図書番号一門八六九七号）。
(27)前掲「玄・覚書・控」によると、三位は寛永十八年に風宮橋の造替を行ったとされる。
(28)「風宮橋之目録　花房志摩守宛」（図書番号一門一七六六九の一五号）。
(29)「内宮六坊出入」については、第一部第三章を参照。
(30)万治二年（一六五九）二月三日付、御奉行所宛の書付（案文）の差出に「風宮橋穀屋別当　明慶院　定清（花押）」とあることなど（「風宮御橋古材納先　御奉行所様宛」、図書番号一門一七六六九の一八二号）。定清は、万治二年に風宮橋の造替を行ったとされる（前掲「玄・覚書・控」）。
(31)「内宮六坊出入幷雑記」（図書番号一門四六六三号）。奥書によると、原本は、橋村正満が「内宮六坊出入」についてまとめたものであるとされる。当史料は文政五年（一八二二）七月に広辻光恒から足代弘訓が借りて書写したものである。
(32)「三方会合記録　二」承応三年（一六五四）正月二十二日条（神宮司庁編『神宮近世奉賽拾要　後篇』所収、吉川弘文館）、三一一頁。
(33)同右「三方会合記録　二」明暦元年（一六五五）五月条、三二二頁。
(34)「神宮編年記　氏富記」延宝二年（一六七四）九月十三日条収録「浦田織部口上写」（図書番号一門一五九一三の三三号）。
(35)「神宮編年記　氏富記」万治元年閏十二月四日条・万治二年正月十日条（図書番号一門一五九一三の一二号）。
(36)「万治元年内宮炎上記」（図書番号一門一一四三号）。奥書や蔵書印などから、本史料は、小田成近によってまとめられ、元禄八年十二月五日付で「荒木田神主尚忠」が書写した後、「講古堂」（書肆カ）や八幡光保を経て、御巫清直へと転写・伝来したものであると推定される。

(37)「風宮家文書」は風宮家が旧蔵していた文書群で、平成二年（一九九〇）に子孫である風宮貞子氏が神宮文庫へ献納したものである（風宮貞子「風日祈宮橋と風宮家」、『瑞垣』一五七号、一九九〇年）。

(38) 塚本前掲「近世伊勢神宮領における神仏関係について」、一八頁。

(39)「神宮編年記　守秀記」明和七年（一七七〇）七月十一日条（図書番号一門一五九一三の七四七号）。

(40) 詳しくは、大西前掲『大神宮史要』（六八八〜六九三頁）を参照。

(41) 前掲「三方会合記録　五」延宝三年九月条、四八〇頁。

(42)「風宮ト名乗由来下書　内宮二郷年寄衆宛」（図書番号一門一七六六九の一三六号）。

(43) 抹消された本文の右傍らには、新しく「一、風宮と名乗申候訳ハ右之筋目故ニ而御座候処、今新ニ外之家名を名乗申候而ハ旦方之廻方不㆑芳、以家之障リニ罷成候事ニ御座候間、憐前々之通ニ被㆑為㆓成置㆒被㆑下候様ニ奉㆑願候」と書き直されている。なお、修正の理由としては、主張内容の変更と、註(44)に挙げた記憶違い、あるいは、作為による不正確な記述の削除が想定される。

(44) 慶光院の御祓配りの停止は、寛文六年（一六六六）四月の「唯一宗源御改」の際であって（前掲「三方会合記録　五」寛文六年四月条、四六七頁）、山伏としての名称（明慶院）がいまだ確認できる時期である。従って、この「慶光院の御祓配りが停止されたということで、私も転身を迫られた」という転身時期に関する記述は、風宮定清の記憶違いか、御師家としての活動期間を引き延ばすために主張された偽りであると考えられる。

(45)「仏家だった者が還俗しただけで、御師に転身できるのか」という疑問が生じる。しかし、大西源一氏が「御師は一種の株であり、また立派な財産であつたから、其の売買も盛んに行われ、所有者は転々として移動した」（『参宮の今昔』、神宮司庁教導部、一九五六年、一四一～一四二頁）と述べているように、御師の「株」とその旦那・旦那所の売買・譲渡は盛んに行われており、この事実から、旦那・旦那所さえ保有していれば、自由に御師になることは可能であったと考えられる。例えば、天和年間（一六八一～八四）に持ち上がった御師の帯刀の可否をめぐる一件において山田奉行は「師職ハ我等手下之百姓ニ而も可二罷成一候」と述べ、百姓でも御師に成ることができるということを問題視している（「神宮引付」天和三年八月八日条、図書番号一門四一四九号）。

第六章　衣類統制と伊勢神宮

—天和年間の「帯刀一件」を素材として—

はじめに

本章は、徳川綱吉政権下の衣類統制をめぐる幕政の動向を浮き彫りにするとともに、近世の伊勢神宮における御師の位置づけについて考察するものである。

近世前期は、朝尾直弘氏が「主要な身分集団の秩序立てがととのったのは十七世紀末から十八世紀初頭であった」[1]とする身分秩序の確立へと向かう時期であった。これに関し、高埜利彦氏は、綱吉政権下において家綱政権の政策を引き継ぐ形で、集団の組織化とそれに伴う境界の明確化、職分の分化が実施されたとしている[2]。

とりわけ、境界の明確化をめぐっては同氏が例として、

> たとえば町人の帯刀は、寛文八年(一六六八)年三月、旅立の時と火事が起こった時だけを例外として禁止されたが、天和三年二月、火事の節も旅立の時もすべて町人の帯刀は禁止された。前述のようにかぶき者(町奴)対策の一面を持つが、町人の帯刀禁止は本質的には近世初頭以来続いてきた町人身分に含まれていた武士的要素を最終的に否定するものであった。

と述べている町人身分の帯刀を禁止した幕府法令の存在が注目される。格式を「身分に付随するもので、特定の事物

や所作を象徴《シンボル》として扱うことによって、身分という抽象物を外形的、視覚的に表示する様式」[3]と理解するならば、帯刀はこの格式の事例として考えることができ、これが禁止されたという法令は、町人だけでは無くその他の隣接する集団にも多大な影響を及ぼしたものと想定される。しかしながら、従来の研究ではその具体相については等閑に付されてきた。

このような状況の中、関連する成果として寺嶋一根氏の研究が挙げられる。[4]同氏は、近世前期における衣類統制に関する法令を検討することを通じて、天和三年（一六八三）二月に出された法令の意義を指摘するとともに、衣類が身分秩序維持の装置として重視されていたことを明らかにした。右の成果は、衣類統制のあり方を整理した点で高く評価できるものである。ただ、あくまで衣類統制としての法令の性格に関する考察に重点が置かれたため、これがどのような影響を及ぼしたのかについては、いまだ検討の余地が残る。また、特に帯刀規制に関しては、藤木久志氏が近世前期における刀狩りの状況という視座から、当該期の百姓・町人への規制の変遷に関して考察を行っている。[5]

右を踏まえ、本章では、天和年間（一六八一～八四）に、伊勢神宮において実施された衣類統制と、それに伴って起こった帯刀の可否をめぐる一件（以下、「帯刀一件」と記す）を検討することを通じて、[6]これが及ぼした影響について明らかにすることを課題としたい。

検討の対象とするのは神宮御師である。これは伊勢神宮の宗教者で、大きく四つの階層（家格）が存在した。[7]第一に挙げられるのが神宮家である。代々、両宮（内宮・外宮）の禰宜職を世襲し、一禰宜（長官）から十禰宜（十神主）までの正員禰宜として祭祀を勤仕してきた家々で、神領という形で幕府から知行が与えられていた。第二には宇治会合年寄家・三方年寄家が挙げられる。これらの家々は、伊勢神宮の鳥居前町（宇治・山田）でそれぞれの自治組織（宇治会合・山田三方）を構成する家々で、前者が五〇余家、後者が二四家あったとされる。第三に町年寄家が挙げられる。山田のみに存在し、この家々は自らの居住する町の支配を行った。最後に平師職家が挙げられる。御師としての配札などを専らとする層で、有する旦那数が少なく、有力な御師家の手代となって廻旦を行ったり、別に商いを営んだりする者たちであった。

神宮御師に関する研究は、主にその活動面を中心に進められ[8]、近年では「庶民を伊勢へと向かわせた伊勢御師、近世社会で爆発的に増加する参詣旅行において、彼らが各地を廻村していった意味は大きい[9]」といった評価が、実証面の裏打ちのもと下されるようになった。しかしながら、近世の伊勢神宮と御師との関係に関してはいまだ検討がなされておらず[10]、御師の伊勢神宮における位置づけを明らかにすることは、活動の背景を考える上で不可欠な作業であるといえる。

以上、二つの課題を示した。よって本章では、「天和年中師職刀免許之事[11]」という史料を素材として、帯刀という格式をめぐる山田奉行と伊勢神宮(特に内宮側)とのやり取りから、当該期の衣類統制の一端を明らかにし、さらに、その統制が及ぼした影響をもとに、御師の位置づけについて考察してゆきたい。なお、交渉の主な論点に合わせて経過の区分を行った。また、伊勢神宮の職掌を勤仕し、何らかの形で祭祀に関わる人々を「祠官」と称することとし、「年寄」・「御師」も区別して考察を進めたが、その実態は渾然一体であり、三者に明確な線引きを行うことは不可能である[12]。あくまで論点を明瞭にするための措置であることを予めお断りしておく。

一　祠官の帯刀に関する交渉

天和二年(一六八二)十月二十二日に山田奉行の桑山貞寄[13]と伊勢内宮造営奉行の大嶋義近[14]が「御遷宮御金物吟味」の

ため内宮文殿へ行き、中川隼人・薗田内匠、[15] 作所[16]から十文字仙大夫、そして禰宜たちが応対した。その時に、山田奉行が中川隼人へ神宮家や五位にある者の帯刀の来歴と年寄の帯刀状況について尋ねたことを発端とする。

しかしこの後、目立った指示はなかったようで、翌三年二月朔日に、宇治の町代の寺田孫大夫が内宮長官のもとを訪れ、帯刀のことについて然るべく取り計らってくれるよう願ったのを確認できるのみである。動きがあったのは同月二十三日のことで、山田奉行は、

去冬も申候刀之事何故返答無レ之哉、此儀ハ手前一存之事ニハ無レ之事ニ候、江戸ニテ堀田筑前守殿・水野右衛門大夫殿より被二相尋一候筋有レ之候、不二指急一事故其侭ニ打過候処段々延引ニ候、

と述べ、さらに「江戸ニ而の噂ニ禰宜幷ニ五位人等ハ帯刀尤事ニ候、其外むさと帯刀ハ不二相成一候事ニ候処、猥ニ相成候と被レ仰候故遂二吟味一ニ而候」ことを明らかにした。以下のことがわかる。

(A)「堀田筑前守」は大老の堀田正俊、[17]「水野右衛門大夫」は寺社奉行の水野忠春[18]と推定されることから、この帯刀に関する諮問の背後には幕閣の意向が働いていたということ。

(B)幕閣は、禰宜と五位以上の者の帯刀は差し支えないという認識を示し、それ以外の人々と明確な線引きを行っていたということ。

そして、同年二月二十六日には、

覚

一、祭礼・法事弥軽可レ執二行之一、惣而寺社・山伏法衣・装束等万端かろく可レ仕事、

一、町人・舞々・猿楽者縦雖レ為二御扶持人一、向後刀さすへからさる事、

一、百姓・町人之衣服、絹紬・木綿・麻布以二此内一応二分限一妻子共ニ可二着用一事、

一、舞々・猿楽右同断、但役相勤時分者熨斗目不レ苦事、

一、惣而下女はしたは布・木綿可レ着レ之、帯同前之事、

□(虫損)二月

という法令が触れ出された(19)。

実は、この法令と同文言のものが同年二月十七日に江戸の町々へ触れ出されている(20)。藤木久志氏によると、江戸での触は「江戸市中を超えて、大名領にも適用さるべき公儀の法としての位置を与えられていた(21)」とされ、寺嶋一根氏も江戸・大坂・奈良・京都・金沢藩・津藩などで確認できることから「全国令」としている(22)。

二か条目に、町人・舞々・猿楽は扶持を与えられている者であっても帯刀は禁止する、とあることに注目したい。江戸での触の主眼が「特権商人の帯刀免許の取り消し(23)」にあったことや、長崎においても、同趣旨の触が出され「「年寄衆」(町年寄)をはじめ、唐通事・阿蘭陀通詞・出島乙名・常行司・シャム通詞・散使といった地役人の帯刀が禁じられ、町使・船番・遠見番・籠守(・御船頭—筆者注)といった番方の地役人のみが帯刀を許されることとなった(24)」という措置が取られていることから、この法令は藤木氏が指摘しているように(25)、町人への帯刀を例外なく格式として禁止することを目指すものであったと考えられる。すなわち、これまでの山田奉行の諮問は、町人的要素を有していると想定された下位の祠官や年寄・御師へ帯刀規制を及ぼすことを企図するものだったのである。

同四月十一日、内宮長官と禰宜たちは中川隼人を使者として左のような書付を山田奉行へ提出した。

奉二言上一

神宮家幷叙爵人等帯刀之儀何時より之事ニ候哉之由御尋ニ御座候、神宮之儀ハ勿論叙爵人ハ神系連綿代々位階も御座候故何時よりと申義も無レ之用来候、右不レ限末々職掌人等ニ至迄神事供奉之職役ニ御座候得者軽キ者たり共

帯刀仕来候、此末弥無㆓違失㆒様奉㆑願候、年寄帯刀之義ハ於㆓神宮㆒存知不㆑申候、此段申上候、以上、

神主中

天和三亥四月十一日　内宮長官

つまり、

(a)神宮家は言うまでもなく位階を叙されている者は、神の子孫として、代々、位階を有しているので何時から帯刀しているかは不明である、ということ。

(b)下位の祠官に至るまで勤仕しているのは神事に供奉する職掌であるから、軽輩であっても帯刀を行ってきた、ということ。

(c)年寄が帯刀していることに関しては与り知らない、ということ。

の三点を主張していることがわかる。

この書付の内容に対し、山田奉行は、「神宮之申分尤ニ候、来ル十六日、出羽守江戸へ罷帰候、右之便り江戸へ可㆓申上㆒候」と述べ、理解の姿勢を示した。なお、「出羽守」[26]とは大嶋義近を指す。しかし、年寄が帯刀することに関しては疑念が残ったらしく、山田奉行の留守居の篠岡九郎右衛門を以て、中川隼人へ年寄の帯刀に関する事情について尋ねている。

経過を小括すると、幕閣の意向を受けて、山田奉行によって下位の祠官や年寄・御師の帯刀に対する統制が企図された。内宮側の働きかけにより、禰宜以下の職掌を勤仕する者(祠官)については帯刀が認められたが、年寄が帯刀することに関しては問題として残された、となる。

二　年寄の帯刀に関する交渉

天和三年（一六八三）六月二十八日、宇治会合年寄の腹巻主膳・梅谷久大夫、三方年寄の榎倉若狭・堤木工が内宮長官のもとを訪ね、十禰宜が応対した。年寄たちの口上は、「衣服刀之儀」について山田奉行から「御尋」があり、順を追って話したが許可してもらえなかった、自分たちも帯刀ができるよう考えて欲しい、というものであった。対して十禰宜は、

右刀之儀追々御内意も申事ニ候、当地之規模ニも候ヘハ年寄中ハ帯刀有レ之度者ニ候、乍レ去年寄ハ神役人ニ無レ之、所之たはねを致迄之事ニ而候ヘハ訳合違ひ候、神宮家幷諸職掌人之事ハ大方滞も無レ之哉と存候、何卒よき申上方可レ有候、

と述べた。鳥居前町の体面にも関わることであるから年寄は帯刀を認められるものであって欲しい、しかし、年寄は「神役人」というわけではなく、単に地域の取りまとめを行っているに過ぎないのであるから帯刀を認める条件に適わない、という内宮側の認識が窺われる。これを受けて年寄たちが、それならば何方も差し障りがないように「師職中」と言って欲しい、御師ということならば「神職」であるからきっと許可があろう、と言うと、十禰宜は、御師は「神役人」であるとはいえない、しかしながら、取り繕うので、年寄も表向きは「神役人」と申し立てるように心得よ、と申し入れた。すると、年寄たちは、①以後、支配下にある御師に「神用」を仰せつけられることがあっても、異議を申し立てないようにする、②自分たちは神忠を尽くしているので権禰宜に補任される者もある、という二点を挙げ、然るべく取り計らってくれるよう願った。

内宮側にとっては、帯刀を許されるべき神職とは、「神役人」すなわち、祠官でなければならなかったのであり、年寄や御師であってもこの論理に包括されるべきものであったといえる。しかも、この論理の適用は、年寄たちが①と述べていることから明らかなように、「年寄はその統制下の者に対する神用賦課を阻害しない」ということへの取引上の措置であった。

そして、七月五日付で宇治会合の年寄たちから書付が内宮側へ提出された。それは、山田奉行への「帯刀御免」の斡旋を願うにあたって、

(i)年寄にかかわらず御師として帯刀を認めてもらいたい。
(ii)右が駄目なら、年寄の中でも特に会合へ出勤して支配の任にあたっている者たちへの帯刀を認めてほしい。
(iii)以後、年寄の管轄下の町の住民が「神用」に関する取立てや補任が内宮側よりなされても宇治会合はそのことに関して異議を申し立てない。

の三点を内容とするものであった。

同月二十四日、内宮長官と外宮長官が山田奉行のもとを訪れ、「年寄帯刀之事」を願った。山田奉行は、

此義手前ハ当地之為ニ宜敷様にと存候得とも江戸之上相済間敷候、併両神宮よりわけて願「候て年寄も神職ニ無二相違一証人ニ被二相立一候ハ、願」(27)方も可レ有レ之候、

とし、「子細有レ之候願ハ聞届ケ難キ」旨を述べた。また、同趣旨のことを年寄たちにも申し渡している。山田奉行は、伊勢神宮と鳥居前町にとって良いようにしたいが、江戸からの指示であるため、そうはいかない、内宮・外宮から願い出て、年寄も神職に間違いないという証人に立つならば願いようもある、子細がある願いは聞き届けがたい、と認識していたのである。この回答から神宮(両宮)側は「先々下野守殿(山田奉行桑山貞寄)之念入首尾能候」と、手ごたえを得たようで

ある。

八月六日、内宮長官と十禰宜、宇治会合年寄の腹巻主膳・友井内記、三方年寄の榎倉若狭・福井与左衛門が外宮長官のもとを訪ね、外宮長官と外宮五・六・九禰宜が応対した。そして「今度御法度之衣類刀之事」に関する相談を行った。まず、宇治会合・山田三方の年寄たちが、年寄に対する帯刀の許可に協力して欲しい旨を願った。これに対し神宮側は、

> 先日両長官小林へ参、段々申候得とも、年寄ハ帯刀すへき筋ハ無レ之候とて何分御聞届難レ被レ成由ニ付、仍而神職を兼候由も申上候へ共、当地之様子御存候へハ、余り成ル事も難二申上一候、且他所ニ而軽キ神職も帯刀之由申上候処、さらは夫を書付上候へと被レ仰候、

と伝えた。すると、年寄たちは「御尤ニ存候、何卒、御願書へ祠官御師と書つけ御上可レ被レ下候」と納得の姿勢を示し、再度、仲介を願い出ている。以上から、年寄としての帯刀は格式として許されないのに対し、神職であれば軽輩であっても帯刀が認められる可能性があったことがわかり、御師が神職に含まれうるという根強い認識が存在していたことが窺われる。

なお、この「さらは夫を書付上候へ」という山田奉行の指示を受けて、山田三方の年寄たちによって他社の状況に関する調査が行われた。対象となったのは、大原野・下御霊・北野・賀茂・松尾・稲荷・藤森・平野・祇園・八幡・住吉・天満天神・春日・大和横井村青榊の全一四社である[28]。「天満天神」を例に挙げると、

> 一、天満天神
> 右之社家御奉行所へ窺被レ申候へハ其方達も之（ママ）義ハ江戸より何共不二申参一候、然者町人とハ各別之事ニ候間、勝手次第ニ可レ仕候へとの御事ニ付刀差申候、然共結構成衣服ハ遠慮申候、

とある。このようにして他社の神職の帯刀について調査し、一四社すべての社の神職が無条件で帯刀を行っていることを確認している。また、「天満天神」の神職が、町人とは格別であることを以て帯刀を許可されている、という事実に注目するならば、山田奉行が年寄への帯刀を許さなかったのは、年寄が身分としては町人に属すると認識されていたからであると考えられる。

経過を小括すると、年寄の帯刀の可否について神宮側と年寄たち、そして神宮側と山田奉行の間で交渉があり、山田奉行から年寄であることを理由とした帯刀が認められないことが示された、となる。

三　年寄と御師の帯刀に関する交渉

天和三年(一六八三)八月八日、両宮の長官が山田奉行のもとを訪れ、再度「年寄刀之事」を申し上げた。すると、山田奉行は左のように答えた。

年寄ニ而ハ刀ハ難レ成事先日申入候処、再応之申条如何ニ候、既宇治之茶師上林法順ハ五百石知行を拝領候得とも、刀ハ不二相成一候、当地年寄ハ神領之事故、公儀より大神宮へ之崇敬を以、少之品付被レ遣候得とも、他村庄屋同事ニ候、法度申付候迚、夫ハ軽キ庄屋も所之法度ハ申付候、御朱印頂戴とて御知行被レ下候ニハ無レ之候、神宮家のことく知行之御朱印とは違ひ申候、然ル上ハ年寄身分ハ刀不二相成一候、よく〳〵考候へハ師職とても難二相成一存候、夫ハ師職に青物やも有レ之、たは粉やも有レ之候、右之身分ニ而ハ刀ハ不二似合一候、若神宮取持ニ而願候共、此所を分候様可レ被二申出一候、

すなわち、

(a)「宇治之茶師上林法順」は五〇〇石の知行を拝領していても帯刀は許されていない。
(b)宇治・山田の年寄は「神領之事」であるので、伊勢神宮への崇敬を以て、少し箔付けを行っているが他村の庄屋と同じようなものであり、法度を申し付けているといっても、それは他地域の「軽キ庄屋」も法度を申し付けているので一緒である。
(c)「御朱印頂戴」といっても、神宮家とは違い、年寄たちへ「知行之御朱印」が与えられているわけではない。
(d)よくよく考えてみれば、御師であっても帯刀は許され難い。なぜなら御師には青物屋もあり、煙草屋もある。このような者が帯刀をするのは不似合である。

と指摘し、神宮側を通じた交渉であっても以上の四点を踏まえなくては応じないことを強調している。(a)～(c)までは年寄の帯刀に関することであり、(d)は御師の帯刀に関しての問題点である。

それぞれ見てゆくと、(a)においては「上林法順」が例として挙げられている。『寛政重修諸家譜』によると、四九〇石を知行した「上林峯順重胤」を指すと考えられる[29]。上林氏は「御用茶師」であり、その「茶頭取」を務めたとされる[30]。山田奉行はこの例を挙げることによって、将軍から知行を与えられている者ですら帯刀が認められていないことを示したといえ、(b)と(c)については、代々の将軍から守護不入の朱印状を与えられ神宮領の自治を行っている年寄たちへの特別扱いを否定し、他の地域の庄屋などと本質は同じである、という見解を表わしている。(a)～(c)から、山田奉行は神宮領の支配を行う年寄であることを根拠とした帯刀の許可はありえないことを明示したのである。

そして、(d)に関しては、御師の中に青物屋や煙草屋などを兼業するものがあることを問題として指摘している。よって、山田奉行が認識する帯刀が認可される上での最大の障害は、御師と商いの兼業が行われていることであったと考えられる。また、外宮側の記録では、「師職ハ我等手下之百姓ニ而も可二罷成一候」[31]とも山田奉行が述べたとある。つまり、御師が「株」化しており、譲渡・兼業の可能なものであることを熟知した上で、御師の専一化を示唆したのである。年寄たちはこれを受けて、御師のあり方への変革を迫られることになったといえる。

同十二日、内宮長官のもとへ中将監・十文字仙大夫・梅谷左近・寺田兵左衛門と、榎倉若狭・福井与左衛門・春木隼人といった宇治会合・山田三方の年寄たちが「小林へ之願書」の案を持参し、相談を行った。それは、神宮側の取り持ちを以て願書を山田奉行へ提出してもらいたい、というものであり、具体的には、古来より御師ばかりを専業で行っている者は、帯刀ができるよう望みたい、というものであった。

これに対して内宮側は、年寄のなかには、御師の他に小間物屋・綿屋・味噌屋などを営む者があるが兼業している商いを廃業するかどうか尋ねた。すると、年寄たちは、兼業している商いをやめない場合は、その者を年寄から省いてもよい、しかしながら、御師すべてが帯刀できるようにしたい旨を答え、「此度願之品」を記した書付を提出した。その内容は、希望する帯刀の範囲を、①宇治・山田の年寄、②他業を兼業しない御師、③位階を有する年寄とその子孫、とするものであった。注目すべきは②である。ここに御師の専業化が図られたと考えられる。

八月十八日、内宮長官・十禰宜・外宮長官・九禰宜、作所から藤波修理が山田奉行のもとを訪ね、「刀之事神宮願書」を差し上げたところ、山田奉行は「師職家・年寄家家業不二相交一」とはどういう申し分か、と質問したので、「師職而已ニ而商売不レ仕者之事之由」を申し上げた。すると山田奉行は「当時年寄筋之内商売有レ之候ハ如何」と再度尋ねた。神宮側が「近来困窮故如レ斯候、御免之上ハ、商売留候カ、夫も不二相成一候ハ、年寄をはね可レ申候」と答えると、山田奉行は、支配に携わることや将軍と直接の主従関係にあることが帯刀の許可につながるものではないことを改めて述べ、年寄であることを理由とした帯刀はありえないことを再び言明した。すなわち、帯刀が認められうる対象は、あくまで他業を兼業しない御師であったのである。

同日、内宮長官は宇治会合年寄の大黒民部・八羽伝内を招き、年寄としての帯刀許可は上手くいかなかったが、今後も協力してゆく旨を伝えた。その夜、再び八羽伝内が内宮長官のもとを訪ね、このまま捨て置くわけにはいかないので、長官の力添えを以て帯刀許可を成就したい旨を述べた。このことから、交渉の焦点が御師であることを理由とした帯刀の許可へと絞られてゆくことになったといえる。

経過を小括すると、神宮側と山田奉行との交渉により、年寄であることによる帯刀の許可はありえないことが確定し、御師であることを理由とした帯刀の承認が模索された、となる。

四　交渉の帰結

八月二十日、内宮長官と藤波修理が山田奉行のもとを訪れ、「刀之事」を申し上げた。しかし、不首尾だったので、次に提出すべき願書の内容を山田奉行の家老中から承った。すると、山田奉行が対面した。そして、帯刀のことは成就しないだろうが江戸の老中に上申する旨を約した。この時、内宮側から提出されたのが左の書付である。

奉レ願口状

当地年寄以下帯刀衣服之儀御停止之段承知仕候、年寄ハ神職にも無レ之間、御停止之段、於二神宮一可二申上一様無二御座一候、乍レ去、年寄之内叙爵・権禰宜職も有レ之、同輩之内帯刀仕候者、又帯刀不二相成一者御座候茂如何ニ奉レ存候、殊年寄始師職之儀も皆神民ニ御座候、年寄も皆師職相勤候、且当時補任無レ之者迚も御宮之御用有レ之時ハ、差遣申事ニ御座候へ者、畢竟、神職同事と奉レ存候、以後、神用幷神役人闕如之節神宮より申付候得者可二相勤一旨申合候上ハ、神役人同時ニ被二思召一候而帯刀・衣服師職中ハ御免之儀、長官・神主一同奉レ願候、已上、

神主中

内宮長官印

天和三亥年八月

桑山下野守殿

年寄が神職ではなく帯刀という格式が相応しくないことを認めた上で、

(1)年寄の内に、叙位を受ける者や権禰宜職に補任される者があり、同じ年寄であるにもかかわらず帯刀の可・不可という相違が発生してしまうのは如何なものか。

(2)年寄を始め御師も皆「神民」であって、年寄を務める者もすべて御師である。

(3)補任を受けず特定の職掌を勤仕しない者であっても「御宮」の「御用」がある時は、それを勤めなければならないのであるから年寄・御師は神職と同じである。そして、以後「神用幷神役人闕如」の時、神宮側から申しつけられた場合、必ず勤めると取り決めたので、祠官と同じであると考えていただきたい。

という三点を述べることで御師の帯刀や衣服の許可を願っている。つまり、(1)従来の幕府の方針では、年寄の間に帯刀の有無という格式の差異が生じてしまうということ、(2)帯刀を願う対象が「神民」であり御師であるということ、を強調したうえで、(3)において定まった職掌を担うものではなくても、命じられた場合は、それを勤めるという取り決めを行っており、御師は、祠官と同じであると考えてもらいたい、と主張しているのである。また、同日条に「外宮よりも同様ニ被㆑申上㆒候」とあることから、以上は、内宮・外宮、宇治・山田の年寄たちの共通した認識であったといえる。

すなわち、何ら職掌を帯びなくとも伊勢神宮のために勤仕する者は祠官であり、その者は神職と同じであるという見解が明確に打ち出されたのである。これは(2)において、年寄も御師であるということが強調されていることからも明らかなように、職掌・祭祀には直接関わらない御師という存在を伊勢神宮のなかに位置づけようとする新たな解釈であって、禰宜たちによる積極的措置であった。

同十月三日、内宮長官・二・四・五・六・七・八・九・十禰宜、藤波修理・中川隼人、外宮長官と禰宜たち、宇治会合・山田三方の年寄たちが山田奉行所へ呼び出された。そして、篠岡九郎右衛門と北知儀左衛門が応対し、幕閣との相談の結果、帯刀の許可が下りた旨、これは両長官への申し入れである旨を述べたうえで左のような内容を申し渡した。(32)

一、正禰宜・権官中・諸神役人衣服刀指申儀、如二前々一可レ被レ成候、御家来旦方江被レ遣、或、小林江被レ遣、又共ニ被二召連一候とも、刀指可レ申由ニ候、扨、諸神役人と有レ之候義師職も神前ニて祈禱申候得ハ神役人ニ而候故如レ此候、

一、江戸などへ権任中被レ遣候時、拝領被レ申候時服ハ其者斗拝領之者着申候而親・兄弟にも着セ申間敷事、

一、前々山本抔年寄抔鑓持候事有レ之候由、御停止ニ候、堅相守リ申へく候事、

一、上下之女中・町人・百姓之衣類之儀、最前被二仰出一候御条目之通り停止ニ候、堅可二申付一事、

一、前程奈良晒之儀停止ニ被二申付一候得共、是も町人・百姓迄着せ可レ申候、

祠官と御師に関する一・二・三か条目と、鳥居前町の統制に関する四・五か条目に分けることができる。本章の論点となる前者を見てゆくと以下のことが定められたことがわかる。

(A)正禰宜・権官中・諸神役人は衣服や帯刀に関して従来の格式を認める。その家来についても、旦那方や山田奉行所へ遣わす場合、また、供をさせる場合に、帯刀をしても良い。「諸神役人」の範囲には御師も含まれる。それは御師も神前で祈禱を行うからである。(33)

(B)権任中が江戸で拝領した時服はその者のみが着用でき、親・兄弟であっても着用させてはならない。
(C)前々のように山本大夫や年寄などが鎰持の供を連れるのは禁止する。[34]

注目すべきは(A)である。二十日に提出された「奉レ願口状」における神宮側の解釈・措置を踏まえたものであり、参宮者の依頼を受けて祈禱を行うという御師の活動を考慮した解釈が幕府の側でなされたことが窺われる。また(B)・(C)においては格式の徹底が企図されている。以上から、御師は職掌を勤仕するものではなかったが、参宮者の希望に応じて祈禱を行うことを以て、祠官に含まれるものとして幕府から位置づけられたことがわかり、同時に、年寄であることを根拠とした御師との格式の差異化は否定されたと考えられる。

これを受けて同四日、内宮長官のもとを宇治会合の大黒民部・神楽大膳・友井内記・十文字仙大夫・上野縫殿助、山田三方の谷主殿・堤右衛門・春木隼人・橋村主膳・足代玄蕃が訪ねた。そして、応対した藤波修理へ左のような書付が提出された。[35]

一、此度帯刀之儀ニ付、段々御苦労被二成下一、偏御取合ニ而首尾仕、当地一統之大慶ニ御座候、右帯刀申立、神役人専之義ニ候得ハ、此以後、神慮之御用ニ付御召使被レ成候ハヽ、年寄以下師職共違背仕間敷候、此段相違有レ之候ハヽ、兼而下野守殿御内意之趣ニももとり申候間、何時ニても其旨御申上候而、年寄・師職帯刀御取上被レ成候共、年寄始師職少も申分無二御座一候、為レ其書付仕差上申候、以上、

内宮年寄惣代

大黒民部（花押）

天和三年亥十月

神楽大膳（印）

十文字仙大夫（印）

内宮
長官様
御神主中

なお、同日条に「右書附出候、尤外宮方も同前之由也」とみえ、外宮においても同趣旨の書付が提出されたようである。この書付から年寄以下の御師は「神慮之御用」があった場合、それを果たすことが確約されたことが窺われる。ここに、伊勢神宮において御師が果たす役割は明瞭なものとなった。

経過を小括すると、交渉の結果、年寄以下の御師は、祠官に含まれるものとして位置づけられ、帯刀の格式が承認された。そして、御師は「神慮之御用」を臨時に勤めることとなった、となる。

おわりに

本章では、近世における御師の位置づけについて、天和年間（一六八一〜八四）の衣類統制の影響に注目して考察を行ってきた。要点を挙げると以下のようになる。

一、統制の当初、幕閣は、伊勢神宮の祠官や年寄・御師の帯刀は基本的に認められず、禰宜と五位以上の者の場合に限り、差し支えないと認識していた。

二、天和二年二月二十六日付で触れ出された幕府法令によって、町人・舞々・猿楽の帯刀は禁止されることになり、それに伴い、町人的要素を有していると想定された禰宜より下位の祠官や年寄・御師の帯刀が問題として顕在化することとなった。

三、祠官については、彼らが神事に供奉する職掌を勤仕してきたことを以て帯刀が許可された。
四、年寄の帯刀に関しては、神宮領の年寄であることを根拠とした交渉が行われたが、年寄は身分としては町人に属していると認識されていたため許可されなかった。
五、御師であることを理由とした交渉がなされ、結果、御師は、町人としての側面、すなわち兼業している商いの廃業を余儀なくされた。しかし、祈禱を行うことを以て祠官に含まれるものとして幕府から看做されることになり、神職として帯刀が認められた。また、伊勢神宮との関係においては、御師は、神役を臨時に勤めることが義務付けられ、そのことを条件に祠官として位置づけられた。

以上をもとに、まず、当該期の衣類統制に関する幕政の動向について触れておく。今回扱った帯刀一件から、幕閣がこの統制を通じて、神職などの武士に準ずる身分の宗教者と被支配身分である町人との明確な分離を企図していたことが浮き彫りとなり、さらに、その結果、人々の職分と負担する役の厳密化が押し進められたことが明らかとなった。

次に、御師の位置づけについてまとめる。先行する研究が述べているように、御師が伊勢信仰普及の担い手であったことは言うまでもないことである。ただ、元来、御師そのものとしては、禰宜やその他の祠官などのように職掌や祭祀に関わるものではなく、伊勢神宮との接点は希薄であった。しかし、衣類統制をきっかけに、御師は職分の明確化を迫られることとなり、交渉の結果、幕府からは参宮者の希望に応えて祈禱を行うことを以て、そして、伊勢神宮からは臨時に神役を勤めることを以て、祠官として位置づけられることになったと結論付けられる[36]。

つまり、中世末期以降において伊勢神宮とは距離を置いて形成されることとなった御師という存在が、衣類統制という外的要因によって伊勢神宮のなかに組み込まれたといえる。すなわち、伊勢神宮が御師という私幣の仲介者を正式に承認した点で、御師の祠官化は一つの画期であったと評価でき、以降の更なる伊勢信仰の広がりと深化を考える上で考慮されなければならない事柄として指摘できる。

残された課題としては、「帯刀一件」の交渉に際して、山田奉行の見解と江戸の幕閣が出した結論とが大きく異なっていた、ということが挙げられる。詳しくは、祠官化が及ぼした御師への影響を明らかにする事とともに、他日の課題としておきたい。

註

(1) 朝尾直弘「近世の身分とその変容」(同・辻達也編『日本の近世』七巻所収、中央公論社、一九九二年。のちに、『朝尾直弘著作集』七巻所収、岩波書店、二〇〇四年)、三七頁。

(2) 高埜利彦「十八世紀前半の日本—泰平のなかの転換—」(『岩波講座 日本通史』13巻 近世3所収、岩波書店、一九九四年。後に、『近世の朝廷と宗教』所収、吉川弘文館、二〇一四年)、一五頁。

(3) 朝尾直弘「武士の身分と格式」(前掲『日本の近世』七巻所収)、二〇七頁。

(4) 寺嶋一根「法令と文学作品からみた近世衣類統制の性格—天和三年令を中心に—」(『京都府立総合資料館紀要』三一八号、二〇一〇年)。

(5) 藤木久志「百姓の平和＝刀狩令」(『豊臣平和令と戦国社会』所収、東京大学出版会、一九八五年)・同『刀狩り—武器を封印した民衆—』(岩波書店、二〇〇五年)。

(6) この一件の概要については、石巻良夫氏の先駆的な成果によって既に紹介されている(「伊勢神宮帯刀一件」、『國學院雑誌』二三巻一〇号、一九一七年)。

(7) 大澤貴彦「近世神宮祠官の家格と家筋について」(谷省吾先生退職記念神道学論文集編集委員会編『谷省吾先生退職記念神道学論文集』所収、国書刊行会、一九九五年)、五五七~五八一頁。

(8) 例えば、久田松和則『伊勢御師と旦那─伊勢信仰の開拓者たち─』(弘文堂、二〇〇四年)、千枝大志「伊勢御師の動向と山国」(坂田聡編『禁裏領山国荘』所収、高志書院、二〇〇九年)など。なお、中世の神宮御師については、窪寺恭秀氏が主要な議論を整理している(「中世後期に於ける神宮御師の機能と展開について」、『皇學館大学神道研究所紀要』二一輯、二〇〇五年)。

(9) 内田鉄平「近世後期、豊前・豊後国における伊勢御師の活動─橋津家大庄屋日記を参考として─」(『史学論叢』三五号、別府大学史学会、二〇〇五年)、二七頁。

(10) 阪本廣太郎氏が「室町以後徳川時代に入りては、神宮に全く関係なきもの、即ち師職が輩出して、盛に国民の奉賽を代行すること、なり、此に於て大麻及暦本の頒布、或は私第に於ける神楽祈禱の奏行等が流行すること、なつた」(『神宮祭祀概説』、神宮司庁、一九六五年、九五頁)としているように、御師そのものとしては伊勢神宮との接点を有していなかったとするのが通説的である。

(11) 神宮文庫所蔵「天和年中師職刀免許之事」(図書番号一門一七六〇六の七五号)。以降、断らない限り当史料を出典とする。奥書によると、原本は内宮長官が藤波氏富であった時に、公文所において作成された内宮側の記録であるとされ、四禰宜の藤波氏貞から元禄十三年(一七〇〇)正月に正亀氏が写して以降、転写されてゆき、最後に、守屋昌綱から寛政二年(一七九〇)八月二十九日付で小川地克家が書写した写本である。なお、本章で使用する史料は特に断らない限り、すべて神宮文庫の所蔵である。

(12) 宇治会合年寄家・三方家年寄以下の御師は、内人や物忌などの特定の職掌を勤仕する者が多く、なかには権禰宜に補される者もあった(『宇治山田市史』上巻、宇治山田市、一九二九年、三七五~三八一頁)。しかし、「御師」それ自体は、近世初頭以前から「株」化して売買・譲渡が可能となっており（前掲『宇治山田市史』四〇二～四〇四頁、大西源一『参宮の今昔』、神宮司庁教導部、一九五六年、一四一～一四二頁）、さらに、伊勢神宮の職掌を勤仕しない家々も存在していたため（前掲『宇治山田市史』三八〇～三八一頁、大西前掲『参宮の今昔』一四四頁）、伊勢神宮との関係における位置づけは曖昧であった。すなわち、このような御師の位置づけをどうするのか、という問題が一つの焦点として顕在化したのが帯刀一件であったといえる。

(13)『寛政重修諸家譜』巻第九九二（『新訂 寛政重修諸家譜』第一五、続群書類従完成会、三七七～三七八頁）。

(14)『寛政重修諸家譜』巻第七三（前掲『新訂 寛政重修諸家譜』第二、九二頁）。

(15)中川隼人・薗田内匠が如何なる役職・地位にあったかは定かではない。しかし、薗田内匠が「国崎御膳料之儀」について外宮の「政所」とともに鳥羽の「松本茂左衛門」のもとを訪ねていることなどから（「神宮編年記 氏富記」天和三年〔一六八三〕五月十二日条、図書番号一門一五九一三の四六号）、両者は内宮長官の政務機関の役人であると推定される。

(16)近世の作所は遷宮に際して「造宮奉行の督励により諸祭の用度、頭工等の作料や衣粮を下す」ことを職務とした（中西正幸「近世の遷宮記録」、『皇學館大学神道研究所紀要』五輯、一九八九年）、四九頁。

(17)『寛政重修諸家譜』巻第六四五（前掲『新訂 寛政重修諸家譜』第十一、一～二頁）。

(18)『寛政重修諸家譜』巻第三三三（前掲『新訂 寛政重修諸家譜』第六、七一～七二頁）。

(19)「浦田家旧蔵資料 万日記」天和三年二月二十六日条（図書番号一門一七三二〇の三四二号）。

(20)『正宝事録』天和三年（近世史料研究会編『正宝事録』一巻、整理番号六五五、二二八～二二九頁）。

(21)藤木前掲「百姓の平和＝刀狩令」、二〇七頁。

(22)寺嶋前掲「法令と文学作品からみた近世衣類統制の性格―天和三年令を中心に―」、八二～八三頁。

(23) 藤木前掲「百姓の平和＝刀狩令」、二〇六頁。
(24) 添田仁「奉行所と地域社会―長崎奉行所の天保改革―」(藪田貫・奥村弘編『近世地域史フォーラム② 地域史の視点』所収、吉川弘文館、二〇〇六年)、六六頁。
(25) 藤木前掲「百姓の平和＝刀狩令」、二一五頁。
(26) 前掲「神宮編年記 氏富記」天和三年(一六八三)十月四日条(図書番号一門一五九一三の四七号)に「御留主居篠岡九郎右衛門」とみえる。
(27) 「天和年中師職刀免許之事」では［ ］内の文言が脱文となっている。「天和帯刀一件」(図書番号一門三〇〇八号)をもとに補った。「天和帯刀一件」は、守屋昌綱から「末偶」、鵜飼元則と転写され、最後に寛政十年五月付で小牧保獲によって書写されている写本である。
(28) 前掲「神宮編年記 氏富記」天和三年九月二十一日条(図書番号一門一五九一三の四七号)。
(29) 『寛政重修諸家譜』巻第一二五六(前掲『新訂 寛政重修諸家譜』第十九、一三七〜一三八頁)。
(30) 穴田小夜子「江戸時代の宇治茶師」(『学習院史学』八号、一九七一年)。
(31) 「長官引付 神宮引付」天和三年八月八日条(図書番号一門一八四三七の一八一号)。
(32) 三禰宜は「当番参籠」だったため不参であった(前掲「神宮編年記 氏富記」天和三年十月三日条、図書番号一門一五九一三の四七号)。
(33) 権禰宜には「権官」と「権任」の二種類が存在し、「権官」は「正員禰宜に就任可能な神宮家出身者の者」を指す(石川達也「天明期における神宮禰宜の位階」、『神道史研究』五六巻一号、二〇〇八年、九二頁)。対して「権任」は禰宜に就任できない非神宮家出身の権禰宜である。
(34) 「公儀御師職」を世襲した宇治会合年寄家の山本氏を指す。同氏は、伊勢国三重郡生桑村の内で「二〇〇石」の知行が与えられていた（鎌田純一「内宮山本大夫朱印地」、『皇學館大学史料編纂所報 史料』八号、一九七九年）。

（35）この書付は「天和年中師職刀免許之事」に載せられているが、原本が確認できるため原本に拠った（「藤波家旧蔵雑古文書二三　内宮年寄惣代誓状」、図書番号一門九一七三の二三号）。

（36）ただし、制度面での位置づけに関しては一考の余地がある。例えば、元禄十年（一六九七）四月に、外宮権禰宜の河崎延貞が山田奉行に提出する目的で外宮の職制などを記した「外宮神宮法例」（図書番号一門二九八七号）を参照すると、御師の記載は存在していない。従って、御師が正式な祠官であったとは言い難い。このことについては、臨時の神役の内容を明らかにする事とともに、今後、取り組んでゆきたい。

補論一　近世前期の山田三方と外宮宮域支配
―承応二年の「横目」設置を素材として―

はじめに

本章は、承応二年（一六五三）九月に実施された外宮宮域への山田三方による横目の設置について考察するものである。

以前に発表した拙稿(1)において、山田三方の主導で「宮中之定」が制定されるまでの過程を明らかにした。そこでは、外宮宮域に「信仰の場」という新たな性格が加わったことを指摘するとともに、参宮者の保護が御師たちにとって重要な案件であり、外宮宮域への干渉はこれを目的としていることを浮き彫りにした。そして、「宮中之定」を制度・法規の整備がなされる上で起点となる法規として位置づけた。

本章では、この法規をもとにした山田三方による干渉と制度整備の動向に注目し、外宮宮域との関わりのあり方を明らかにすることを目指したい。対象とするのは、承応二年九月に実施された外宮宮域内への「横目」の設置である。

一　横目設置をめぐる交渉

最初に横目が設置されるまでの経緯について確認しておく。承応二年八月、山田三方は、外宮宮域内の規律が乱れていることを外宮長官に指摘し、次の二点の承認を迫った(2)。

(1)山田三方の「宮中之定」に対し、外宮長官自身が「うら書・御判」を行い、さらに、宮守たちにも厳守するよう命じること。

(2)山田三方から宮域内に横目を置くこと。

檜垣常基(3)の手による「常基古今雑事記(4)」によれば、この申し入れは、当時、山田奉行の石川正次と外宮長官である檜垣常晨との関係が「おもわしからす」という険悪な状況にあったため、山田三方が「能折節」として、両者の間隙を狙って、外宮長官に迫ったものであるとされ、山田三方の目的は「於㆓宮中㆒諸国道者ニ無㆓不作法㆒様ニ」というところにあったとされる。つまり、(1)と(2)は、参宮者の保護を実現するために、強引に主張された要求だったのである。

対して、外宮長官は右の二点を承諾するとともに山田三方に対し、

幣箱持女を法度、をとこにもたせ、素袍の上を打かけさせ、定りたるすゑ所におき、立（退）のきかしこまり、一言もさんせん（散銭）の事いハさるやうに可㆑有なり、無作法に幣箱持、又ハ宿之案内者立寄、参宮人の御初尾、宮々の板へハなけさせす、我まゝするなり、幷神馬引打かけにて有度事、白衣にてハ御師中無作法不㆑聞之義なり、

とあるように(5)、横目を置くに当たって取り締まらせたい事柄を述べた。この内容から、「幣箱持」や「宿之案内者」

「神馬引」といった御師方から参宮者を接待する目的で遣わされた人々の行状に関し、外宮長官が特に苦慮していたことがわかる。山田三方は、この外宮長官の要望を「尤」と了承し、後述する横目への覚を「長官之御意」に沿った形で作成することとなる。(6)

このやり取りの後、同月二十八日には、外宮長官が山田三方からの同日付の「宮中之定」に、(7)

表書之拾三ヶ条之通、不レ残相心得申候、自今以後、少も相違有間敷候、自然猥之儀候者、三方中より被二見改一、御公儀江可レ被二申上一者也、

外宮長官
常晨判

承応二年巳八月廿八日

三方衆中

参

との裏書(8)を加え、山田三方へ差し出している。これは、内容から明らかな通り、山田三方の「宮中之定」を全面的に受け入れるというものであり、事前のやり取りの内容を踏まえるならば、外宮長官は宮域内の引き締めと引き換えに、宮域内の支配への関与を山田三方に許したと考えられよう。前稿で扱った寛永年間の争いにおいては、禰宜・権禰宜たちの「宮中之定」に対する諸否は曖昧な部分を残したままとなったが、今回、外宮長官自身が遵守を明確に約したことにより、山田三方は、外宮長官の認可のもと、宮域内支配に公然と介入することが可能となったのである。

右を受けて、九月朔日より宮域内での横目による取り締まりが開始する。それは、山田に居住する御師たちに横目を命じ、さらに、その監視の任に当たる横目が「油断するか、又用捨をするか」といったことが無いよう、山田三方のメンバーが「惣横目」として、毎日、巡視を行うというものであった。(9)

二　横目の整備

この横目の運営の詳細をみてゆく。まず、横目の割り当て方法を確認しておく。承応二年(一六五三)八月二十三日、左のような触(10)が山田の町々へ出された。

一筆申入候、然者町々ニおいて道者申之衆中之分不レ残名付を仕、来廿八日令二会合一候間、町々月行事衆一人宛右之書付実性寺へ持参可レ被レ仕候、已上、

八月廿三日　　三方丸印

山田惣中

横目の設置に備えて、山田の町々に居住する御師の数が一斉に調査されたことがわかる。そして、これをもとに次のような割り当てがなされた(11)。

宮中横目之者毎日八人宛割之覚

一、五日、　上之郷道者申三十六人　　但四人不足
一、四日、　上中之郷道者申三十二人
一、六日、　下中之郷道者申四十弐人　　但六人不足
一、五日、　八日市道者申三十三人　　但七人不足
一、二日、　曽祢道者申十三人　　但三人不足
一、五日、　大世古・櫟木道者申三十三人　　但七人不足

一、四日、　一志久保道者中廿七人　　但七人不足
一、八日、　宮後・西河原道者中六十人　　但四人不足
一、三日、　田中・中世古道者中廿一人　　但三人不足
一、二日、　下馬所・前野道者中十五人　　但一人不足
一、七日、　岩淵・岡本道者中五十三人　　但三人不足
右之趣者町々より書付之人数を以わり付、来朔日早朝より日暮迄、宮中江相詰可レ申候、此紙面之ことく町々次へ無二懈怠一致二吟味一可レ被二相詰一候、已上、
承応二巳年八月廿九日　　三方

横目の割り当てが、毎日八人ずつ、その町の御師の数にあわせて町ごとになされたことが窺われる。前掲の「常基古今雑事記」によれば、御師たちはこの横目の割り当てに対し、「道者持候傍毎度之順番、造作及二迷惑一、且ツ〳〵三方をあさけりそしり候」として、山田三方を謗るほど不満を持ったようである(12)。このため、万治三年（一六六〇）からは、山田三方が各御師家から費用を徴収して、それをもとに横目を雇う方式に変更されることとなる(13)。なお、右の調査は以降も定期的に行われるようになり(14)、山田三方が御師集団を把握し、それを統制する手段として機能してゆくことになったと考えられる。

次に、惣横目の割り当てをみておく(15)。

宮中へ三方人より横目を出候順之覚
九月朔日　民部　　同　二日　刑部
同　三日　三郎兵衛　　同　四日　四郎右衛門

同　五日　五郎右衛門　　同　六日　蔵人
同　七日　但馬　　同　八日　与左衛門
同　九日　出雲　　同　十日　左馬
同　十一日　左衛門佐　　同　十二日　善左衛門
同　十三日　越中　　同　十四日　右近
同　十五日　隼人　　同　十六日　若狭
同　十七日　数馬　　同　十八日　内匠
同　十九日　石見　　同　廿日　右衛門佐
同　廿一日　大和　　同　廿二日　主水
同　廿三日　次郎右衛門　　同　廿四日　玄蕃

右之順横目を出し、一日ニ三度ツ、宮中・岩戸へ廻らせ不作法之義見改候様ニ可㆑被㆓申付㆒候、此書付を次之玄蕃相勤候日可㆑被㆓相届㆒候、已上、

八月廿九日　　会合

ここから、惣目付は山田三方のメンバー（三方年寄家）の二四名が一人ずつ、担当するその日に、三度、宮域内への見廻りを行ったことがわかる。

では、横目は何を「不作法」として取り締まったのだろうか。その内容を確認しておきたい。同日、横目に対して、次のような覚[16]が出された。少し長いが全文を掲げる。

宮中へ置申横目之者ニ申付覚

一、烏帽子・素袍を着、座ニ居候而形儀能終日可二相勤一事、

一、横目之者座シテ居所之事、

御本宮　一人　古殿　一人

御池辺宮　一人　高宮　一人

土宮　但、下之御井辺、

風宮　一人　岩戸　弐人

小宮　一人

如レ此宮々ニ横目を置申子細ハ、宮守之者参宮衆ニ立向、悪口を云、心指なき散銭を貪取、大体之拾三ヶ条を背、不作法無レ之様ニ見改可レ申候、御師中より之案内之者幷幣箱持・神馬牽等、又ハ宮引之者不作法ニ無レ之様ニ相改させ可レ申ためニ候事、

一、寛永十八巳年ニ相改大体を定候十三ヶ条之書付ハ、別紙有レ之事、

一、御師中案内之者、やつこ・なてつけ之者幷大脇指不二似合一義ニ候間、弥堅無用候、不レ及レ申神前ニ而御道者拝之時ハ下ニ居、形義能可レ仕候事、

一、幣箱持ニ女を遣し候義、前々より有来候といへとも見苦敷候間、自今以後女ニもたせ候義令二停止一候、幣箱持打かけ・袴を着、置所之事ハ前々より置来候宮々ニ置、道者拝ミ之内ハ脇へ立退、形義能下ニ居可レ申候、散銭御入候得と一言も申間敷事、

一、神馬引申候者、打かけ・袴ニ而如二前々一形義能引渡可レ申候事、

一、宮人之事、宮中方々ニおいて扇をひらき、道者ニすかり、しいて(強)代参をこひ、散銭を貪不レ可レ取事、

一、宮引を仕候上ニ而心指無レ之散銭をしいてむさほり(貪)不レ可レ取事、

一、子良館ニ而も参宮衆心指無レ之散銭貪不レ可レ取事、

右之趣、宮中ニ置候横目之者見改可レ申心得之ため如レ此候、不レ及レ申候得共、横目之者形義能終日相勤候様ニ能々念を入、自身成共又ハ慥成代成共、早朝より宮中へ相詰油断仕間敷候、自然不作法之者見改候者、則河村勘兵衛・扇館三右衛門方へ可二申越一候、已上、

承応二巳年八月廿九日　　三方

一か条目と二か条目から、横目の服装（烏帽子・素襖）と、横目の配置が明らかとなる。配置の位置を現在の社殿などと対応させると次のようになる。「御本宮」は正宮、「古殿」は正宮の古殿[17]、「御池辺宮」は不明[18]、「土宮」・「風宮」は別宮の土宮・風宮、「高宮」は別宮の多賀宮、「岩戸」は岩戸[19]、「小宮」とは北御門近くに存在した「御社[20]」を指す。これらの条文から横目を設置した理由が確認できる。それは、宮守や宮人、そして、御師方から遣わされた人々が、参宮者に対し迷惑を掛ける言動を行わないよう規制するためであった。

また、三か条目から寛永の「宮中之定」が再度、遵守すべき規則として提示されたことがわかる。注目すべきは、四か条目以下の条文で、御師方から遣わされた人々・宮人・子良館に対して遵守事項が示された点である。具体的には、

①御師方からの「案内之者」が、奴頭や撫付頭の髪形を結ったり、大脇差を差したりしてはいけない[21]。また、参宮者が神前で拝礼している際は行儀良くすること。

②女性に「幣箱持」をさせてはならない。また、打ち掛け・袴を着け、幣箱は前々から決まっている宮々へ置き、参宮者が拝礼している間は脇に立ち退き、行儀良くしていること。賽銭をねだってはならない。

③「神馬引」は、打ち掛け・袴を着け、前々のように行儀良く、神馬を引き渡すようにすること。

④宮人は、宮域内で扇を開き、参宮者にすがり代参を勧めたり、案内をしたりするなかで、無理に賽銭を貪り取ってはならない。

⑤子良館においても、参宮者から賽銭を無理にとってはならない。

となる。これらは、外宮長官の意向の反映であると考えられ、ここに宮域内で参宮者に関わる人々すべてに対しての取り締まりが実現したと評価できよう。なお、横目は御師家から一人ずつ出されたのであるが、「自身成共又ハ慥成代成共、早朝より宮中へ相詰」とあることから、御師自身か、あるいは代理がその任に当たったことがわかる。

また、山田三方から八月二十八日付で宮人に対し、三・七・八か条目に背くことが無いよう触れており(22)、さらに、翌日付で御師たちに対しても、右の定書の四・五・六か条目に背くことが無いよう触れ出している(23)。

最後に横目の活動をみておく。「宮中物語」に左のようにある(24)。

一、太田長左衛門方より神馬十二疋有たるとき、独して馬二疋引たるを惣横目見付、此由披露したれは、長左衛門に過銭五貫文、其日の横目に五貫文、神馬のしめ（注連）をさめたる宮人に二貫文、何れも過銭出す、則三方中へ御取有たるなり、其より横目衆弥無二油断一硯を前に置相守なり、

太田長左衛門方から一二頭の神馬が奉納された際、その「神馬引」が単独で二頭を引いていたのを惣目付が発見し、「神馬引」の主人の長左衛門から五貫文、この「神馬引」を見過ごした横目から五貫文、神馬の注連飾りを納めた宮人から二貫文、それぞれ山田三方へ徴収した、とある(25)。また、

一、高向五郎大夫方幣箱をはかま（袴）計にて持せたるを横目披露したれは、過料五貫文五郎大夫とらる、、

という例も載せられている(26)。高向五郎大夫方から遣わされた「幣箱持」が袴のみで打ち掛けを着けていないのを横目が見つけたため、五郎大夫は五貫文を徴収された、とある。

右のように厳密な監視が実施され、違反者には過料が科せられたことが窺われる。さらに、監視にあたった横目も落ち度があった場合、違反者と同額の過料が徴収された。これらにより、宮域内は一層、引き締められることになったのである。

おわりに

以上、横目の整備過程をみてきた。この横目の設置は山田三方によって強引に進められたもので、法規の制定からさらに踏み込んで、実力による参宮者保護の徹底を試みた動きとして位置づけられる。具体的には、山田三方の指揮のもと御師たち（あるいはその代理）が宮域内で監視の任に当たるというものであった（万治三年〔一六六〇〕以降は、横目を雇用する方式に変更される）。

ここで注目すべきは、山田三方とその監督下の御師たちが、宮域内において恒常的な役割を果たすようになったことである。これは従来に無い動向であって、ここに彼らは、「信仰の場」を保全する担い手となったといえよう。従って、横目の設置は、外宮との間で新たな関係が構築されたことを示すものとして評価できる。

今後の課題としては、外宮が参宮者をどのように認識していたか、という問題が挙げられる。このことに関しては他稿を期したい。

註

（1）　第二部第四章参照。

（2）「宮中物語」（神宮司庁編『神宮近世奉賽拾要 前篇』所収、吉川公文館、七八頁）。以下、引用に際しては、一部、読点の位置を改めた。なお、傍注は翻刻時に付されたものであるが、そのままとした。

（3）檜垣常基は、外宮禰宜であった檜垣常和の弟で、外宮権禰宜を勤仕した人物である（『考訂度会系図』収録「檜垣河内家系」、神宮古典籍影印叢刊編集委員会編『神宮古典籍影印叢刊5-1 神宮禰宜系譜』所収、皇學館大学、二六八頁）。

（4）神宮文庫所蔵「常基古今雑事記」（図書番号一門一〇八〇二号）。本書は檜垣常基が「古老ノ口実」や「旧記」、「聞ㇾ耳見ㇾ目事」などをもとに、近世前期（特に寛文年間まで）の出来事をまとめた記録である（万治二年〔一六五九〕九月二十一日起筆）。当史料は、天保十二年（一八四一）五月に足代弘訓の本を御巫清直が書写した写本である。なお、本章で使用する史料は特に断らない限り、すべて神宮文庫の所蔵である。

（5）「宮中物語」、七八頁。

（6）同右。

（7）この承応二年（一六五三）八月二十八日付の「宮中之定」は、寛永十八年（一六四一）四月十一日付のそれとほとんど同文言であるが、六か条目のみ相違する。寛永十八年の方では、

一、外宮領内之外之者に宮御請させ有ましき事、
　付、女を宮に置ましき事、

とあったが（前掲「宮中物語」、五六頁）、承応二年の方では、

一、宮々を直段を定御請させ候義有ㇾ之間敷事、

となっている（「三方会合記録　二」承応二年八月二十八日条、前掲『神宮近世奉賽拾要 前篇』所収、二五〇頁）。これは寛永二十一年正月二十七日に山田奉行の指示で、運上金によって宮守を任命することが禁止されたことを受けての変更であると考えられる（前掲「宮中物語」、六五頁）。

(8) 前掲「三方会合記録　一」承応二年八月二十八日条、二五〇～二五一頁。
(9) 前掲「宮中物語」、七八頁。
(10) 「三方会合記録　五」承応二年八月二十三日条（前掲『神宮近世奉賽拾要　前篇』所収）、四六四頁。
(11) 前掲「三方会合記録　一」承応二年八月二十九日条、二五二頁。
(12) 前掲「常基古今雑事記」。
(13) 同右。
(14) 次の調査の実施は延宝五年（一六七七）七月八日で（前掲「三方会合記録　五」延宝五年七月八日、四八一頁）、管見の限り元治元年（一八六四）五月まで定期的に実施されていたことが確認できる（「山田師職銘帳」、図書番号一門三五四二号）。
(15) 前掲「三方会合記録　一」承応二年八月二十九日条、二五三頁。
(16) 前掲「三方会合記録　一」承応二年八月二十九日条、二五一～二五二頁。
(17) 近世以前においては、遷御後も正宮の古殿はそのまま残されていたとされる。詳しくは、牟禮仁「古正殿の措置―並び建つ正殿―」（同『大嘗・遷宮と聖なるもの』所収、皇學館大学出版部、一九九九年。初出は、「遷宮小考二題―朝家の大営、古殿の措置―」、『皇學館大学神道研究所紀要』一五輯、一九九九年）。
(18) 「御池」は正宮の正面に位置しており、ここには「御母」と呼称される「御池之端之社」が存在していたという（「宮人沙汰文」、図書番号一門三五三九号）。宮人によると、宮守たちは参宮者に対して「太神宮之おや神、伊弉諾・伊弉冉之尊」を祀るものであると説明していたとされる。「御池辺宮」とはこの社を指す可能性が高い。なお、「宮人沙汰文」については、第二部第四章の註(30)を参照。
(19) 「岩戸」とは、現在の高倉山古墳を指す。近世においては天岩戸と同一視され、信仰の対象となっていた。詳しくは、佐古一洌「高倉山・天岩窟信仰について」（『瑞垣』一〇七号、一九七五年）を参照。

（20）前掲「宮人沙汰文」。宮人によると、宮守たちはこの「御社」のことを「外宮一之宮」と説明していたとされ、同社の「禰宜衆より御伝授之神拝（神牌カ）」には「賀茂下上」と記されていたという。

（21）「宮中物語」には（前掲「宮中物語」、七八頁）、

一、従レ宿道者の案内大わきさし（脇指）・大なて（撫）付法度、是ハ御公義よりの御沙汰と云々、

とあって、これは江戸幕府からの指示によるものであると考えられる。

（22）前掲「宮中物語」、七八～七九頁。

（23）前掲「三方会合記録　一」承応二年八月二十九日条、二五三頁。

（24）前掲「宮中物語」、七八頁。

（25）前掲「三方会合記録　五」承応二年九月六日条（四六五頁）によれば、これは九月朔日のこととされる。

（26）前掲「宮中物語」、七八頁。

第三部　神宮御師をめぐる諸問題

第七章　「文禄三年師職帳」に関する一考察

はじめに

本章は、「文禄三年師職帳」について考察を行うものである。

神宮御師の研究を行う上で基礎となる史料の一つとして師職銘帳がある。これは町ごとに居住する御師の名前や師職銘などを記載した一種の基礎台帳で、近世においては山田三方の手によって定期的に作成された[1]。そのなかで最も古いとされるのが、文禄三年（一五九四）十月に成立した「文禄三年師職帳」（以下、「師職帳」と記す）である。この師職帳には、外宮鳥居前町（山田）の町ごとにそこに居住する御師の名前が書き上げられており、中世末から近世初頭の山田に住む御師の数やその分布などを示すものとして利用されてきた。

例えば、大西源一氏は、「御師の数は、文禄三年の師職帳によると、当時山田に存在した、百四十五家の師職銘が挙げられている[2]」と述べている。そして、『国史大辞典』においても、師職帳を根拠とする新城常三氏の成果[3]を踏まえ、

中世末の文禄年間（一五九二―九六）には伊勢の御師の数は外宮だけで百四十五家に達し、その活動範囲は畿内を中心として、能登・加賀・陸奥・出羽などをのぞく全国に及んだ。

とあるように、御師数を一四五としており、[4]当該期の御師数はこれが通説となっている。[5]しかし、同じ文禄三年でありながら一七七とする文献も存在しており、[6]御師数に食い違いが発生している。従って、今一度、師職帳それ自体に立ち戻って確認する作業が必要であろう。また、久田松和則氏や千枝大志氏らによって、師職帳の記載から特定の御師家の居住地を比定することも試みられるようになった。[7]

このように様々な成果において参照されている師職帳であるが、いまだ具体的な検討が行われておらず、その内容や性格など基本的な事項に関してさえ不明な点が多い。このため、前述した御師数などの問題が放置されたままとなっている。本章では、現存する写本への検討をもとに、右に関して明らかにすることを課題としたい。

一　諸写本の検討

師職帳の写本は、管見の限り一四本が確認できる【表7】。

【表7】「文禄三年師職帳」の諸写本

	史料名	外題	扉題	内題（巻首題）	書写年	書写人	備考	所蔵先・請求番号
①	文禄三年師職銘帳	文禄三年師職銘帳	なし	文禄三きのへ午年十月廿日／太神宮御師人数之帳	弘化三年正月二十一日	福村土佐履正	なし	神宮文庫 1門16111
②	文禄三年師職銘帳	文禄三甲午年師職銘帳	なし	文禄三きのへ午年十月廿日／太神宮御師人数之帳	なし	なし	なし	神宮文庫 1門6346
③	臆乗	臆乗	なし	文禄三きのへ午年十月廿日／太神宮御師人数之帳	なし	なし	「億乗」と合冊されている。	名古屋大学付属図書館神宮皇學館文庫 175．7-D

④	文禄三年師職銘帳	文禄三年師職銘帳　全	文禄三年師職銘帳	文禄三きのへ午年十月廿日／大神宮御師人数之帳	昭和八年三月	尾崎駒吉（印）	なし	神宮文庫 1門17353
⑤	文禄三年師職帳	文禄三年師職銘帳	文禄三年師職帳	文禄三きのへ午年十月廿日／太神宮御師人数之帳	弘化三年　二月二十三日	北川政武	⑥と合冊されている。	神宮文庫 1門3533
⑥			なし	太神宮　御師人数之帳　文禄三甲午年十月廿日	弘化三年　二月二十三日	北川政武	⑨の写本。⑤と合冊されている。	神宮文庫 1門3533
⑦	文録三年師職帳附神宮私幣考	文録三年師職帳／神宮私幣考	文禄三年師職帳	太神宮　御師人数之帳　文禄三甲午年十月廿日・文禄三きのへ午年十月廿日／太神宮御師人数之帳	大正十三年　十月十四日	度会時彦（花押）／六十有七	北川本（⑤⑥）の写本。「神宮私幣考」と合冊されている。	神宮文庫 1門7250
⑧	文禄三年師職帳	文禄三年師職帳二本合冊	文禄御師人数帳	文禄三きのへ午年十月廿日／太神宮御師人数之帳	弘化三年七月四日	御巫尚書清直	⑨と合冊されている。	神宮文庫 1門11407
⑨			文禄三年師職帳之写	太神宮　御師人数之帳　文禄三甲午年十月廿日	天保四年　九月二十一日	御巫権亮清直	⑧と合冊されている。	神宮文庫 1門11407
⑩	師職名帳	文禄三年・延宝五年・正徳五年師職名帳	文禄三年師職帳二本合冊 文禄御師人数帳	太神宮　御師人数之帳　文禄三甲午年十月廿日 文禄三きのへ午年十月廿日／太神宮御師人数之帳	なし	なし	御巫本（⑧⑨）の写本。「延宝五年師職銘帳」・「正徳元年九月師職銘帳」と合冊されている。	西尾市岩瀬文庫 48函1
⑪	文禄三年師職帳	文禄三年師職帳	文禄三年師職帳二本合冊	大神宮　御師人数之帳　文禄三甲午年十月廿日 文禄三きのへ午年十月廿日／太神宮御師人数之帳	慶応二年仲春	孫福氏	御巫本（⑧⑨）の転写本。	神宮文庫 1門5935
⑫	山田師職銘帳	文禄三年甲午十月／延宝五年丁巳七月／山田師職銘帳	文禄三年師職帳二本合冊 文禄御師人数帳	太神宮　御師人数之帳　文禄三甲午年十月廿日 文禄三きのへ午年十月廿日／太神宮御師人数之帳	なし	度会正立	御巫本（⑧⑨）の転写本。「延宝五丁巳年七月改／会合所　山田師職人数之覚」と合冊されている。	神宮文庫 1門3542-1

⑬	山田師職銘帳	山田師職銘帳　壱	師職銘帳 文禄三年師職帳二本合冊 文禄御師人数帳	太神宮　御師人数之帳　文禄三甲午年十月廿日 文禄三きのへ午年十月廿日／太神宮御師人数之帳	（近代）	なし	⑫の写本。	神宮文庫　1門16822-390
⑭	神境雑例	神境雑例	なし	文禄三きのへむま年十月廿日／太神宮御師人数之帳	（文化二年）	（中西常響）	「神境雑例」に「文禄三年御師名前帳」という名称で収録されている。	神宮文庫　8門1986

書写年をみると、近世後期に集中しており、師職帳がこの時期に見出され、筆写によって流布していたことがわかる。奥書・本奥書などの記述から転写の系統図を作成すると、次のようになる【図3】。

まず、益善大夫本・福村家本・菅裁家本がそれぞれ祖本となり、三系統に分かれていることを指摘できる。福村家と菅裁家に関しては詳らかではないが、益善大夫については、天保十五年（一八四四）五月の師職銘帳の二俣町のところに平師職家として見える。[8]「三方会合記録」によると、同家は山田三方年寄家である益氏の分家筋にあたるが[9]、断家によって師職株が他家に移るなどしており[10]、同家の師職帳が山田三方の関係文書として伝来したものである可能性は低いと言わざるを得ない。

それぞれの内容を比べると、次のような相違が存在する。

1　内題の相違

内題をみると、益本系統の写本（以下、益写本と記す）では、「文禄三きのへ午年十月廿日／太神宮御師人数之帳[11]」というように二行で書かれている。福村本系統の写本（以下、福村写本と記す）では、「太神宮　御師人数之帳　文禄三甲午年十月廿日」[12]となっている。菅裁本系統の写本（以下、菅裁写本と記す）では、二行で「文禄三年きのへむま午十月廿日／太神宮御師人数之帳」[13]とある。名称と年月日は共通するものの、三者それぞれで微妙に異なっていることが確認できた。

2　記載方法の相違

次に記載方法をみてゆきたい。「上之郷」の部分を例にすると、益写本は、

上之郷
北弥九郎　　　　北弥吉
北弥七郎　　　　白米屋彦左衛門
白米屋弥左衛門　白米屋彦八
白米屋彦次郎

といったように二段で記載されているのに対し、福村写本・菅裁写本は、

上之郷

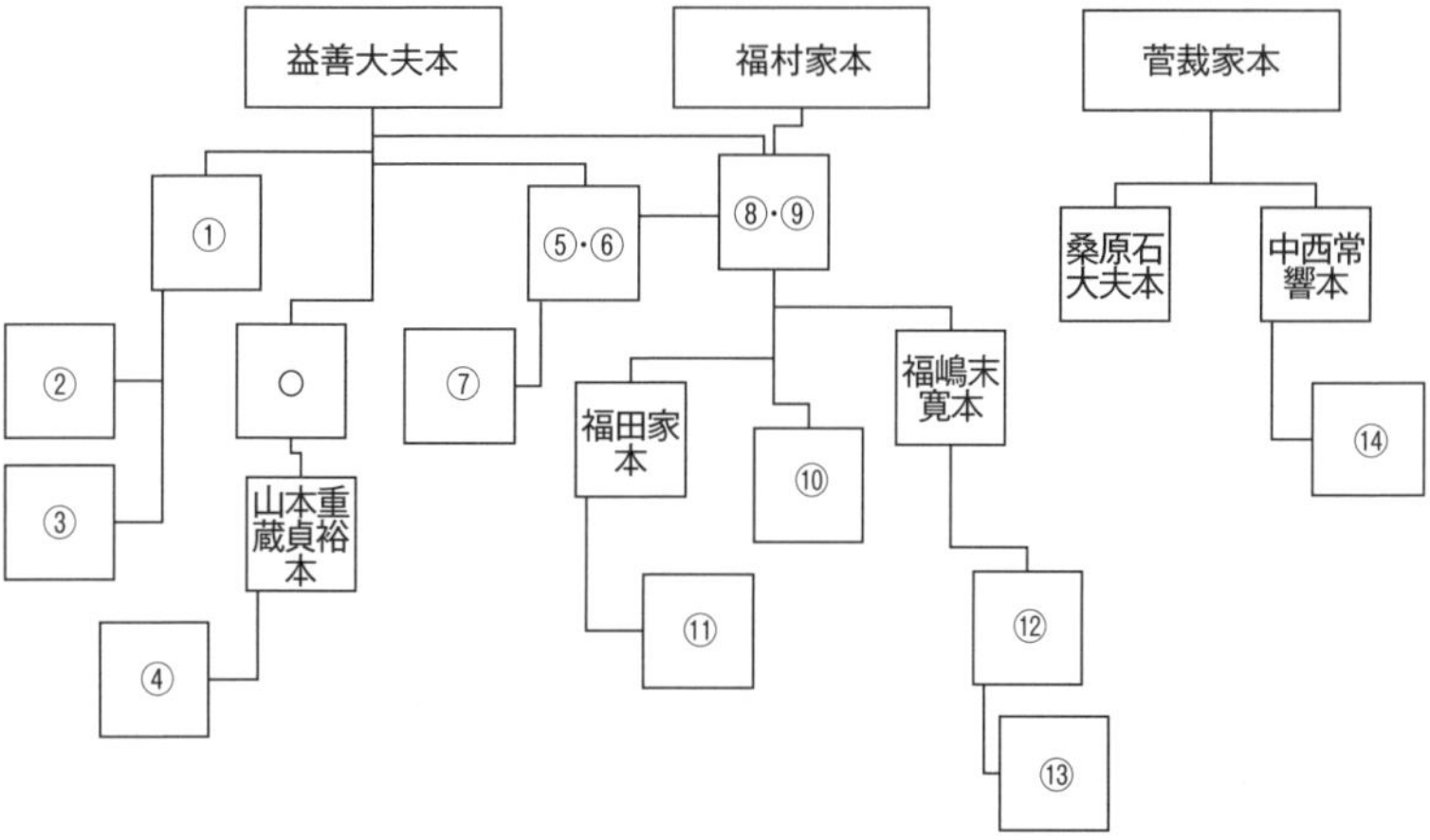

図３　師職帳の転写系統

北弥九郎　　　白米彦左衛門　　　同弥左衛門
白米彦八　　　同彦次郎

とあるように三段で記されている。この相違は、記載されている御師と並び順に異動があること(後述)を重視すると、転写の過程で加えられた変更ではなく、原本の段階から異なっていた可能性が高い。

3　御師数の相違

載せられている御師の数を確認しておく【表8】。

【表8】記載する御師数の相違

	益写本	福村写本	菅裁写本
上之郷	7	5	5
上中之郷	9	6	6
下中之郷	12	6	5
八日市場	24	20	20
曽祢	6	5	5
大世古・櫟木	20	15	15
一志・久保	24	21	21
宮後・西河原	22	20	20
田中・中世古	13	12	11
下馬所・前野	14	13	13
岩渕	26	23	24
合　計	177	146	145

一見してわかるように、三者で御師の数が相違している。特に、益写本と福村写本・菅裁写本の間には三〇名ほどの異同が存在している。なお、上掲した大西氏・新城氏は、一四五家としているが、この数字は福村写本の末尾に「合百四拾五人」と記載があることに拠ったものであろう。しかし、実際に数えてみると一四六の名前が書かれている。

以上から、写本ごとに一定の相違が存在していることが確認できた。特に御師数に関しては、先行する成果において一四五と一七七という二つの数字が出されていたが、これは依拠した写本の異同に起因していることが明らかとなった。

二　記載内容の検討

ここでは、師職帳の記載内容について詳しくみてゆきたい。前節で確認したように、益写本・福村写本・菅裁写本ではそれぞれ記載されている御師に相違があり、さらに、その並び順も異なっている。これを表にすると次のようになる【表9】。記載数の多い益写本を基準として各系統本の異同を示し、御師名の上部にもともとの並び順を付した。

【表9】記載されている御師の異同

	益写本	福村写本	菅裁写本
上之郷	①北弥九郎	①北弥九郎	①北弥九郎
	②北弥吉		
	③北弥七郎		
	④白米屋（ママ）彦左衛門	②白米彦左衛門	②白米彦左衛門
	⑤白米屋（ママ）弥左衛門	③同弥左衛門	③白米弥左衛門
	⑥白米屋（ママ）彦八	④白米彦八	④白米彦八
	⑦白米屋（ママ）彦次郎	⑤同彦次郎	⑤白米彦次郎
上中之郷	①橋村善左衛門		
	②榎倉新太郎		
	③榎倉仁八		
	④松村善次郎	④松村善次郎	④松村善治郎
	⑤中山甚一郎	①中山甚一郎	①中山甚七（ママ）郎
	⑥清水文（ママ）左衛門	③清水又左衛門	③清水又左衛門
	⑦大主新右衛門	②大主新左衛門	②大主新右衛門
	⑧橋村又五郎	⑤橋村又五郎	⑤橋村又五郎
	⑨三村清左衛門	⑥三村清左衛門	⑥三村清左衛門
下中之郷	①吉久左衛門	①吉久左衛門	①吉久左衛門
	②堤半兵衛尉		
	③堤伊之助		
	④松尾六兵衛尉		
	⑤林治郎吉郎		
	⑥林与三太		
	⑦綿屋彦兵衛尉	②綿屋彦兵衛尉	②綿屋彦兵衛（ママ）
	⑧孫兵衛尉	③孫兵衛尉	③綿屋（ママ）孫兵衛（ママ）
	⑨長熊屋		

	⑩綿屋平兵衛尉	④綿屋平六（ママ）兵衛尉	
	⑪三村宗左衛門	⑤三村宗左衛門	④三村宗左衛門
	⑫徳屋清左衛門	⑥徳屋清左衛門	⑤徳屋清左衛門
八日市場	①幸福平八郎	①幸福平八郎	①幸福平八郎
	②為田重左衛門	②為田重左衛門	②為田重左衛門
	③辻次郎右衛門	③辻次郎右衛門	③辻次郎右衛門
	④鎰屋藤兵衛尉	④鎰屋藤兵衛尉	④鎰屋藤兵衛（ママ）
	⑤吉沢十郎右衛門	⑤吉沢十郎右衛門	⑤吉沢十郎右衛門
	⑥慶徳弥四郎	⑥慶徳弥四郎	⑥慶徳弥四郎
	⑦慶徳藤右衛門	⑦慶徳藤右衛門	⑨慶徳藤右衛門
	⑧三日市与三大夫	⑧三日市与三大夫	⑧三日市与三大夫
	⑨福嶋茂三郎	⑨福嶋茂三郎	⑦福嶋茂三郎
	⑩福嶋三四郎		
	⑪大主源左衛門	⑩大主源左衛門	⑩大主源左衛門
	⑫慶徳平右（ママ）衛門	⑪慶徳平左衛門	⑪慶徳平左衛門
	⑬慶徳弥左衛門	⑫慶徳弥左衛門	⑫慶徳弥左衛門
	⑭坂喜左衛門		
	⑮坂市郎右衛門		
	⑯福島善右衛門		
	⑰為田兵大夫	⑬為田兵大夫	⑬為田兵大夫
	⑱為田儀右衛門尉	⑭為田儀右衛門尉	⑭為田儀右兵衛（ママ）
	⑲幸福小（ママ）麦右衛門	⑮幸福麦右衛門	⑮幸福麦右衛門
	⑳原市蔵	⑯原市蔵	⑯原市蔵
	㉑辻常縁	⑰辻常縁	⑰辻常縁
	㉒為田孫八	⑱為田孫八	⑱為田孫八
	㉓五富利与三郎	⑲五富利与三郎	⑲五布（ママ）利与三郎
	㉔山村丸右衛門	⑳山村丸右衛門	⑳山村丸右衛門
曽祢	①谷助右衛門	①谷助左（ママ）衛門	①谷助右衛門
	②谷一郎大夫	②谷一郎大夫	②谷市（ママ）郎大夫
	③馬瀬平左衛門	③馬瀬平左衛門	③馬瀬平左衛門
	④馬瀬孫（ママ）十郎	④馬瀬弥十郎	④馬瀬弥十郎
	⑤春木三郎五郎		
	⑥堤三郎大夫	⑤堤三郎大夫	⑤堤三郎大夫
大世古・櫟木	①松田与吉	①松田与吉	①松田与吉
	②谷一郎兵衛尉	②谷一郎兵衛尉	②谷市（ママ）郎兵衛（ママ）
	③西村九平二（ママ）	③西村九平次（ママ）	③西村九郎治（ママ）
	④松田治郎右衛門	④松田次（ママ）郎右衛門	④松田治（ママ）左衛門
	⑤松田治右衛門	⑤松田治右衛門	⑤松田治右衛門
	⑥森伝吉	⑥森伝吉	⑥森伝吉
	⑦龍伝九郎	⑦龍伝九郎	⑦龍伝九郎
	⑧松田与八郎	⑧松田与八郎	⑧松田与八郎
	⑨酒屋弥太郎	⑨酒屋弥太郎	⑫酒屋弥太郎
	⑩酒屋弥四郎	⑩酒屋弥四郎	⑬酒屋弥四郎
	⑪松田十郎兵衛	⑪村（ママ）田十郎兵衛尉（ママ）	⑨松田十郎兵衛
	⑫高向源治郎		
	⑬二見長右衛門		

⑭服部宮内		
⑮龍新兵衛尉	⑫龍新兵衛尉	⑩龍新兵衛(ママ)
⑯二本杉左兵衛尉		
⑰松田善四郎		
⑱奥山弥太郎		
⑲松(ママ)木作大夫	⑭杉木作大夫	⑭杉木作大夫
⑳河村孫大夫	⑮河村孫大夫	⑮河村孫大夫
	⑬松田弥左衛門	⑪松田宗(ママ)左衛門
一志・久保		
①福井七郎兵衛尉		
②同七兵衛尉		
③同兵八郎	②福田兵八郎	②福田兵八郎
④福田宗右衛門	③福田宗右衛門	③福田宗右衛門
⑤福田七兵衛尉	①福田七兵衛尉	①福田七兵衛(ママ)
⑥同久吉郎		
⑦孫福大夫	④孫福大夫	④孫福大夫
⑧松(ママ)木長簡	⑤杉木長簡	⑤杉木長簡
⑨杉木味右衛門	⑦杉木味右衛門	⑦杉木味右衛門
⑩丸井甚左衛門	⑧丸井甚左衛門	⑧丸井甚左衛門
⑪祝部源左衛門	⑨祝部源左衛門	⑨祝部源左衛門
⑫正住平右衛門	⑩正住平右衛門	⑩正住平右衛門
⑬正住善五郎	⑪正住善五郎	⑪正住善五郎
⑭久保大夫四郎	⑫久保大夫四郎	⑫久保大夫四郎
⑮藤井孫七郎	⑬藤井孫七郎	⑬藤井孫七郎

⑯藤井孫八郎	⑭藤井孫八郎	⑭藤井孫八郎
⑰二本杉治兵衛尉	⑮二本杉治兵衛尉	⑮二本杉治兵衛(ママ)
⑱二見孫兵衛尉	⑯二見孫兵衛尉	⑯二見孫兵衛(ママ)
⑲赤塚七郎		
⑳上田三七	⑰上田三七	⑰上田三七
㉑杉村善吉大夫	⑱杉村善吉大夫	⑱杉村善吉大夫
㉒杉村善太郎	⑲杉村善太郎	⑲杉村善太郎
㉓祝部宮福	⑳祝部宮福	⑳祝部宮福
㉔四頭大夫	㉑四頭大夫	㉑四頭大夫
	⑥杉木宗大夫	⑥杉木宗大夫
宮後・西河原		
①足代喜三左衛門	①足代喜三左衛門	①足代喜三左衛門
②幸田孫兵衛尉	②幸田孫兵衛尉	②幸田孫兵衛尉
③蔵田弥兵衛尉	③蔵田孫(ママ)兵衛尉	③蔵田弥兵衛尉
④三頭源兵衛尉	④三頭源兵衛尉	④三頭源兵衛(ママ)
⑤堤源助		
⑥幸田半右衛門	⑤幸田半右衛門	⑤幸田半右衛門
⑦足代佐(ママ)右衛門尉	⑥足代左衛門尉	⑥足代左兵衛(ママ)
⑧足代勝大夫	⑦足代勝大夫	⑦足代勝大夫
⑨三頭文左衛門	⑧三頭文左衛門	⑧三頭文左衛門
⑩幸田孫八	⑨幸田孫八	⑨幸田孫八
⑪祝部治大夫	⑩祝部治大夫	⑩祝部治大夫
⑫亀田四郎兵衛尉	⑪亀田四郎兵衛尉	⑪亀田四郎兵衛尉
⑬松田三郎四郎	⑫松田三郎四郎	⑫松田三郎四郎

地区			
	⑭椿曽宗左衛門		
	⑮慶徳主馬允	⑬慶徳主馬允	⑬慶徳主馬允
	⑯藤田喜左衛門	⑭藤田喜左衛門	⑭藤田喜左衛門
	⑰追沼甚七郎	⑮追沼甚七郎	⑮追沼甚七郎
	⑱小禰宜彦四郎	⑯小禰宜彦次郎	⑯小禰宜彦次郎
	⑲山下彦兵衛	⑰山下彦兵衛尉(ママ)	⑰山下彦兵衛
	⑳瓶子館	⑱瓶子館	⑱瓶子館
	㉑慶徳太郎左衛門	⑲慶徳太郎左衛門	⑲慶徳太郎左衛門
	㉒中津彦太郎	⑳中津彦太郎	⑳中津彦太郎
田中・中世古	①高向源六郎	①高向源六郎	①高向源六郎
	②同松兵衛尉	②高向松兵衛尉	②高向松兵衛(ママ)
	③同与三大夫	③同与三大夫	③高向与三大夫
	④同源五郎	④同源五郎	④高向源五郎
	⑤川井孫九郎		
	⑥田中助六	⑤田中助六	⑤田中助六
	⑦熊鶴甚三郎	⑥熊鶴甚三郎	⑥熊鶴甚三郎
	⑧五文字(ママ)屋六右衛門	⑦五文子屋六右衛門	⑦五文子屋六右衛門
	⑨秤屋善大夫	⑧秤屋善大夫	⑧秤屋善大夫
	⑩五文(ママ)字屋(ママ)	⑨五文子屋善兵衛尉(ママ)	⑨五文子屋善兵衛
	⑪善兵衛尉	⑩善兵衛尉	
	⑫笠木助三郎	⑪笠木助三郎	⑩笠木助三郎
	⑬綿屋館	⑫綿屋館	⑪綿屋館清兵衛(ママ)
下馬所・前野	①山田大路お弁	①山田大路お弁	①山田大路お弁

地区			
	②同三大夫	②同三大夫	②山田大路三大夫
	③同善七郎	③同善七郎	③山田大路善七郎
	④五文字(ママ)屋四郎	④五文子屋四郎右衛門(ママ)	④五文子屋四衛門(ママ)
	⑤豊田佐(ママ)之助	⑤豊田左之助	⑤豊田左之助
	⑥前田源三(ママ)郎	⑨前田源二(ママ)郎	⑨前田弥次郎(ママ)
	⑦角屋善九郎	⑥角屋善九郎	⑥角屋善九郎
	⑧す屋善四郎	⑦す屋善四郎	⑦すや善四郎
	⑨河北助大夫	⑩河北助大夫	⑩河北助大夫
	⑩前野喜大夫		
	⑪木沢彦右衛門	⑧木沢彦右衛門	⑧木沢彦右衛門
	⑫福田太郎	⑪福田太郎	⑪福田太郎
	⑬橋本七右衛門	⑫橋本七右衛門	⑫橋本七右衛門
	⑭河口(ママ)喜兵衛尉	⑬河江賀兵衛尉	⑬河江賀兵衛尉
岩渕	①中西伊右(ママ)衛門	①中西伊左衛門	①中西伊左衛門
	②中西平右衛門	②中西平右衛門	②中西平右衛門
	③同理治(ママ)右衛門	③中西理次右衛門	③中西利(ママ)次右衛門
	④同与(ママ)次作	④中西与次作	⑧中西与次作
	⑤小田惣(ママ)兵衛尉	⑤小田平兵衛尉	④小田平兵衛尉
	⑥久保倉十吉	⑥久保倉十吉	⑤久保倉十吉
	⑦久保倉五兵衛		
	⑧二頭大夫		
	⑨三日市権兵衛尉		
	⑩中西十郎右衛門	⑦中西十郎右衛門	⑦中西十郎右衛門

⑪中西甚治郎	⑧中西甚四郎（ママ）	⑥中西甚次郎（ママ）
⑫同（ママ）理八郎	⑨中西理八郎	⑨中西利（ママ）八郎
⑬小田源二郎	⑩小田源二郎	
⑭丹蔵喜左衛門	⑪丹蔵喜左衛門	⑫丹蔵喜右（ママ）衛門
⑮丹蔵治郎兵衛尉	⑫丹蔵四（ママ）郎兵衛尉	⑬丹蔵次（ママ）郎兵衛尉
⑯福市彦五郎	⑬福市彦五郎	⑭福市彦五郎
⑰岩田彦作	⑭岩田彦作	⑮岩田彦作
⑱橋本善二（ママ）郎	⑮橋本善次郎	⑯橋本善次郎
⑲中西太郎兵衛	⑯中西太郎兵衛	⑰中西太郎兵衛尉（ママ）

⑳世儀太郎左衛門	⑰世義（ママ）太郎左衛門	⑱世木（ママ）太郎左衛門
㉑丹蔵与二（ママ）右衛門	⑱丹蔵与次右衛門	⑲丹蔵与次右衛門
㉒徳田九左衛門	⑲徳田九左衛門	⑳徳田九右（ママ）衛門
㉓蔵儀（ママ）右衛門	⑳蔵宜右衛門	㉑蔵宜右衛門
㉔谷帯刀	㉑谷帯刀	㉒谷帯刀
㉕橋本五左衛門	㉒橋本五左衛門	㉓橋本五左衛門
㉖中西才蔵	㉓中西才蔵	㉔中西才蔵
		⑩中西勘次郎
		⑪中西孫次郎

1　記載の不足

異同をみてゆく前に第一に注意したいのは、この師職帳が御師の居住地すべてを載せているか、という問題である。承応二年（一六五三）八月に実施された師職改では、上之郷、上中之郷、下中之郷、八日市場、曽祢、大世古・楪木、一志久保、宮後・西河原、田中・中世古、下馬所・前野、岩渕・岡本といった町々が調査の対象になっている[14]。これと比べると、師職帳では、岡本が抜け落ちていることに気付く。この岡本には、山田三方の一員である上部氏をはじめ多くの御師家が居住していたはずであり、ここが載せられていないのは明らかに不自然である[15]。従って、この師職帳は御師の居住地すべてを載せているものではなく、その合計した御師数も全体を示すものではないと指摘できる。

また、御師数の問題に関して付言するならば、町ごとにおいても、すべての御師を載せていない可能性が高い。まず、御師として活動していた禰宜家の記載が皆無である。さらに、例えば丸岡氏と村山氏はともに文禄年間の段階で活動が確認できる御師家であるが[16]、いずれの系統本においても載せられていない。

右のことから、近世に作成された他の師職銘帳と同じように居住する御師すべてを載せるものとして理解することは誤りであるといえる。

2 系統本ごとの異同

次に、載せられている御師の異同について考えてみたい。まず気が付くのは、前節で見たように、益写本と福村写本・菅裁写本との間に三〇人ほどの御師数の相違があることである。それぞれで並び順が異なることから、転写の過程で起きた欠落とは考えられず、追加または除外されたものであると捉えた方が整合的であろう。もちろん、転写の過程で施された改変の可能性もあるが、後述する異同からは、それを後世において敢えて行う理由も見出せない。やはり、成立の段階から異なっていたと考えるべきである。

ここで手がかりとなるのは、橋村善左衛門（上中之郷①）・榎倉新太郎（上中之郷②）・長熊屋（下中之郷⑨）・坂喜左衛門（八日市場⑭）・春木三郎五郎（曽祢⑤）・堤源助（宮後・西河原⑤）・川井孫九郎（田中・中世古⑤）といった御師たちの存在である。彼らのうち、榎倉氏・長熊屋（堤氏）・坂氏・堤氏は内宮権禰宜[17]、春木氏は外宮権禰宜と外宮玉串内人[18]、橋村氏・川井氏（河井氏）は外宮権禰宜[19]、をそれぞれ世襲する家々であったことが確認でき、いずれも伊勢神宮の役職を務めているという点で共通している。つまり、この益写本のみに記載されている御師たちは、いずれも権禰宜などの何らかの役職を持つ者たちであると推定することができよう。

そして、成立の前後関係に関して、これをもとに勘案するならば、もともと禰宜が除外されていたにもかかわらず、権禰宜以下の役職を務める御師たちのみを後から追加するとは考え難く、従って、益写本が先行して成立していたものと想定される。

一方、益写本に記載のない御師に関しては、
(a)福村写本「松田弥左衛門」(大世古・櫟木⑬)・菅裁写本「松田宗左衛門」(大世古・櫟木⑪)
(b)福村写本・菅裁写本「杉木宗大夫」(一志・久保⑥)
(c)菅裁写本「中西勘次郎」(岩渕⑩)
(d)菅裁写本「中西孫次郎」(岩渕⑪)
が挙げられる。特に共通する点も存在せず、福村写本・菅裁写本が作成された際に追加された者たちであると理解しておきたい。

では、福村写本と菅裁写本はどうであろうか。その異なる点としては、
(i)福村写本に載せる綿屋平六兵衛尉(下中之郷④)が菅裁写本にはない。
(ii)福村写本の善兵衛尉(田中・中世古⑩)が菅裁写本にはない。
(iii)福村写本の小田源二郎(岩渕⑩)は菅裁写本にはない。
(iv)菅裁写本の中西勘次郎(岩渕⑩)・中西孫次郎(岩渕⑪)は福村写本にはない。
(v)八日市場、大世古・櫟木、岩渕の並び順が異なる。
が挙げられる。右のような異同に関してうまく説明する糸口は見当たらず、両系統本の関係は不明である。ここでは後考を俟つことにしたい。

3　史料としての性格

この師職帳については、既に千枝大志氏が「文禄三年の台帳は、私見では同年の太閤検地免除に伴う土地所有者把

握台帳の性格が濃厚」[20]としている。これは作成年に注目し、この年に実施された太閤検地との関わりから導き出された見解で説得力を持つ。しかし、内題に「太神宮御師人数之帳」とあることや、2で明らかにしたように伊勢神宮の役職を持つ者たちが意図的に除外された形跡があることを踏まえるならば、作成の契機自体は正鵠を射ているものの、「土地所有者把握台帳」とするのは無理があるように思われる。

では、どのように考えればよいのだろうか。残念ながら、その性格を明示する同時代の史料は管見の限り確認できない。ただ、菅裁本を収録する「神境雑例」に載せられた中西常響の手による付記に、

此師職帳ハ菅裁ノ家ニ伝ヘシヲ写タル也、文禄三年ハ御検地ノコトナトモアリテ諸事御改ニヨリ御公儀江書上シ控ト見エタリ、此内ニ権任家ハ多ク漏セリ、神宮ヨリ書上ケルカ、今考ルニ何事ニヨラス一方ハ名前出シハ重複スルユヘ除キシト見エタリ、又、乱世後ノコトナレハ暫姓名ヲ遠慮セル家モアルヘシ、二百十余年後ノ今知ルヘカラス、適々此一帖ノ残レルニテ古師職ノ家ヲ知レリ、幸ナル哉、

とあることが注目される[21]。ここで常響は、

(ア)師職帳は、豊臣政権に提出する目的で作成された御師の台帳の控と考えられる。

(イ)権任家の記載がないが、これは伊勢神宮から提出した神職の台帳に権禰宜として載せられたため、その重複を避けたからである。

(ウ)記載を憚った御師家も存在する可能性がある。

と指摘している。右は菅裁写本のみから導かれた見解であるものの、福村写本や益写本で確認された諸点にも合致しており、整合的な説明であるといえる。これに依拠して理解するならば、禰宜家の記載がなかったのは神職として別の台帳に載せられていたからで、さらに、益写本と福村写本・菅裁写本との間に確認された相違は、重複を避けるた

めに除外がなされたからであると考えられよう。

以上の1~3から、この師職帳が文禄三年(一五九四)段階で存在していたすべての御師を記載するものではないことが明らかとなった。また、それぞれの系統本の成立については、益写本が先行してまとめられ、その後、伊勢神宮が作成した台帳との重複を避けるため、新たに福村写本・菅裁写本が作られた可能性が高いことを指摘した。

おわりに

師職帳について考察を進めてきた。従来の研究では、ここに載せられている御師数を当該期の実態を示すものとして無批判に使用してきた。しかし、現存する写本を確認すると、三種類の系統本が存在し、それぞれで記載に相違があることが明らかとなった。そして、内容への検討の結果、そもそもこの師職帳は、一部の欠落が存在しており、さらに、御師として活動している者すべてを記載するものではないことが浮き彫りとなった。従って、御師数に関する安直な利用は控えるべきであり、近世の師職銘帳とは性格を異にする史料として理解する必要があろう。

今後の課題としては、当該期の御師数を改めて概算することが挙げられる。これについては、御師家の史料や近世前期の師職銘帳などを活用することによって見積もることが可能であると考える。

註

(1) 師職銘帳のまとまった写本として、「山田師職銘帳」(神宮文庫所蔵、図書番号一門三五四二号)がある。これは橋村

（度会）正立が近世後期に書写したもので、文禄三年（一五九四）十月から元治元年（一八六四）五月までの師職銘帳（全三六冊）が集められている。なお、本章で使用する史料は特に断らない限り、すべて神宮文庫の所蔵である。

（2）大西源一『大神宮史要』（平凡社、一九六〇年）、三九九頁。

（3）新城常三『新稿 社寺参詣の社会経済史的研究』（塙書房、一九八二年）、七五八頁。

（4）宮家準執筆「御師」項（国史大辞典編集委員会編『国史大辞典』第二巻、吉川弘文館、一九八〇年）。

（5）例えば、高橋正彦「解題（伊勢御師 橋村家文書）」（天理図書館善本叢書和書之部編集委員会編『天理図書館善本叢書和書之部六十八巻 古文書集』、天理大学出版部、一九八六年）において、「中世末には外宮所属の御師だけでも一四五家に達した」としている（二六頁）。

（6）「師職」項（下中弥三郎編『神道大辞典』第二巻、平凡社、一九三九年）。

（7）久田松和則「西北九州における伊勢信仰の受容と展開」（『伊勢御師と旦那―伊勢信仰の開拓者たち―』所収、弘文堂、二〇〇四年）、八四頁。初出は、「九州地方に於ける伊勢信仰の受容と展開（一）―その実態・参宮者の数と村―」（『皇學館大学神道研究所紀要』一二輯、一九九六年）、千枝大志「中世末・近世初期の伊勢御師に関する一考察―外宮御師宮後三頭大夫の越前国における活動を中心に―」（上野秀治編『近世の伊勢神宮と地域社会』、岩田書院、二〇一五年）、一三九頁。

（8）前掲「山田師職銘帳」二十七巻。

（9）「三方会合記録 十」宝暦十一年十一月条（神宮司庁編『神宮近世奉賽拾要　後篇』所収、吉川弘文館）、八一六～八一七頁。

（10）前掲「山田師職銘帳」二十六巻。

（11）「文禄三年師職銘帳」（図書番号一門一六一一一号）。以下、益写本の引用はすべて当本に拠る。

（12）「文禄三年師職帳」（図書番号一門一一四〇七号）。以下、福村写本の引用はすべて当本に拠る。なお、これについては既に翻刻が存在している（「神宮御師（宇治・山田）名鑑」、『瑞垣』一一二号、一九七七年）。

（13）「神境雑例」収録「文禄三年御師名前帳」（図書番号八門一九八六号）。以下、菅裁写本の引用はすべて当本に拠る。

（14）前掲「三方会合記録　五」承応二年（一六五三）八月二十九日条、四六五頁。

（15）延宝五年（一六七七）七月の師職改では、岡本には上部氏をはじめ二〇人の御師が居住していたことが確認できる（前掲「三方会合記録　五」延宝五年七月八日条、四八六頁）。

（16）山田恭大「外宮御師丸岡家の師職経営」（『皇學館論叢』四六巻一号、二〇一三年）、小林郁「戦国末期における伊勢御師の継承―村山文書を中心に―」（『皇學館論叢』四七巻四号、二〇一四年）。

（17）「内宮職掌家譜」（図書番号一門一〇九九九号）。当史料は、薗田守良が著した「内宮地下権任系図」に、弘化二年（一八四五）十二月二日付で御巫清直が増補を加えたものである。内宮権任家を中心に様々な家々の系図が収録されている。

（18）『考訂度会系図』収録「春木隼人家系」（神宮古典籍影印叢刊編集委員会編『神宮古典籍影印叢刊5―1　神宮禰宜系譜』所収、皇學館大学、四三〇頁）。

（19）橋村氏については、前掲『考訂度会系図』収録「橋村主膳家系」（五二〇～五二三頁）。これに関しては千枝大志氏の比定に拠った（「本研究の視座と課題」表1、『中近世伊勢神宮地域の貨幣と商業組織』所収、岩田書院、二〇一一年、二二一～二二三頁）。また、河井氏については、前掲『考訂度会系図』収録「河井右近家系」（五八七～五八九頁）参照。

（20）千枝前掲「中世末・近世初期の伊勢御師に関する一考察―外宮御師宮後三頭大夫の越前国における活動を中心に―」、一四五頁。

（21）「神境雑例」（図書番号八門一八九二号）。当史料は、鳥居前町に関する様々な記録・文書の写しを収録した史料集である。末尾に載せる嘉永四年（一八五一）九月二十六日付の御巫清直の手による識語によると、これは文化二年（一八〇五）の成立と推定され、編者は岩渕町の年寄家の出身で寛政元年（一七八九）から同十二年にかけて公文内人を務めていた中西常響であるという。

第八章 中世末期から近世初頭にかけての内宮御師の活動
―寄進状の表記を素材として―

はじめに

本章は、中世末期から近世初頭にかけての内宮御師の活動について考察を行うものである。当該期の神宮御師に関する研究は、新城常三氏[1]や西山克氏[2]の成果を土台として、御師たちが行う活動の解明を目指して進められてきた[3]。例えば、近年のものとしては千枝大志氏の成果[4]などがある。

このような状況のなかで課題として指摘できるのは、研究の対象が外宮御師に偏っているという点である。神宮御師には、外宮御師と内宮御師の二種類が存在したが[5]、検討の俎上に載せられるのは前者ばかりで、後者を専一に論じた成果は内宮御師の太郎館氏の来歴を検討した宇仁一彦氏の成果[6]が挙げられるのみである。確かに、外宮御師の方が活発に活動を行い、師旦関係の大半は彼らが占めていたとの指摘[7]があり、これに関心が集中したのも無理からぬことであろう。また、内宮御師の史料が外宮御師と比べて少なく、そのような制約から意図的に敬遠されてきたということもあるのかもしれない。

しかしながら、内宮御師が外宮御師と別個の集団を形成し、両者が競合関係にあったこと[8]を重視するならば、従来の外宮御師だけを対象とする取り組みだけでは不十分であって、この内宮御師の存在にも目配りする必要があるように思われる。そうすることで、布教や旦那獲得のあり方といった新たな活動の側面にも光を当てることが可能であろう。

では、史料的制約を克服する手立てはないのであろうか。ここで方策として採用するのは土地に関する寄進状の集積である。前述したように当該期の史料は限られているが、この寄進状に関しては、太郎館氏の文書群に含まれるものを中心に一定の数量が確認でき、外宮御師への寄進状と内宮御師へのそれとを比較することによって、その特徴を浮き彫りにすることが可能であると考える。

以上をもとに、第一節では御師家への寄進[9]に関して概観する。そして、第二節において外宮御師に宛てられた寄進状を、第三節において内宮御師に宛てられた寄進状を、それぞれ検討する。これにより、内宮御師の特徴を明らかにすることを目指したい。

一　御師家への寄進

ここでは、御師家への寄進について簡単に概観しておきたい。

当該期においては、祈禱や廻旦(御祓配り)などを通じて神宮御師が伊勢神宮と旦那との間を仲介する役割を果たしていたことから、米穀や金銭など様々な物品が各御師家に納められるところとなった。例えば、

謹奉レ納二

伊勢天照大神宮御宝前一

浅黄糸

腹巻　同毛甲　一両
　金物菊
右当病即愈之祈願也、
　　　　　　　　　　　　武田五郎
　　　　　　　　　　　　　源信縄
　十月廿三日
　　幸福大夫殿

「（包紙ウワ書）
伊勢天照大神宮御宝前　　　武田五郎
　　　　　　　　　　　　　源信縄　」

という寄進状がある(10)。これは某年十月二十三日に、甲斐国守護の武田信縄から外宮御師の幸福氏(11)に出されたものである。内容を見ると、病気平癒を願って腹巻一両が納められていることがわかる。

これらの寄進物のうち御師家に多大な利益をもたらしたものとして、土地に関する権益が挙げられる。いくつか具体的な例を示しておこう（後掲【表10】No.6）。

為二長久祈念一、神田拾弐貫前、令二寄進一候、弥於二御神前一、被レ抽二懇厚一候者、可レ為二祝着一候、猶両人可レ申候、恐々謹言、
　天文廿一年弐月十六日　　　　　隆景（花押）
　　村山四郎大夫殿
「（貼紙）小早川左衛門佐隆景後従三位中納言」

右は天文二十一年（一五五二）二月十六日付で、安芸国の有力国人毛利氏の一族であった小早川隆景から外宮御師の

村山氏(12)に出されたものである。(13)祈禱のために「神田拾弐貫前」が村山氏に寄進されている。

もう一例、挙げておく（後掲【表10】No.56）。

伊勢大神宮為二社領一、吾川郡畑村ニ而合百石令二寄進一候也、

慶長九年

正月廿四日　　　山内土佐守

一豊（花押）

上部久八郎殿へ

これは土佐国高知藩主であった山内一豊から、慶長九年（一六〇四）正月二十四日に外宮御師の上部氏(14)に出されたものである。(15)「伊勢大神宮為二社領一」と称して「百石」を寄進していることがわかる。

さらに、内宮御師への寄進の例も挙げておく（後掲【表11】No.8）。

永代内宮御くう米きしんの事

合壱所者　在所谷之田壱石成

四至 限東たに　限南岡田半右衛門尉田 限西同名源兵へ田　限北たに

右件之田地者、石田与七郎重代相伝之雖レ為二名田一、以二子細有一内宮大こく屋藤四郎殿へ永きしん仕候、於二子々孫々中ニ一御きねん奉二頼申一候、仍後日きしん状如レ件、

伊丹

天正弐年きのへいぬ九月吉日　　石田与七郎

吉親（花押）

内宮大こく屋殿参

右は天正二年（一五七四）九月吉日付で「伊丹」に住む石田吉親という人物から、内宮御師である大黒氏[16]に出されたものである[17]。これによると、石田吉親が相伝してきた「名田」（一石）を「内宮御くう米」と称して寄進することを約し、子々孫々に亙ってその祈禱を依頼している。

この寄進の多くは、「伊勢太神宮領之事」（後掲【表10】No.27）や「伊勢大神宮寄進領之事」（後掲【表10】No.53）といった表題を持つものや、本文中に「天照皇大神宮江」（後掲【表10】No.5）・「伊勢大神宮江奉二寄進一」（後掲【表10】No.12）・「奉レ寄二進　伊勢大神宮一」（後掲【表10】No.32）・「全可レ有二社納一者也」（後掲【表10】No.52）との文言を含むものが散見されることからも窺われるように、本来、伊勢神宮に納めることを意図するものであった。しかし、内実は御師家が自らの得分として取得していたと考えられる。

以上のような寄進に際して作成された寄進状の記載を検討することによって、御師に対する旦那側の認識を読み取ることが可能であり、それをもとに御師の活動の特徴を明らかにすることができるものと予想される。

二　外宮御師の活動

本節では、外宮御師の活動の特徴について寄進状をもとに指摘しておく。

旦那側から外宮御師へ出された土地関係の寄進状を集積すると【表10】のようになる（なお、寄進物については本章の内容とは直接的には関係が無いため、表から割愛した。これに関しては別稿を期したい）。

【表10】外宮御師宛土地関係寄進状一覧（寛永年間まで）

	表題	作成年	西暦	差出	宛所	寄進先・目的（本文の記載）	出典
1	太神宮御寄進之事	明応七年潤十月吉日	一四九八	康祐　判（花押影）	なし	なし	神宮文庫所蔵「御師蔵田太夫文書写」収録
2	太神宮御寄進之事	明応七年潤十月吉日	一四九八	上杉春也・御代官春祐（花押影）	なし	為御祈禱料	神宮文庫所蔵「御師蔵田太夫文書写」収録
3	遠江国山口十二郷内口入米之事	永正三年六月三十日	一五〇六	五郎（花押影）	亀田太郎大夫との	なし	東京大学史料編纂所所蔵「賜芦文庫文書」所収「吉沢文書」収録
4	なし	天文三甲辰九月十六日	一五三四	利政	福嶋四郎右衛門尉殿	天照太神宮	神宮文庫所蔵「古文書集」巻一収録
5	なし	天文十六年丁未十月二十五日	一五四七	芸州賀茂之郡志芳之庄東村物領方　藤原朝臣天野六郎隆綱（花押）	村山四郎大夫殿	天照皇大神宮江	「天野隆綱寄進状」（『三重県史』資料編中世1《下》「村山文書」所収、370頁）
6	なし	天文二十一年二月十六日	一五五二	隆景（花押）	村山四郎大夫殿	なし	「小早川隆景寄進状」（『三重県史』資料編中世1《下》「村山文書」所収、364頁）
7	真木之本之五百田之事	天文二十一年壬子十二月二十四日	一五五二	隆重（花押）	村山四郎大夫殿	為新寄進、々宮仕候	「天野隆重寄進状」（『三重県史』資料編中世1《下》「村山文書」所収、362頁）
8	伊勢大神宮寄進申田地之事	永禄二年霜月十三日	一五五九	与鎰久兵衛尉勝直御書判	福井勘右衛門殿	福井勘右衛門殿永代寄進	神宮文庫所蔵「古文書集」巻三収録

9	永代奇進申田地之事	永禄三年庚申九月三日	一五六〇	奇進主玄庭　下大くほ	なし	山田へ下宮（ママ）殿末代奇進	「玄庭田地寄進状案」（『三重県史』資料編中世1《下》「輯古帖」収録、739頁）
10	なし	永禄九年丙寅潤八月日	一五六六	由良刑部大輔成繁直判・六郎国繁直判	なし	なし	神宮文庫所蔵「御大名御旗本御師旦古文書之写」収録
11	山田御寄進替地之事	永禄九年閏八月吉日	一五六六	盛孝（花押）	榎倉大夫殿	なし	「盛孝寄進地替地注文」（『三重県史』資料編中世1《下》「輯古帖」収録、775頁）
12	永代奉奇進私領田地之事	永禄十三年卯月三日	一五七〇	施主南部新左衛門尉和就書判	伊勢御師　山田上部大夫殿まいる	伊勢大神宮江奉寄進	神宮文庫所蔵「古文書集」巻一収録
13	奉寄進田地之事	元亀元年六月十六日	一五七〇	朝倉治部丞景遐（花押）	西村八郎兵衛尉殿まいる	なし	「朝倉景遐田地寄進状」（『三重県史』資料編中世3《上》「西村文書」所収、658頁）
14	なし	元亀元年十二月十三日	一五七〇	長親（花押影）	なし	なし	神宮文庫所蔵「古文書集」巻三収録
15	御伊勢キシン状之事	元亀二年二月十一日	一五七一	今井藤十郎書判	御師　上部大夫殿	永代　大神宮キシン	神宮文庫所蔵「古文書集」巻一収録
16	なし	元亀二辛未年十二月吉日	一五七一	朝比奈駿河守信置（花押影）	御師　亀田大夫殿	為大神宮御神楽銭	東京大学史料編纂所所蔵「賜芦文庫文書」所収「吉沢文書」収録
17	奉寄進田地之事	元亀四年癸酉三月二十八日	一五七三	禅定寺里　奥谷形部（花押）・同　彦五郎形部（花押）	伊勢ヤウタイワフチ小田屋宗兵衛尉殿参	為　太神宮御供料、奉永代寄進	「奥谷彦五郎形部・同形部田地寄進状」（『三重県史』資料編中世1《下》「福島大夫関係御師文書」所収、291頁）

18	なし	天正二　八月一日	一五七四	羽柴藤吉郎秀吉御書判	上部大夫殿まいる	なし	神宮文庫所蔵「古文書集」巻一収録
19	大神宮御寄進之事	天正四年十一月吉日	一五七六	田切石心二郎衛門貞康（花押影）・宝光坊慶栄（花押影）	なし	なし	「宝光坊慶栄・田切貞康寄進状」（『三重県史』資料編中世1《下》「輯古帖」収録、790頁）
20	太神宮御進上之田地之事	天正五年丁丑霜月吉日	一五七七	河田五郎右衛門（花押影）	伊勢御師　小田惣兵衛尉殿まいる	なし	「河田五郎右衛門田地寄進状」（『三重県史』資料編中世1《下》「輯古帖」収録、743頁）
21	なし	天正六年三月二十四日	一五七八	信孝（花押影）	白米弥四郎殿	為新寄進	「神戸信孝寄進状」（『三重県史』資料編中世2補遺Ⅰ「白米家文書」所収「家鏡」収録、203頁）
22	伊勢太神宮新寄進	天正六年戊亥卯月吉日	一五七八	伊集院右衛門大夫忠棟書判・村田越前守経定書判・村山上野入道意余書判	なし	なし	神宮文庫所蔵「御大名御旗本御師旦古文書之写」収録
23	永代きしん申田地之事	天正六年九月吉日	一五七八	今村与次郎長治書判	伊勢　上部大夫殿参	なし	神宮文庫所蔵「古文書集」巻一収録
24	なし	天正七　二月三日	一五七九	羽柴藤吉郎秀吉御書判	上部大夫殿御宿所	大神宮へ御初尾として	神宮文庫所蔵「古文書集」巻一収録
25	なし	天正七年二月十九日	一五七九	堀四郎兵衛尉実正（花押影）	足代藤次殿　参	伊勢太神宮御寄進之地／末代可為　御神領	神宮文庫所蔵「足代文書」収録

26	なし	天正七年四月十六日	一五七九	神保安芸守氏張(花押影)	足代藤次殿　進之候	なし	東京大学史料編纂所所蔵「賜芦文庫文書」所収「足代文書」収録
27	伊勢太神宮領之事	天正七年仲夏十六日	一五七九	義久御書判	御炊大夫殿	なし	神宮文庫所蔵「御大名御旗本御師旦古文書之写」収録
28	伊勢太神宮領之事	天正七年六月吉日	一五七九	嶋津兵庫頭忠平御書判	なし	なし	神宮文庫所蔵「御大名御旗本御師旦古文書之写」収録
29	なし	天正八　十月二十四日	一五八〇	建部久左衛門尉盛郷(花押影)	御師　谷大夫殿ニ参	御伊勢江	神宮文庫所蔵「古文書集」巻三収録
30	為御祈念御神江上申与州北条村之内知行之事	天正八年十二月七日	一五八〇	福嶋左衛門大輔正則	上部越中守殿	なし	神宮文庫所蔵「古文書集」巻三収録
31	なし	天正十　八月二十八日	一五八二	天野紀伊守隆重(花押)・同少輔五郎元珍(花押)	大神宮御師　村山大夫殿	御伊勢大神宮へ／致進宮候	「天野隆重・同元珍連署寄進状」(『三重県史』資料編中世1《下》「村山文書」所収、369～367頁)
32	なし	天正十壬午極月吉日	一五八二	青柳伊勢守藤原頼長(花押影)	宇治七郎右衛門尉殿	奉寄進　伊勢大神宮	神宮文庫所蔵「古文書集」巻二収録
33	井上之郷寄進之事	天正十一年五月九日	一五八三	須田左衛門佐信正(花押)	広田勘右衛門尉殿	なし	「武将所領寄進状(五)」(一志茂樹『信濃国御厨史料とその考察』所収「御師関係史料」、107頁)
34	なし	天正十一年　八月二十一日	一五八三	神保越中守長住書判	榎倉弥平次殿御宿所	為御供米	神宮文庫所蔵「古文書集」巻二収録

35	なし	天正十二年卯月十四日	一五八四	貞慶（花押）	太神宮之御使　榎倉大夫殿	なし	「武将所領寄進状（一二）」（一志茂樹『信濃国御厨史料とその考察』所収「御師関係史料」、112頁）
36	奉寄進　御伊勢領之事	天正十三年　三月二十八日	一五八五	神保清十郎氏興（花押影）	足代玄蕃允殿　進之候	なし	東京大学史料編纂所所蔵「賜芦文庫文書」所収「足代文書」収録
37	なし	天正十四　六月十五日	一五八六	前田孫四郎利勝御書判	御師　堤源助殿	伊勢領	金沢市立玉川図書館近世史料館所蔵「伊勢御師等指上申御印物写等」収録
38	なし	五月十六日（天正十三年カ）	（一五八五カ）	義久（花押）	御炊大夫殿	なし	「島津義久寄進状」（『三重県史』資料編中世1《下》「島津義久寄進状」所収、184頁）
39	御神領之事	天正十八　二月十六日	一五九〇	稲右京亮御判	上部宗次郎殿御宿所	なし	神宮文庫所蔵「御大名御旗本御師旦古文書之写」収録
40	なし	天正十八　卯月一日	一五九〇	元信（花押）	なし	御伊勢為御社領／致進宮候	「天野元信寄進状」（『三重県史』資料編中世1《下》「村山文書」所収、369頁）
41	伊勢江御寄進之事	天正十八年八月二十日	一五九〇	丹羽平左衛門判・鈴吉兵衛判・丹羽半左衛門判	御師　慶徳佐十郎殿	なし	神宮文庫所蔵「古文書集」巻二収録
42	なし	天正十八年十二月七日	一五九〇	福嶋左衛門大輔正則判	上部越中守殿	御神様江	神宮文庫所蔵「古文書集」巻三収録
43	なし	天正十九年辛卯　閏正月十八日	一五九一	天野中務少輔元明（花押）	御師　村山大夫殿参	田壱貫目進宮申候	「天野元明寄進状」（『三重県史』資料編中世1《下》「村山文書」所収、369頁）

44	なし	天正十九　十二月九日	一五九一	羽柴三左衛門尉照政	上部久八郎殿	為神領	神宮文庫所蔵「古文書集」巻三収録
45	なし	天正十九年 十二月十九日	一五九一	児玉木工助（花押）	嶋田助兵衛殿	なし	「児玉木工助寄進状」（『三重県史』資料編中世1《下》「村山文書」所収、359頁）
46	なし	文禄三年十一月朔日	一五九四	稲葉勘右衛門重御判	上部次郎右衛門殿	なし	「稲葉重通寄進状写」（『三重県史』資料編近世1「上部文書」所収、448頁）
47	伊勢御神領之事	文禄三年十一月午 十二月十一日	一五九四	丹羽平大夫長竹書判	榎倉大夫殿	なし	神宮文庫所蔵「古文書集」巻二収録
48	なし	文禄四年十月八日	一五九五	福嶋左衛門大夫正則判	上部久八郎殿	なし	神宮文庫所蔵「古文書集」巻三収録
49	なし	慶長四年正月十日	一五九九	元氏（花押）	御師　橋村右近大夫殿　御宿所	太神宮へ為新寄進	「元氏寄進状」（『天理図書館善本叢書』和書之部68巻「橋村家文書」所収、244頁）
50	なし	慶長五年二月二日	一六〇〇	藤堂佐渡守御判	伊勢　上部大夫御宿所	為御最花	神宮文庫所蔵「御大名御旗本御師旦古文書之写」収録
51	なし	慶長六年卯月日	一六〇一	信濃守御名乗御書判	山田　吉沢大夫殿	伊勢大神宮江	「堀尾忠氏神領寄進状写」（『三重県史』資料編近世1「三方会合所引留」収録、803頁）
52	なし	慶長六丑十一月三日	一六〇一	照政御判	上部久八郎殿	全可有社納者也	「池田照政輝政神領寄進状写」（『三重県史』資料編近世1「御折紙之写（上部文書）」収録、797頁）

53	伊勢大神宮寄進領之事	慶長六丑 十一月二十三日	一六〇一	松平左馬允忠頼御判	岩出勝大夫殿	なし	「松平忠頼神領寄進状写」(『三重県史』資料編近世1「三方会合所引留」収録、803頁)
54	なし	慶長七年四月十五日	一六〇二	稲葉助丞□(判読不能)(花押影)	田中七郎大夫様人々御中	なし	神宮文庫所蔵「輯古帖」巻三収録(『三重県史』資料編中世1《下》省略部分)
55	なし	慶長七年寅八月十日	一六〇二	保科肥後守正尚御書判	なし	伊勢太神宮寄進	「保科正尚正光神領安堵状写」(『三重県史』資料編近世1「三方会合所引留」収録、804～805頁)
56	なし	慶長九年正月二十四日	一六〇四	山内一豊(花押)	上部久八郎殿へ	伊勢大神宮為社領	「山内一豊神領寄進状」(『三重県史』資料編近世1「上部文書」所収、798～799頁)
57	太神宮領之事	慶長十年巳正月七日	一六〇五	山本兵庫定(ママ)	福井大夫殿	なし	神宮文庫所蔵「御師上部太夫文書写」収録
58	なし	慶長十二年 三月二十五日	一六〇七	池田次兵衛長幸判	御師　上部久八郎殿	大神宮為御領	「池田長幸神領寄進状写」(『三重県史』資料編近世1「上部文書」所収、799頁)
59	なし	慶長十二年 未極月十一日	一六〇七	保科肥後守正尚御書判	御炊大夫殿	為伊勢御神領	「保科正尚正光神領寄進状写」(『三重県史』資料編近世1「三方会合所引留」収録、805頁)
60	なし	慶長十四年三月十五日	一六〇九	家久御書判	御炊大夫殿	なし	「島津家久神領寄進状写」(『三重県史』資料編近世1「三方会合所引留」収録、805頁)

61	奉寄進	慶長十五年三月二十一日	一六一〇	毛利右馬頭宗瑞書判	村山民部大輔殿	御神領	「毛利宗瑞輝元寄進状写」(『三重県史』資料編近世1「三方会合所引留」収録、807頁)
62	なし	慶長十五年十一月二十二日	一六一〇	輝政御判	上部左近大夫殿	永可有御社納者也	「池田輝政寄進状写」(『三重県史』資料編近世1「御折紙之写(上部文書)」収録、799～800頁)
63	なし	慶長十六年辛亥年五月吉日	一六一一	嶋津右馬允忠興御書判	御師　御炊大夫殿	伊勢太神宮江	「島津忠興寄進状写」(『三重県史』資料編近世1「三方会合所引留」収録、806頁)
64	なし	慶長十六亥八月五日	一六一一	九長門守光隆(花押影)	福井三郎兵衛殿	なし	「九鬼光隆守隆知行宛行状写」(『三重県史』資料編近世1「輯古帖」収録、806頁)
65	なし	慶長十七年子六月三日	一六一二	松平下総守清御書判	御師　久保倉仁頭大夫殿	伊勢太神宮為御神領	「松平清匡忠明知行宛行状写」(『三重県史』資料編近世1「三方会合所引留」収録、808頁)
66	なし	慶長十八年正月十一日	一六一三	忠継判	上部久八郎殿	大神宮江奉寄進／永可有社納者也	「池田忠継神領寄進状写」(『三重県史』資料編近世1「古文書(上部文書)」所収、800頁)
67	なし	慶長十八年十二月四日	一六一三	忠継判	上部久八郎殿	大神宮江奉寄進	「池田忠継神領寄進状写」(『三重県史』資料編近世1「古文書(上部文書)」所収、800頁)

68	なし	慶長十八 十二月二十五日	一六一三	松平武蔵守玄隆御判	上部左近大夫殿	為　太神宮領	「池田玄隆利隆神領寄進状写」(『三重県史』資料編近世1「御折紙之写(上部文書)」収録、800頁)
69	なし	慶長二十年三月十六日	一六一五	松平筑前守利光御判	御師　堤源助殿	為　伊勢領	「前田利光利常神領安堵状写」(『三重県史』資料編近世1「三方会合所引留」収録、809〜810頁)
70	伊勢領目録之覚	慶長五年(後筆カ)三月二十一日(慶長年間カ)	(一五九六〜一六一五カ)	稲葉右京亮御判	上部治郎殿・上部宗次郎様　江	なし	「稲葉貞通神領寄進状写」(『三重県史』資料編近世1「三方会合所引留」収録、798頁)
71	なし	三月二十一日(慶長年間カ)	(一五九六〜一六一五カ)	稲葉彦六御判	上部次郎右衛門殿人々御中	なし	「稲葉典通神領寄進状写」(『三重県史』資料編近世1「御朱印御判物写扣(上部文書)」収録、798頁)
72	なし	十一月十六日(慶長年間カ)	(一五九六〜一六一五カ)	池田備前守長政(良カ)判	上部久八郎殿	為　神領進之候	「池田長良長吉神領寄進状写」(『三重県史』資料編近世1「古文書(上部文書)」収録、799頁)
73	なし	元和元年八月二十四日	一六一五	常真御判	堤佐渡守殿	為御初尾	「織田常真(信雄)寄進状写」(『三重県史』資料編近世1「三方会合所引留」収録、810頁)
74	なし	元和三年三月五日	一六一七	加賀宰相　利光	福井与左衛門殿	永代可為伊勢領	金沢市立玉川図書館近世史料館所蔵「伊勢御師等指上申御印物写等」収録

75	なし	元和四年 十一月二十六日	一六一八	幸隆(花押)	上部久八郎殿	為太神宮領／全可有社納者也	「池田幸隆(光政)神領寄進状」(『三重県史』資料編近世1「上部文書」所収、801頁)
76	なし	元和六年八月朔日	一六二〇	浅野但馬守長晟書判	椿叟大夫殿	伊勢大神宮江奉寄進御神領	「浅野長晟神領寄進状写」(『三重県史』資料編近世1「三方会合所引留」収録、810頁)
77	なし	寛永二年正月二十三日	一六二五	分部庄大夫末(花押)・分部□《虫損》左衛門常(花押)・分部武左衛門度(花押)	外宮　杉木宗大夫殿	外宮様へ	神宮文庫所蔵「伊勢神宮ニ関スル古文書」所収
78	なし	寛永二年乙丑 十二月九日	一六二五	真田伊豆守信之御朱印	御師　広田筑後殿	為御祈禱	「真田信之寄進状写」(『三重県史』資料編近世1「三方会合所引留」収録、811頁)
79	なし	寛永九年五月六日	一六三二	藤堂大学助高次御判	上部越中殿	天昭《ママ》大神宮江令寄進／全被神納	「藤堂高次神領寄進状写」(『三重県史』資料編近世1「御朱印御判物写扣(上部文書)」収録、801～802頁)
80	なし	寛永十年五月二十八日	一六三三	藤堂大学助高次御判	上部越中殿	太神宮令寄進	「藤堂高次寄進状写」(『三重県史』資料編近世1「御朱印御判物写扣(上部文書)」収録、802頁)
81	なし	寛永丙子十二月十一日	一六三六	最上侍従　御黒印	勢州山田御師　御炊大夫殿	神領高百拾七石奉寄附	「保科正之神領寄進状写」(『三重県史』資料編近世1「三方会合所引留」収録、806頁)

82	なし	寛永十四閏三月五日	一六三七	備前少将光政（花押）	上部左近太《ママ》夫殿	為伊勢御神領／全可有社納者也	「池田光政神領寄進状」（『三重県史』資料編近世1「上部文書」所収、803頁）

ただし、寛永年間までとし、御師宛に出された確証がないものと作成年が不確かなものは除外した。また、特徴を明瞭に捉えるため、御師として活動を行っていた禰宜家への寄進状を除いた。

第一に気付くのは、外宮御師とされる御師たちに出された寄進状でありながら、表題や寄進先・目的（本文の記載）を見ても、「外宮」という表記がほとんど存在しないことである[18]。No.9に「下宮殿《ママ》」（寄進先）、No.77に「外宮　杉木宗大夫殿」（宛所）・「外宮様」（寄進先）とあるに過ぎない。しかも後者については、寄進者（分部氏）が内宮御師として活動していた慶光院との間に既に師旦関係を結んでいたことが確認できるため[19]、これは寄進者が両宮それぞれに御師を有していた特殊な事例としなければならない。従って、厳密にはNo.9の一例のみとなる。

むしろ目に付くのは、表題では「太神宮（大神宮）」（No.1・2・19・20・57）・「伊勢大神宮（伊勢太神宮）」（No.8・22・27・28・53）、寄進先・目的では「天照太神宮（天照皇大神宮）」（No.4・5・79）・「大神宮（太神宮）」（No.15・16・17・24・49・58・66・67・68・75・80）・「伊勢大神宮（伊勢太神宮）」（No.12・25・31・32・51・55・56・63・65・76）といった表記である。これらを重視するならば、旦那側から外宮の御師と認識されていたとは想定できず、外宮御師が「外宮」の御師であることを称して活動を行っていたとは考え難い。

次に、外宮御師がどのように寄進を勧めていたかを確認しておこう。

（前破損欠）

□□□三河国之□□□□□親父之御代□□□□□時為二御宿願一□□□□太神宮仁被レ成二御進納一候、於于□□
□春木大夫と申ス御師納メ申候、□□□年　家康之御分国三河・遠江・□□（駿河カ）・甲斐・信濃半国已上四ヶ半国□□

□被レ成二御知行一候、　太神宮□□□而御信心ニ御座候得者、御武運長□□□御座候、此外小身ニ而　太神宮ヲ□□□信心候て、大身ニ御成候人数多御座候、□□□焼大夫我等罷下候時、委申聞候、是等之□□□義統様御陣之折ニ、以連々之□□□預二御披露一候て、為二御神領一一所□□□米毎年被レ成二御進納一候者、可レ為二御神忠一候、□□□御意候、恐惶謹言、

御師

□□宮　　　　　　　　　　　　　福嶋内

天正拾五年九月吉日　　　　　御巫小禰宜大夫清広（花押）

□上　志賀伊勢入道殿

参人々御中

「道輝《（異筆）》様之御事也、□《（臼カ）》杵にて上申候、」　　　　（□部分は欠損）

これは天正十五年（一五八七）九月吉日付で、福嶋氏の代官である御巫清広が戦国大名の豊後大友氏の家臣である志賀道輝に宛てて出した書状である。(20) ここで清広は、徳川家康が多くの領国を得たことなどを例に挙げ、道輝に「太神宮」への神領の寄進を勧めている。つまり、これを見る限り外宮御師は、外宮の御師としてではなく、伊勢神宮の御師として振る舞い、その立場から寄進を募っていたと考えられる。

さらに、旦那側の認識を示すものとして次のような二通の寄進状がある。(21)

【一通目】

進上申下宮《（ママ）》御くう之事

合壱石五斗　上

右年々ハつらいへいゆういたし候おいてハ永代進上、命長御きねん頼ミ入候、仍進上、
　　　　　　　　　　　　　　　　　　　　　とし弐拾七ひのへ馬水しやう
元亀参年
　拾二月拾八日　　　　　　　　　　　　　　　　　　　景政（花押）
天照大神
　八郎夫殿参

【二通目】
進上申内宮御くう之事
　合壱石五斗　上
右年々ハつらいへいゆういたし候おいてハ永代進上、命長御きねん頼ミ入候、仍進上、
　　　　　　　　　　　　　　　　　　　　　とし廿七ひのへ馬水しやう
元亀参年
　拾二月拾八日　　　　　　　　　　　　　　　　　　　景政（花押）
天照大神
　八郎夫殿参

右は、戦国大名の越前朝倉氏の一族と推測される「景政」という人物が、外宮御師の西村氏[22]に対して内宮・外宮への御供の進上を約し、「命長御きねん」を依頼したものである。つまり、西村氏は両宮への祈禱を行っていたことになる。また、宛所にはどちらにも「天照大神」と付されていることから、両宮の主祭神をいずれも天照大神と理解し

ていたことが知られる。この内容から、景政は西村氏を伊勢神宮(両宮)との仲介者として認識していたと指摘できよう。

以上に加えて、【表10】の宛所に「伊勢御師」(№12・20)・「大神宮御師」(№31)・「太神宮之御使」(№35)と表記する例があることを踏まえるならば、当該期において外宮御師は内宮をも兼ねた「伊勢神宮」(両宮)の御師と称して活動を行い、伊勢神宮への信仰を勧めていたと考えられる。

三　内宮御師の活動

本節では、内宮御師の活動の特徴について検討してゆきたい。【表11】は、内宮御師への寄進状を集積したものである(【表10】と同じく、寄進物については割愛した)。

【表11】内宮御師宛土地関係寄進状一覧(寛永年間まで)

	表題	作成年	西暦	差出	宛所	寄進先・目的(本文の記載)	出典
1	永代寄進申御供田之事	大永三癸未年八月十一日	一五二三	勢州安濃郡八太部立庵　智徳　判	なし	永代内宮太郎館江寄進	「智徳御供田寄進状」(『三重県史』資料編中世1《下》865頁)「太郎館古券之記」収録、
2	内宮天照大神御寄進御供田	大永四甲申年十月十日	一五二四	国分乾入道道為(花押)	なし	内宮扇館寄進	「内宮天照大神御寄進御供田」(神宮文庫所蔵「太郎館家旧蔵資料」所収)

3	御神前へ寄進申田地之事	享禄二年乙丑 十一月十八日	一五二九	大井豊後守本長（花押）	うちあふき立（ママ）殿まいる	此年貢毎年うちのあふきたち方へ国分闕所之間寄進申候	「御神前へ寄進申田地之事」（神宮文庫所蔵「太郎館家旧蔵資料」所収）
4	永代寄進申田地之事	天文二十三年甲寅 十月十七日	一五五四	白子中坊　覚祝（花押）	なし	永　山田両宮へ寄進	「永代寄進申田地之事」（神宮文庫所蔵「太郎館家旧蔵資料」所収）
5	大神宮江永代御きしん申候御上分之事	弘治二年十月十二日	一五五六	疋田八郎衛門尉重広（花押）	いせ内宮扇館まいる	なし	「大神宮江永代御きしん申候御上分之事」（神宮文庫所蔵「太郎館家旧蔵資料」所収）
6	なし	弘治四年二月二日	一五五八	三日市ひき田八郎衛門入道重広（花押）	内宮扇館まいる	太神宮ゑひたい御きしん	「太神宮ゑひたい御きしんの事」（神宮文庫所蔵「太郎館家旧蔵資料」所収）
7	奉寄進伊勢太神宮田地寄進状	永禄三庚申十二月吉日	一五六〇	瓺原堀　源介　判	伊勢内宮太郎館	なし	「瓺原堀源介田地寄進状」（『三重県史』資料編中世1《下》「太郎館古巻之記」収録、868頁）
8	永代内宮御くう米きしんの事	天正二年きのへいぬ 九月吉日	一五七四	伊丹　石田与七郎吉親（花押）	内宮大こく屋殿参	内宮大こく屋藤四郎殿へ永きしん	「石田吉親寄進状」（『三重県史』資料編中世1《下》「古文書集帖」所収、180頁）
9	大神宮ゑい〇（ママ）きしんの事	天正四年ひのへね 九月十一日	一五七六	そね村山道喜　吉久（花押影）	内宮　八幡屋殿まいる	太神宮江きしん	神宮文庫所蔵「八幡大進光保所蔵古文書影写」収録
10	なし	天正十一ねん九月吉日	一五八三	せき　あき入道□□（判読不能）（印）	（ウワ書「御上人さま人々申給へ　宗一」）	なし	「関宗一寄進状」（『三重県史』資料編中世1《下》「慶光院文書」所収、885～886頁）

11	なし	天正十一年未ノトシ　十二月吉《ママ》	一五八三	二殿之内　如知　書判・長信　書判	なし	なし	「如知・長信御供田寄進状」（『三重県史』資料編中世１《下》「太郎館古券之記」収録、869頁）
12	なし	天正十六年十一□（虫損）　二十日	一五八八	寺倉権右衛門勝治（花押）	内宮　太郎館殿まいる	なし	「寺倉勝治所領寄進状」（『三重県史』資料編中世１《下》「天正十六年所領寄進状」所収、259頁）
13	山田内宮へ御寄進申候申候《ママ》田地之事	天正十八庚寅年　九月吉日	一五九〇	関安芸入道□□（判読不能）（印）	内宮　御上人様参	なし	「関宗一寄進地坪付状」（『三重県史』資料編中世１《下》「慶光院文書」所収、886頁）
14	なし	天正十九年　九月二十七日	一五九一	水野和泉守忠重（花押）	内宮　御上人さままいる	なし	「水野忠重寄進状」（『三重県史』資料編中世１《下》「慶光院文書」所収、884頁）
15	なし	二月吉日（慶長六年カ）	一六〇一	ミつ嘉（花押）	（ウワ書「しん上　け□《シカ》光ゐんさままいる　ていしゆそ御中」）	なし	「分部光嘉神領寄進状」（『三重県史』資料編中世１《下》「慶光院文書」所収、885頁）
16	なし	慶長六　十月八日	一六〇一	秀行（花押）	内宮　太郎館大夫とのへ	なし	「（蒲生秀行寄進状）」（神宮文庫所蔵「太郎館家旧蔵資料」所収）
17	なし	慶長十六辛亥年　三月十五日	一六一一	分部左京亮光信（花押）	内宮　慶光院様	為御祈念	「分部光信神領寄進状」（『三重県史』資料編近世１「慶光院文書」所収、794頁）
18	なし	元和四年正月十一日	一六一八	本多美濃守忠政（花押）	内宮　宇治周清上人	為　伊勢大神宮御神領	「本多忠政神領寄進状」（『三重県史』資料編近世１「慶光院文書」所収、794頁）

19	なし	寛永九年十二月朔日	一六三二	本多甲斐守政朝(花押)	周法《(ママ)》上人御同宿中	為伊勢内宮神領	「本多政朝神領寄進状」(『三重県史』資料編近世1「慶光院文書」所収、794頁)

ただし、寛永年間までとし、御師宛に出された確証がないものと作成年が不確かなものは除外した。また、特徴を明瞭に捉えるため、御師として活動を行っていた禰宜家への寄進状を除いた。そして、内宮御師と近似した活動を行っていたとされる慶光院への寄進状を含めた。

前掲の【表10】と比べて事例数が少なく、史料上の制約から太郎館氏の旧蔵のものを中心とせざるを得ないが、複数の内宮御師宛の寄進状を収めており、これによって全体の傾向を読み取ることは可能であろう。

一見して明らかなように、表題・宛所・寄進先に「内宮」という表記が頻出している。表題では№2・8・13、宛所では№5・6・7・8・9・12・13・14・16・17・18、寄進先では№1・2・8・19、に確認できる。そして、伊勢神宮(両宮)への寄進を意図すると明確に判断できるのは№4に過ぎず、しかも、これは一定の知識を有していたことが予想される仏僧によるものである。外宮御師の【表10】と比べると相違は歴然であるといえる。

つまり、宛所に「内宮＋姓名」とあるように、内宮御師は旦那側から内宮の御師として認識されており、彼らは自らを「内宮」の御師と称して活動していたと考えられる。また、一部の寄進状の表題に「内宮天照大神御寄進御供田」(№2)・「永代内宮御くう米きしんの事」(№8)・「山田内宮へ御寄進申候中《(ママ)》候田地之事」(№13)、寄進先に「為伊勢内宮神領」(№19)とあるように、内宮への寄進が強調されていることを重視するならば、彼らは内宮への信仰に重点を置いて布教を行っていたと想定できよう。

もちろん、この宛所に頻出する「内宮」が地名を指す可能性も捨てきれない。これについては、次のような借用証文がある(後掲【表12】№7)。

借用申銀子之事

一、銀子百五拾匁ハもと分也

此利足米弐石六斗弐升五合也、毎年届可レ申候、但宿之儀ハ山田ニても宇治ニても余人へ壱人もつき申間敷候、若かまい御座候者右之かね不レ残急度すまし可レ申候、為二後日一状如レ件、

飯高郡
塚本村

慶長拾六年亥ノ十月廿一日

忠右衛門（花押）（ほか二九人連署）

内宮

太郎館様まいる

右は慶長十六年（一六一一）十月二十一日付で、伊勢国飯高郡塚本村の百姓たちから太郎館氏に出されたものである(23)。ここでは「但宿之儀ハ山田ニても宇治ニても」とあるように、山田や宇治という御師が居住する鳥居前町の呼称を理解した上で、宛所に「内宮」と付している。従って、これを見る限り、この表記が地名を指すとは考え難く、やはり旦那側は正宮の呼称として認識し、その意味で記載していたといえる。

「内宮」という表記については、寄進状以外の史料でも見ておきたい。【表12】は、旦那側から太郎館氏に宛てられた当該期の借用証文を集積したものである。

【表12】太郎館氏宛借用証文一覧（寛永年間まで）

	表題	年月日	西暦	差出	宛所	出典（枝番）
1	□□《（欠損）》申金子之事	慶長七年十一月八日	一六〇二	八太下村地下中　五郎兵へ（略押）・ほか3人	太郎たち殿まいる	400
2	借用申こせこ村之しろかね事	慶長七年十二月吉日	一六〇二	小衛門（花押）・明大夫（花押）・ほか25人略押	うち太郎たち様	386
3	借用申銀子之事	慶長八年十月十一日	一六〇三	江州河井村惣中　こんや衛門判・七六判・兵三判	内宮　たろうたち《ママ》	368
4	（欠損）	慶長八年十二月二十八日	一六〇三	南かわじ村五郎兵へ（略押）・ほか29人	内宮太郎たち様まいる	420-2
5	借用申銀子之事	慶長十二年三月十七日	一六〇七	一志郡内　森本村　吉大夫（花押）・ほか39人	内宮太郎館殿様《ママ》まいる	418
6	借用申候金子之事	慶長十三年八月二日	一六〇八	土屋左京助忠在（花押）	太郎館甚内殿まいる	420-1
7	借用申銀子之事	慶長十六年十月二十一日	一六一一	飯高郷塚本村　忠右衛門（花押）・ほか29人	内宮　太郎館様まいる	407
8	借用申小判之事	寛永三年四月十三日	一六二六	津大世こ　二郎衛門（花押）ほか2人	内宮　太郎館右京殿まいる	451
9	借用申小判之事	寛永三年十二月十六日	一六二六	落合左平次内代官畠左助（印）・塚本村百姓中　又兵へ（花押）・ほか2人	内宮　太郎館様参	446
10	借用申仕金子事	寛永五年八月一日	一六二八	町野周防守昌乃（花押）	内宮御師　太郎館右京様参	223

11	借用申金子之事	寛永七年四月七日	一六三〇	南世古　多兵衛（花押）・甚右衛門（花押）	宇治たろうたち様まいる	452-1
12	借用申小判之事	寛永七年四月七日	一六三〇	津大せこ　次右衛門（花押）・久助（花押）	太郎館殿まいる	452-3
13	借用申銀子之事	寛永七年十月十一日	一六三〇	河井村　源兵衛（花押）・ほか3人	太郎館さま御内　世木勘右衛門殿参	450
14	借用仕候金子之事	寛永九年五月二十七日	一六三二	町野周防忠□（虫損）（花押）	内宮　太郎館右京様参	445
15	借用申江戸小判之事	寛永十年十月一日	一六三三	横浜内記（印）（花押）	太郎館右京殿参	449
16	借用申銀子之事	寛永十一年十二月八日	一六三四	池内覚左衛門（花押）	太郎館市兵衛殿まいる	217
17	借用申金小判事	寛永十三年正月吉日	一六三六	けたや作大夫就次（花押）	たろうたち殿	295
18	借用申金子之事	寛永十六年十一月二日	一六三九	あふミや忠左（印）	太郎館甚内様参	447
19	借用申金子之事	寛永十七年十一月六日	一六四〇	三郎衛門（略押）・ほか3人	太郎館大夫殿ノ内勘右衛門様まいる	444
20	借用申金子之事	寛永十八年十二月十九日	一六四一	津神戸下村　五郎大夫（花押）・ほか12人	内宮太郎館大夫様参	453
21	借用申神之金子之事	寛永十九年七月吉日	一六四二	本主　与次兵衛（花押）・請人　茂右衛門（花押）	世木勘右衛門殿左平次殿	443
22	借用申金子之事	寛永十九年十月二十六日	一六四二	甚右衛門（花押）・ほか4人	内宮太郎館大夫様	438
23	借用申銀子之事	寛永十九年十一月二十一日	一六四二	河井村善太郎（印）・ほか7人	内宮　太郎館大夫様参	440
24	借用申金子之事	寛永二十年二月十九日	一六四三	五郎大夫（花押）・宗衛門（略押）・長三郎（略押）	内宮　太郎館大夫様参	435

25	借用申金子之事	寛永二十年十二月二十七日	一六四三	神戸下村　五郎大夫(花押)	内宮太郎館大夫様まいる	433

神宮文庫所蔵「太郎館家旧蔵資料」(図書番号1門20565号)をもとに作成。

この宛所をみると、二五例中一三例に「内宮」と付されていることがわかる。これにより、宛所の「内宮＋姓名」という書き方は、寄進状に限定されるものではないと指摘でき、内宮御師が恒常的に「内宮」を称していたことは確実であろう。

また、御師として活動を行っていた禰宜家(神宮家)にも触れておく。内宮禰宜家の佐八氏に出された書状の宛所をみると、「佐八殿　御報」(24)や「佐八大夫殿　御報」(25)という例があるものの、「内宮　佐八七神主　御報」(26)や「内宮神主殿　貴報」(27)といった例の存在が散見される。加えて、「内宮　佐八殿　御報」(28)、「内宮　佐八大夫殿　回翰」(29)というように、内宮御師たちへのそれと同じ書き方の宛所も確認できる。従って、内宮禰宜家も「内宮」を称して活動を行っていたといえる。

むしろ、

(1)内宮の禰宜職や権禰宜職を世襲する内宮禰宜家が、内宮を称しても不自然ではないこと。

(2)史料上では、「内宮＋姓名」という書き方が永正十一年(一五一四)まで遡ることができ(30)、御師たちより古い時点から呼称されていた可能性があること。

という二点を重視するならば、このように正宮を称して活動する方法は内宮禰宜家が先行し、御師たちはそれを模倣したと想定した方が妥当なのではないか。これに関しては、現時点では明確な結論を出すことが困難であるため、他日の課題としておきたい。

さらに、注目したいのは、慶光院の宛所にも「内宮」と付されていたことである（【表11】No.13・14・17・18）。これに関連して次のような証文が存在する(31)。

今度伊勢内宮法楽舎勧人之丹後ト申山伏、福井殿之御旦那衆へ御祓ニ賦（ママ）申付而ハ、則御構被レ成故、志筑満之御年寄衆平左衛門殿・おやと大蔵殿・宮内允殿・太郎兵へ殿・遠田之三司大夫殿、此衆ヲ以御侘言申、於二後日一其在々へ御祓ヲ賦申間敷と堅書物指出無事仕候、若此上重而賦ニ付而者、御成敗可レ有レ之候、仍而後日証文如レ件、

伊勢内宮法楽舎

丹後（筆軸印影）

慶長九年拾月十一日

伊勢福井大夫殿様（ママ）

まいる人々（ママ）御中

これは、慶長九年十月十一日付で、法楽舎に属する山伏である丹後から外宮御師の福井氏に出されたものである。法楽舎が「伊勢内宮法楽舎」を称して「勧人」の山伏を派遣し、御祓を配っていたことがわかる。つまり、慶光院だけではなく、宇治周辺の修験系寺院も「内宮」を称して活動していた可能性が高いと指摘できよう。

以上から、当該期においては、内宮御師は「内宮」の御師を称して活動を行っていたことが明らかとなった。加えて、内宮禰宜家も「内宮」を称していたと考えられ、これは修験系寺院も同様であったと推測される。

おわりに

内宮御師の活動の特徴について寄進状をもとに考察を行ってきた。本章の内容から次の二点が指摘できる。

①外宮御師は、「外宮」を称することはなく、「伊勢御師」や「大神宮御師」・「太神宮之御使」といった表記があることから、「伊勢神宮」の御師を称し、その立場から活動していたと考えられる。

②内宮御師は、「内宮＋姓名」といった書き方が確認できることから、彼らは「内宮」の御師を称しており、その活動は内宮への信仰を勧めることに重点を置くものであったと考えられる。加えて、この「内宮」を称することは内宮禰宜家にも共通し、修験系寺院も同様であった可能性が高い。

右の①・②から、当該期においては、外宮御師と内宮御師とでは、布教の方法に相違があったことが明らかとなった。とりわけ、このように内宮御師が独自の特徴を持つ活動を行っていたことは重要であろう。従来の研究では、外宮御師と同一の活動を行うものとして一括して理解してきたが、今後は右を踏まえて新たに位置づけてゆく必要がある。例えば、両者の旦那をめぐる対立・競合については、この違いを背景として考えてゆかなければならない。

また、伊勢信仰の問題に関しては、外宮御師が師旦関係の大半を占めていたことを踏まえるならば、当該期においては、内宮御師が勧めていたような正宮を個別に信仰する形態は例外的なものであって、外宮御師が勧めていたような伊勢神宮を一つのまとまりとして信仰する形態が一般的であったと想定することができよう。

そして、この師旦関係の問題は、布教の方法に相違が生まれた理由にも関連してくる。つまり、外宮御師との差異化を図り、彼らに対抗するため、内宮御師は②のような活動を行うようになったのではないか。もちろん、その背景には内宮・外宮の禰宜の間でそれぞれ形成されていた教学の相違も関係しているものと推測される。この問題については、内宮禰宜家の活動を踏まえ、別稿を期すこととしたい。

最後に、近世初頭以降の展開についても触れておく。寛文十一年（一六七一）に起きた両宮御祓銘論では、「外宮之師職三日市帯刀」の御祓に「両大神宮」とあったことが、幕閣たちの間で問題視されている[32]。つまり、外宮御師は、江戸幕府から「外宮」の御師と認識されていたが[33]、当該期以降においても①のような活動を継続していたと考えられ、実態との間には乖離があったことが予想される。これについては、江戸幕府の政策にも目配りして論じてゆく必要があろう。

註

（1）新城常三『新稿 社寺参詣の社会経済史的研究』（塙書房、一九八二年）。
（2）西山克『道者と地下人―中世末期の伊勢―』（吉川弘文館、一九八七年）。
（3）まとまった成果として、久田松和則『伊勢御師と旦那―伊勢信仰の開拓者たち―』（弘文堂、二〇〇四年）が挙げられる。
（4）千枝大志「中世末・近世初期の伊勢御師に関する一考察―外宮御師宮後三頭大夫の越前国における活動を中心に―」（上野秀治編『近世の伊勢神宮と地域社会』所収、岩田書院、二〇一五年）。
（5）外宮御師と内宮御師については、研究史上において厳密に定義されて来たわけではない。本章では、外宮鳥居前町（山田）に居住し、山田三方の支配を受ける御師を外宮御師とし、内宮鳥居前町（宇治）に居住し、宇治会合の支配を受ける御師を内宮御師と理解しておきたい。なお、西山克氏は、これらを「山田御師」「宇治御師」と呼称することを提案している（西山前掲『道者と地下人―中世末期の伊勢―』、二三二頁）。
（6）宇仁一彦「伊勢御師の生成―太郎館大夫の場合―」（『社会と伝承』九巻二号、一九六五年）。
（7）西山克「聖地のディスクール―伊勢参詣曼荼羅をテクストとして―」（葛川絵図研究会編『絵図のコスモロジー 下巻』所収、一九八九年）、二二六頁、同前掲『道者と地下人―中世末期の伊勢―』、一二一～一二三頁。
（8）例えば、外宮御師と内宮御師の間で起きた大規模な争論として、寛文年間の「両宮御祓銘論」がある。詳しくは、西川順士「両宮御祓銘論の背景」（『皇學館論叢』九巻二号、一九七六年）、澤山孝子「朝幕関係のなかでの伊勢神宮―寛文十年御祓銘争論を事例として―」（『三重県史研究』一七号、二〇〇二年）を参照。

（9）地方寺社への寄進を扱った先行する研究としては、中世の在地社会における寄進の実態について論じたものとして、湯浅治久「日本中世の在地社会における寄進行為と諸階層―近江大原観音寺をめぐる13世紀～16世紀―」（『歴史学研究』七三七号、二〇〇〇年）・同「日本中世社会と寄進行為―贈与・神仏・共同体―」（『歴史学研究』八三三号、二〇〇七年）などがある。また、特に在地階層（村落・惣組織の構成員など）による寄進を論じたものとして、深谷幸治「大嶋奥津嶋神社における在地寄進の実態」（『日本宗教文化史研究』一九号、二〇〇六年）が挙げられる。

（10）「武田信縄願文」（『三重県史』資料編中世1下「幸福大夫文書」所収、三重県、一五四頁）。なお、これについては高島緑雄氏が「十五世紀最末から十六世紀初頭に至る十数年間に発給された文書」と推定している（「幸福文書と武田氏」、『甲斐史学』二二号、一九頁）。

（11）幸福氏については、窪寺恭秀「伊勢御師幸福大夫の出自とその活動について―中世末期を中心に―」（『皇學館史学』一四号、一九九九年）、柴辻俊六「戦国期武田氏領での伊勢御師幸福大夫」（『甲斐』一三五号、二〇一五年）を参照。

（12）村山氏については、小林郁「戦国末期における伊勢御師の継承―村山文書を中心に―」（『皇學館論叢』四七巻四号、二〇一四年）を参照。

（13）「小早川隆景寄進状」（前掲『三重県史』資料編中世1下「村山文書」所収、三六四頁）。

（14）上部氏については、窪寺恭秀「伊勢御師の成長」（伊勢市編『伊勢市史』第二巻中世編所収、伊勢市、二〇一一年）を参照。

（15）「山内一豊神領寄進状」（『三重県史』資料編近世1「上部文書」所収、七九八～七九九頁）。

（16）大黒氏は、史料上では、その存在を十六世紀半ばまで遡って確認することができる宇治の有力者である（千枝大志

「表2　中近世移行期までの宇治六郷の有力者【老若中・館衆・屋号所有者等　一覧】」、前掲『伊勢市史』第二巻中世編所収）。

(17)「石田吉親寄進状」（前掲『三重県史』資料編中世1下「古文書集帖」所収、一八〇頁）。

(18)この「外宮」という表記が見られないことは寄進状にとどまるものではない。例えば、外宮御師家の文書群である「幸福大夫文書」「村山文書」「龍大夫文書」（前掲『三重県史』資料編中世1下）に所収されている御師に宛てられた当該期の書状をみても、「外宮」の表記は一例も確認できない。

(19)【表11】№17を見れば明らかなように、慶長十六年（一六一一）三月十五日付で分部光信は慶光院に寄進を行っている。この寄進状では、本文で「為㆓御祈念㆒」と述べており、両者間に師旦関係が結ばれていたことは明白であろう。

(20)「御師御巫清広書状（別府　朝見八幡宮文書）」（大分県史料刊行会編『大分県史料』十一巻所収、大分県教育研究所、八九〜九〇頁）。この書状については、窪寺恭秀氏が既に詳しく論じている（前掲「伊勢御師の成長」、六六九〜六七五頁）。

(21)「景政書状」（『三重県史』資料編中世3上「西村文書」所収、三重県、六五八頁）。

(22)右の「西村文書」は、朝倉氏から西村氏に宛てられたものを中心とする文書群である。宛所の「八郎夫」については、元亀元年（一五七〇）六月十六日付の朝倉景遐の寄進状（【表10】№13）の宛所にみえる「西村八郎兵衛尉」を指すと考えられる。また、この人物の子孫と目される「西村八郎兵衛」が、「赤座土佐守殿御師職」をめぐって三頭又左衛門との間に争論を起こし、寛永五年（一六二八）十月六日付で山田三方から裁定を受けていることから（「赤座土佐守の師職につき山田三方裁許状写」、『三重県史』資料編近世2「山田三方宛古文書写」所収、九三九頁）、西村氏は外宮御師であると推定できる。

(23)神宮文庫所蔵「借用申銀子之事」（「太郎館家旧蔵資料」所収、図書番号一門二〇五六五の四〇七号）。この借用証文に

ついては、西山克氏が既に検討を加えている(前掲『道者と地下人─中世末期の伊勢─』、一二〇～一二一頁)。

(24)「宗存福原資孝書状」(『栃木県史』史料編中世二「佐八文書」所収、栃木県、三〇五頁)。

(25)「大田原晴清書状」(同右、三四三頁)。

(26)「金丸資満書状」(同右、三一六頁)。

(27)「小宅高遙書状」(同右、三五〇頁)。

(28)「富久原宗存福原資孝書状」(同右、三〇四頁)。

(29)「小宅高遙書状」(同右、一〇七頁)。

(30)「宇都宮忠綱契状」(同右、三九七頁)。これは宇都宮忠綱が「下野国拝領之内参詣之内、一家々風、其外地下人等」に関しては佐八氏を「定宿」とし、師旦関係の承認を約したもので、この宛所には「伊勢内宮　佐八美濃守殿」とある。

(31)神宮文庫所蔵「輯古帖」四巻収録(図書番号一門一〇七五三号)。これについては、写真版(神宮文庫所蔵「御巫旧蔵文書　輯古帖」、図書番号一門一五〇四号)があるため、そちらを閲覧した。

(32)「外宮師職三日市帯刀配檀方祓銘につき幕府下知状」(『三重県史』資料編近世三下「宇治会合年寄文書」所収、二五四～二五五頁)。

(33)例えば、徳川将軍から外宮御師に発給された領知朱印状の宛所には「外宮」の表記が付されている。具体例を挙げると、元和三年(一六一七)九月七日付で福嶋氏に「美濃国石幡村五拾石」の知行を認めた徳川秀忠朱印状の宛所には「外宮　福嶋伊豆」とある。さらに、同日付で松尾氏に「美濃国安八郡今尾・楡俣両村之内百四拾七石七斗余」の知行を認めた徳川秀忠朱印状の宛所には「外宮　松尾大夫」とある。また、寛永十三年十一月九日付で上部氏に「伊勢国多気郡相可村之内四百三拾石八斗」の知行を認めた徳川家光朱印状の宛所には「外宮　上部大夫」とある(霞会館資料展示委員会編『霞会館資料』三〇輯「お伊勢さんと武蔵」、霞会館、二〇〇七年、一〇〇～一〇一頁)。

第九章　近世における由緒改編の一事例

―風宮兵庫大夫家を素材として―

はじめに

近年、由緒に関する研究が意欲的に取り組まれている。(1)由緒とは、「家や村・身分集団が自らの来歴や正当性を主張するために作成した歴史的言説」のことであり、「由緒の形成が社会的・政治的に強い影響力を持つ」という。(2)そして、このような由緒が近世社会においては「十七世紀後半、寛文《かんぶん》・延宝《えんぽう》期に確立・伝統化する」(3)ことが明らかにされた。

その研究動向をみると、主に二つの軸から進められていることがわかる。一つ目は、近世村落史の一環としての村や百姓の「家(イエ)」の由緒研究である。例えば、大友一雄氏(4)・井上攻氏(5)・吉岡拓氏(6)・坂田聡氏(7)などの研究が挙げられる。二つ目は、十八世紀後半以降における由緒の社会的機能のあり方を主眼とする研究が挙げられる。例えば、山本英二氏(8)・落合延孝氏(9)・渡辺尚志氏(10)などの研究がこれにあたる。

とりわけ、後者に関して久留島浩氏は、それぞれの社会集団や個々の家が、由緒を外部に向かって盛んに語り始める十八世紀後半以降の大衆化状況を「由緒の時代」と評している。(11)また、井上攻氏は、「幕藩制社会の動揺・解体と新たな社会像への期待とに即応するアイデンティティの危機や従来のアイデンティティでは満足できない結合体の新主張、または従来の結合体では収まらない新たな社会結合の創出（集団化）」を、この「由緒の時代」の背景として指摘している。[12]

これらの主要な研究を概観すると、次の問題点が浮かび上がる。

①豊富な事例が存在しながら、武士[13]や宗教者[14]の「家」が語った由緒が等閑に付されている点。

②研究の対象が十八世紀後半以降に偏っており、なぜ「由緒の時代」という状況が現出しえたのかが検討されていない点。

③語られた由緒内容がどのような改編を経て生み出されたものであるかが考察されていない点。[15]

このうち②と③に関連しては、山本英二氏の、

じつは一九世紀における歴史認識や記憶は、それまでの歴史事実を不変のものとしてありのままに認識したのではなく、あくまで一七世紀後半に記憶から歴史へと認識された歴史を、再認識もしくは再構成したにすぎないのである。由緒は、超歴史的に荒唐無稽に語られるのでもなければ、事実を事実として忠実に再現するのでもない。既得権を確認したり、身分特権を獲得しようとすれば、王権のイデオロギーに適合するように、東照大権現や藩祖、天皇などに権威の源泉を求めるように改編されるのである。

という見解[16]を踏まえた上で、具体的に論じてゆかなければならない。

また、①の点については、本章において神宮御師が語った由緒を素材として扱うことで幾ばくかの状況の改善を試みたい。神宮御師に関する研究は活動面を中心に進められており、[17]その実態が鮮明になりつつある。しかしながら、個々の「家」の問題にまで踏み込んだ論考は極めて少なく、[18]とりわけ、伊勢神宮の職掌に関する由緒についての研究は皆無である。従って、御師家と伊勢神宮との職掌を通じた関係を浮き彫りにする一助として取り組んでゆく必要が

あるといえよう。

以上をもとに、本章では風宮兵庫大夫家が語った由緒を素材として、それが如何なる形で改編されていったかを明らかにしてゆく。そうすることで、今まで扱われて来なかった御師家の由緒の事例を報告するとともに、「由緒の時代」において由緒が広範に機能してゆく上で必須となる要素について考えてみたい。

対象とする風宮兵庫大夫家（以下、風宮家と記す）について触れておく。近世の同家は、内宮鳥居前町（宇治）に居住する内宮御師であるとともに、内宮の別宮である風日祈宮の参道に架かる風日祈宮橋（以下、風宮橋と記す）の「風宮橋支配人」であったとされる。特筆すべきは、十七世紀末に風宮橋の袂にあった穀屋の山伏から御師へと転身したという事実である。つまり、この転身に伴う由緒の漸次的な整備が行われたことが予想されるのであり、風宮家を検討の対象にすることは、宗教者の「家」が語る由緒を捉え、その改編の様相に迫ってゆく上で適当であると考えられる。(19)

一　風宮家と風宮橋について

本論に入る前に、近世の風宮家と風宮橋との関わりについて触れておく。(20)前述したように、風宮家は風宮橋を管理する「風宮橋支配人」(21)を務めていた。元文四年（一七三九）十月、内宮長官の指示で「風宮御橋北之方之石段」へ参道を直すために土砂が置かれた。このことを問題視した風宮兵庫大夫は山田奉行所に訴訟を行っている。その際に、作成された訴状（案文）の内容をもとに見ておきたい。(22)

乍レ恐御歎奉二申上一口上

内宮五十鈴川風宮御橋者、風宮兵庫大夫先祖明応年中観阿弥上人奉レ願を以建立仕、依レ之其時之擬宝珠壱箇相残シ、且今御橋西之方ニ有レ之候、夫より代々建立仕、且又、慶長年中中興大日上人諸国勧化いたし造立、夫より以来従二御公儀様一御造替被レ為二成下一、右由緒を以古橋一色其上御祝料兵庫大夫家江被レ為二下置一難レ有奉二拝受一候、（中略）殊ニ十八年以前寅年御造替被レ為二成下一候時ニ、御奉行渡辺下総守様　黒川丹波守様ニ而御座候、其節如二前々一私家より御普請之内仮橋掛渡、参宮人通渡仕候御事ニ御座候、尤右寅年御造替御出来之節、御在勤被レ為レ遊候者　黒川丹波守様、此節任二先例一私家より鍬初・地祭・渡初諸儀式執行、勿論拙者相勤申候、古橋一色幷御祝料是又前々之通私家江被レ為二下置一難レ有奉二拝受一候御事、

一、御橋之儀ニ付、由緒を以拙家より支配仕、依レ之御造替後、少々ツ、之繕抔仕、春秋高水之後ニ者木除柱之根本江砂石を為レ置、両橋爪幷横橋之爪之石段江土砂を為二持置一、且又、年中月々五六度ツ、、御橋掃除仕、風雨之節者相見舞、御祭・御晦日、或ハ　御遷宮幷風宮御神遷之刻高提灯灯シ、家来付ケ置申事ニ御座候、（後略）

要旨をまとめると、

(Ⅰ)風宮家の先祖にあたる観阿弥上人が明応年間（一四九二～一五〇一）に風宮橋を架け、その後は代々、架橋してきた。慶長年間（一五九六～一六一五）には大日上人が勧進によって架橋した。

(Ⅱ)大日上人より後は、江戸幕府によって風宮橋の造替がなされており、観阿弥上人から大日上人までの「由緒」によって古橋一式と御祝料が風宮家へ与えられている。

(Ⅲ)十八年以前寅年（享保七年〔一七二二〕）の造替の時には、前々の如く普請の期間中に仮橋を架けた。またこの風宮橋が完成した際、風宮家が鍬初・地祭・渡初[23]などの諸儀式を執り行った。

(Ⅳ)風宮橋は風宮家が支配しており、造替の後も少しずつ補修などを行っている。春秋の増水の後には、木除柱の根

本へ砂石を置き、また、両橋詰めと横橋の詰めの石段へは土砂を置いている。さらに、年中月々に五、六度ずつ橋を掃除し、風雨の時は巡視している。祭礼や晦日、そして、遷宮と風日祈宮の神遷の際は、高張提灯を灯し、家来を付け置いている。

となる。(Ⅰ)から、先祖が中世末期から近世初頭にかけて勧進を行っていた山伏に遡ると認識されていたことが窺われ、また、(Ⅲ)と(Ⅳ)からは、御師となって以後も、造替に際しての諸儀式から維持管理に及ぶ多くの事柄に関与していたことがわかる。さらに、(Ⅱ)から明らかなように、造替後の古材と御祝料の取得という得分が存在していた。

以上から、風宮家がその由緒によって風宮橋と結びついていたことが確認できる。

二　「内宮六坊出入」と明慶院（十七世紀半ば）

ここでは、十七世紀半ばに争われた「内宮六坊出入」[24]という一件で語られた由緒をみてゆく。この「内宮六坊出入」とは、宇治の六坊[25]の成願寺が外宮御師の三日市兵部の旦那所へ御祓を配ったことを発端とする争論で、ここでは六坊による勧進のあり方が争点となった。この六坊の一つとされたのが、風宮家の先祖とされる山伏の明慶院定清であり[26]、彼は当時、風宮橋の袂に居住していた[27]。

まず、慶安元年（一六四八）十一月二十三日付で六坊が作成した口上書[28]の内容をみてゆこう。

一、内宮六ヶ寺者　聖武天皇南都東大寺の御建立有りたき御願意御座有りといへとも、神慮側《(測カ)》かたく、思召に依て行基菩薩を勅使として内宮の神前南門大杉の下にして神法楽をなし奉り、神慮をうかかひ給ひけるに、神明も東大寺御建立を御感応御告御座あるによりて、則彼東大寺を御草創被レ成てより後六ヶ寺神宮寺と号す、其後一百余歳を経て弘法大師御（抹消）参籠の砌、行基菩薩の法楽の跡をしたひ不退長日の秘密の護摩供を執行したまふ、後嵯峨の法皇ハ勅願寺法楽寺を立て、真言・戒律の二宗を置れんかために右衛門権佐藤原経業より口宣を下し給ふ、又或時は　後宇多天皇異国降伏の為に法楽舎を立て数百余人の僧を供養せしとなり、かくのことく往昔の由来御座候に依て、尭（ママ）季の今ハ上古の法水を汲て末流漸六ヶ寺にて御座候、自余已来日々之護摩供を修し、或ハ毎月三旬日の護摩供幷に御祓を捧て再拝を致し、国家安全五穀成熟の祈を蒙て太神宮倍増威光の法統をかゝく、又ハ遷宮の度々皇太神宮の御船を此寺にうつして其後田宮寺に納め奉る、かくのことくの例、上古の法式にて御座候といへとも、右の六ヶ寺何も無縁所たるにより諸国へ僧を廻して香代・灯明の助とし万民の施物を受く修造の由とす、是往昔より今に至るまて其例非二私御事一、

（後略）

ここで六坊は、伊勢神宮と仏教との古代からの関係を述べ、自らがその系譜に連なるものであることを主張している。特に、聖武天皇による東大寺建立の後、神宮寺と号するようになったとしている点が注目される。

さらに、承応三年（一六五四）正月二十三日付で六坊のうち三か寺（明慶院・清水寺・地蔵院）から山田奉行所へ提出された訴状(29)をみると、

謹而御訴訟申候条々

一、内宮六ヶ寺神宮寺にて御座候、持統天王御宇風宮之住持道登法師大化戊（ママ）子年、四十一代桓武天王御宇水性山清水寺延暦十八己卯、又十年仁明天王御宇長峯山広厳寺承和元年甲（ママ）丑年五十四代右之時代より穀屋寺々にて御座候へ共、知行一円無レ之故不如意成寺ともに御座候ニ付、古来より御祓札を賦り、六十余州之旦那之請二他力を一香

花灯明等之供具を調、神法楽の護摩供を修し、捧二御祓一再拝シ、天下国家之御祈禱仕候事、

（後略）

とある。ここでも六坊が神宮寺であることが述べられており、特に明慶院に関しては、持統天皇の時代より穀屋寺として存在し、当時、道登法師[30]という僧が住持であったことが語られている。

このようにみてゆくと、この時期の明慶院が穀屋を神宮寺であると主張していたことが窺われる。そして、それは古代の聖武天皇や持統天皇の時代にまで遡るとするものであった。すなわち、明慶院は古代から続く神宮寺であるということを由緒の根幹に据えていたといえ、当該期においては、特定の権威や政治権力との関係は強調されていなかったことがわかる。

しかし、右のような由緒は許容されるものではなかった。この訴状に対して、山田の住民組織である山田三方から同年二月二十一日付で、山田奉行所に三か寺の主張を批判する内容の返答書と勘文が提出されている[31]。「勘文」の明慶院の由緒に関する部分を挙げると左のようにある。

内宮三ヶ寺指上候御目安之内勘文

内宮六ヶ寺神宮寺にて御座候との事

一、如レ此明慶院・清水寺・地蔵院三ヶ寺より申上候へ共、三ヶ寺なと之大神宮寺たる事聊も不二承及一儀ニ候、惣而　勅定なく私として太神宮之神宮寺とハ被レ申間敷候、何れ之御代之勅願寺にて、何たる　勅書所持申候哉、又いつれ之慥なる書籍ニ書のせ申候哉、承度事ニ御座候、称徳天皇御宇に逢鹿瀬寺を神宮寺ニ　宣下せられ候へ共、光仁天皇御宇神宮ニ対し少々不儀仕候へ者、寺を破却被レ成候なとハ神宮雑事（ママ）に相見え申候、

持統天皇御宇風宮之住持道登法師大化三戊子（ママ）年四十一代との事

一、是者人王四十一代之帝持統天皇御宇大化三戊子《ママ》年風宮之住持に道登と申僧有レ之候との事と聞え申候、皆是相違なる儀共ニ候、先以持統天皇御宇に大化と申年号ハ無二御座一候、大化之年号ハ持統天皇より五代以前孝徳天皇之年号にて御座候と日本紀ニも見え申候、其上支干も相違仕候、大化三年ハ丁未ニ而戊子にてハ無二御座一候、又大化三年風宮之住持と申上候事言語道断之事にて候、風宮号ハ伏見院御宇正応六年三月廿日子細有レ之両宮同時ニ風宮と御宮号を　宣下被レ成、内人を定おかれ候、彼内人と申役人にて御座候而神役を勤申候、中々寺之やうに僧・山伏なとの住持に成申事に而ハ曽而以無二御座一候、又右如二申上一候風宮と申御名ハ三百六十余年以前ニ始り候ニ、千年ニあまり候大化三年に風宮之住持道登と申法師有りし由ハ殊之外なる相違にて御座候、又明慶院ハもとハ宇治橋之外ニ在レ之候へとも乱世之比風宮之橋勧進之ためにかり小屋をかけ、後々ニハ勧進所之うしろニまきれ入、住居仕候由承及候、（後略）

つまり、山田三方は、

(a) 明慶院・清水寺・地蔵院は、自らを神宮寺であると言っているが、そのようなことは聞いたことがない。いつ勅願寺になり、どのような勅書を所持しているのか、またそれは、いずれの書籍に載っているのか、を明らかにすべきである。

(b) 四十一代持統天皇の時代である大化三年（六四七）に、風日祈宮の住持に道登という僧がいたというが、これは誤りである。まず、持統天皇の時代に大化という年号は存在しない。大化の年号は持統天皇より五代以前の孝徳天皇の時代の年号であると「日本書紀」にもみえている。その上、干支も間違っている。また、「大化三年風宮之住持」とあるが、宮号は伏見院の時代に宮号を宣下されたものであって、その時、同宮に内人が定め置かれた。このような内人が神役を勤める者であって、寺院のように仏僧や山伏などが住持になるようなものではない。このように、宮号は三六〇余年以前に始まったものであるのに、千年以上も前の大化三年に道登という法師が風日祈宮の住持として存在したというのは大きな誤りである。

(c)そもそも今の明慶院の居宅は宇治橋の外にあった。しかし、乱世の頃に風宮橋の勧進のため仮小屋を建て、その後、橋の勧進所の後ろに紛れ入り居住するようになったと聞いている。

という三点を挙げることで三か寺の語った由緒に疑問を呈している。(a)からは神宮寺であるという言説に対して聞いたことがないとし、書籍の記述などの明確な証拠の提示を迫っている。(b)においては「日本書紀」などを根拠として、その由緒の誤りを指摘している。そして、(c)では山田三方が知る明慶院の来歴を暴露している。これらから、山田三方が三か寺の主張する由緒に対して、「正確さ」に的を絞って反駁を行ったことが窺われ、これらによって明慶院の由緒は根底から覆されてしまう。

以上、十七世紀半ばに明慶院が語った由緒をみてきた。この争論における明慶院の由緒は、歴史的な裏付けという点において脆弱であったといえ、争論の相手であった山田三方の有する知識によって、その不正確さを指摘されてしまい、由緒は真っ向から否定されてしまったのである。つまり、いくら独自の由緒を語ろうとも当時の知識に照らし合わせて不正確であると判断された場合は、当然のことながら、その由緒に対して批判が加えられたのであり、由緒を語るためには一定の「正確さ」が要求されたと考えられる。また、この時期に語られた由緒が必ずしも批判に耐え得るものではなかったという事実にも留意しておきたい。

三　「風宮」の呼称と風宮家（十七世紀後半）

前節では、十七世紀半ばに語られた由緒をみてきた。本節では、十七世紀後半に語られた由緒をみてゆくこととする。この時期、前述の明慶院は山伏から御師への転身を行い[32]、風宮家という御師家が成立することになった。そしてその転身の前後に問題として浮上したのが「風宮」を称することの可否である。この時に語られた由緒を転身の前後でそれぞれ確認し、その内容に如何なる変化があったかをみてゆきたい。

乍レ恐言上

一、当月廿日ニ長官宮奉行様僧方へ使ニ而申置候ハ、向後風宮と名乗申儀無用之由被レ申候、拙僧返事仕候ハ、私儀ハ長官宮奉行之下知に随ひ申ものにて無レ之候由申遣候、乍レ去加様ニ被レ申儀私心得かたく奉レ存、乍レ憚御公儀様江言上仕候、拙僧儀ハ古来より風宮と名乗申儀　伏見院様御宇ニ橋詰に法楽寺を立、異国降伏之御祈禱有、依レ其えひす退治仕、則社号を改、宮号なし風日祈宮ト号、同橋穀屋建立有テ、則神宮寺ニ而御座候、其後正空上人之弟子勧阿弥（ママ）蒙二勅宣一、此橋建立仕給、勧阿弥（ママ）之弟子正珍坊永正拾弐年之本願、大永七年智永上人本願、天文拾八年妙正上人本願、永禄五年法珍坊本願、天正九年二位坊本願、文禄弐年真光坊本願、慶長七年大日上人本願として如二前々一穀屋を守り、代々諸国勧進を以橋穀屋造営御事ニ候、元和年中　台徳院様御造営被レ為レ成、寛永年中　大猷院様御造営被レ為レ成候、万治年中ニ内宮御炎上之折節、最本之在家悉ク御引被レ為レ成候ニ付、拙僧穀屋も御　公儀様より被レ下候新屋敷へ引申候、則当　将軍様より橋御建立被レ為レ成候橋之穀屋なるゆへに風宮橋之儀私支配仕、風宮と名乗申処を長官宮奉行不レ謂申事何共迷惑仕候、如二前々一被レ為二聞分一被レ下候

ハハ難レ有可レ奉レ存候、以上、

延宝弐年寅九月廿二日　　内宮風宮
　　　　　　　　　　　　　明慶院

御奉行所様

これは、延宝二年（一六七四）九月二十日に内宮から「風宮」を称することをやめるよう迫られた明慶院が、同月二十二日付で山田奉行所宛に作成した言上書の案文である。[33] 内宮の下知に従うものではないことを述べたあと、自身の由緒を語り、風宮橋の穀屋であるが故に風宮橋を支配し、「風宮」を称している、と主張している。整理すると、

(i)伏見院の時代に橋詰めに「法楽寺」が建てられ、異国降伏の祈禱が行われた。それにより、異国の夷を退治した。それにより、社号が改められ、「風日祈宮」と号されることになった。また、風宮橋の穀屋の建立も行われた。従って、穀屋は神宮寺である。

(ii)穀屋建立の後、正空上人の弟子である観阿弥が勅宣を蒙り、風宮橋を架けた。観阿弥の弟子の正珍坊が永正十二年（一五一五）に、大永七年（一五二七）には智永上人、天文十八年（一五四九）には妙正上人、永禄五年（一五六二）には法珍坊、天正九年（一五八一）には二位坊、文禄二年（一五九三）には真光坊、慶長七年（一六〇二）には大日上人、がそれぞれ橋を架け、前々のように穀屋を守り、代々、諸国への勧進によって橋の穀屋を造営してきた。[34]

(iii)元和年間（一六一五～二四）には徳川秀忠が、寛永年間（一六二四～四四）には徳川家光が風宮橋を造替した。また、万治年間（一六五八～六一）に内宮が類焼した際は、近隣の在家はすべて移転させられたので穀屋も江戸幕府から与えられた新たな屋敷に移った。

となる。

（i）から、「内宮六坊出入」で否定された言説は削除され、新たに山田三方が批判に用いた風日祈宮の宮号宣下に関する言説が由緒に取り入れられていることがわかる。

そして、（ii）をみると、観阿弥という山伏が勅宣を蒙り、風宮橋を架橋したとある。しかし、実はこの観阿弥が蒙ったのは勅宣ではなく、内宮からの庁宣であった(35)。勅宣を蒙った天皇が明示されていないという不自然さに注目するならば、この言説は創作されたものである可能性が高い(36)。すなわち、架橋が内宮の命ではなく天皇からの命であるとすることで、歴代の観阿弥以下の山伏たちと風宮橋との関係が内宮を介さない独自のものであることを主張しようとしたのである。そしてそれは、内宮の下知に従うものではないという主張に対して、由緒面での補強を試みたからであると考えられる。

また、穀屋の代々の山伏がそれぞれ風宮橋の架橋を行ってきたことが述べられている。特に（iii）では、元和年間以降の風宮橋の造替が将軍によるものであり、さらに、内宮の類焼後、新たに居住した穀屋も江戸幕府から与えられたものであることが強調されている。

これらから、風宮橋との独自の関係を提示し、「風宮」を称することを続けるため、明慶院によって由緒内容の変更がなされたことが明らかとなる。しかも、それは天皇や将軍、幕府との結びつきを前面に押し出して主張するものであった。

次に、御師への転身後に語られた由緒をみてゆく。左は元禄四年（一六九一）二月六日付で隠居である風宮兵庫定清によって宇治の住民組織である宇治会合宛に作成された書付の案文である(37)。

一、往昔者不二申上及一中古伏見院様之御宇正応年中異国之戎本朝を責可二執申一ト万之漕之舟ニ乗西海へ寄来候由聞召、是を被レ為レ成二御嘆一、天照皇太神宮様風日祈社へ被レ為レ立二御勅使一、五十鈴川之御橋之詰ニ風日祈之御社之法楽舎を被レ為レ成二御建立一、内宮之神官斎内人・僧俗上下万人等は風日祈之社法楽舎ニ立寄合、従二異国一之戎を為二調伏一、捧二御祓大麻を一、肝胆砕御祈禱仕候処、風日祈之社御殿之闇《ママ》不思議ニ閃申、仍而内宮自《ママ》中為二奏聞一、斎之中岩井田尚信ト申人被レ上候由、其後風之御神被レ為レ成二大風一は、異国之戎之乗申舟を一漕不レ残被レ成二御退治一、夫仍而風日祈之社を御改被レ為レ遊風日祈之宮ト被レ為レ進二宮号一、殊ニ御宮御橋迄被レ為レ成二御建立一候、夫仍而風宮之法楽舎ト申来候御事、

一、風宮勧《ママ》阿弥坊、是者明応年中之法楽舎之住持ニ而御座候、其弟子風宮正珎坊、其弟子風宮智永上人、其弟子風宮妙正上人、其弟子風宮法珎坊、其弟子二位坊、其弟子風宮真光坊、其弟子風宮大日坊又大日上人共申候、同明慶院、只今書付御披露申儀者、年寄衆中定御神慮又所威光之儀候へ者、名々御若年時分よりも伝聞可レ有二御座一候、御公儀様より被レ為レ成二御尋一候て、何も直ニ被二仰上一可レ被レ下候処を、私迄御尋候儀不思議所存候、自二勧《ママ》阿弥一私迄者九代・十代ニ罷成候御事、

一、風宮と名乗申候訳ハ右之筋目故ニ而御座候処、今新ニ家名を名乗申候而ハ旦方之廻方不レ芳、以家之障リニ罷成候事ニ御座候間、憐前々之通ニ被レ為二成置一被レ下候様ニ奉レ願候、[38]

風宮隠居兵庫

定清(印)

元禄四年二月六日

内宮二郷

御年寄衆中

参

まず、文中に「御公儀様より被レ為レ成二御尋一」とあることから、この時、「風宮」を名乗っていることに関して幕

府から疑問符が付けられことが想定される。なお、差出の風宮隠居兵庫定清は、明慶院定清と同一人物であると考えられる(39)。

内容をみると、転身前の明慶院だった時期の由緒が下敷きとして使用され、風日祈宮の宮号宣下に関する言説が詳細になったのに対して、これまでの由緒のなかで強調されていた穀屋に関する言説が削除されたことがわかる。また、観阿弥が明応年間に法楽舎の住持であったこと、歴代の山伏が師弟関係にあったことが述べられており、観阿弥から自身まで、代々、「風宮」を称していたことが強調されている。そして、三か条目に「新しく家名を名乗っては廻旦の妨げになり、家の障りになる」とあり、「風宮」を名乗ることが御師家の経営上、不可欠なこととして認識されていることが窺われる。

すなわち、内容の増補が行われるとともに、転身に伴って不要となった寺院(穀屋)としての権威づけが削られ、さらに、「風宮」を名乗る由来が御師家の立場から説明されているのである。また、「風宮」を称する来歴を語る目的も、転身前においては、穀屋と風宮橋との独自の関係を示すためであったのが、ここでは御師家の経営を維持するためへと変わっている。

これらから、隠居兵庫定清によって、寺院としての由緒から御師家としての由緒へと性格の改変が試みられたと指摘できる。

以上、十七世紀後半に語られた由緒を風宮家の転身の前後でみてきた。ここで語られた由緒は「風宮」を称し続けることを目的としたものであった。小括すると以下のようになる。転身前においては、明慶院定清によって由緒内容が変えられたことが浮き彫りとなり、そして、転身後においては、同じく定清によってその性格も改められたことが明らかとなった。すなわち、直面した現実にあわせて、内容の変更と性格の改変がそれぞれ確認できたといえ、このようにみると由緒の改編は、語る主体者の置かれた立場・状況に応じて頻繁に行われ得るものであったと考えられる。

四　風宮橋支配と風宮家（十八世紀）

ここでは十八世紀に語られた由緒をみてゆく。この頃に語られた由緒は、前時代からの言説を総合した傾向が強く、風宮家と風宮橋の架橋との関係を強調することに主題が置かれている。そして、そのために新たな由緒が付け加えられる場合も確認できた。

1　十八世紀前半

元文元年（一七三六）十二月に「風宮御橋之儀風宮兵庫大夫家ニ往昔より支配仕候由来之覚」という表題を持つ左に挙げた由緒書がまとめられた(40)。当史料ついては、上相英之氏によって既に紹介されており、「風宮家の橋支配の正当性を山田奉行に訴えるために書かれたもの(41)」という指摘がなされている。

風宮御橋之儀風宮兵庫大夫家ニ往昔より支配仕候由来之覚

明応七年

一、風宮御橋　　風宮観阿弥上人

右観阿弥上人者従二伏見院様一蒙二　勅宣一御橋造立本願仕候由聞伝申候、

永正年中

一、同　　風宮正弥坊
右観阿弥上人造立之意趣相用、正弥坊造立之節明応年中之擬宝珠壱箇残置、
今以西方之高欄有レ之候、
大永年中
一、同　　風宮知永上人
天文年中
一、同　　風宮妙正上人
永禄年中
一、同　　風宮法弥坊
天正年中
一、同　　風宮二位坊
文禄年中
一、同　　風宮真光坊
右正弥坊より真光坊迄諸国勧化を以御橋造立仕候由申伝候、
慶長年中
一、同　　風宮大日上人
慶長九年大日上人諸国勧化仕御橋造立執掛り可レ申候処、権現様伏見御在城、此節当国松坂城主古田兵部正殿
有二知縁一哉、造立之事御取持被レ下、其後蒙二　上意一大日上人木曽山江罷越材木採二調之一、尤鉄具・工料并御祝

料等一式被二成下一候、御橋造立之後古材・鉄具等悉被レ為二下置一候、

台徳院様御代元和四年

一、同　　風宮大日上人

如二先例一一式被レ為二成下一、尤古材・鉄具等被レ為二下置一候、

大猷院様御代寛永十八年

一、同　　風宮三位

右同断

厳有院様御代万治二年　　風宮

一、同　　明慶院

往昔より私家風宮御橋本ニ有レ之候処、万治元年、人家より出火御座候而御　宮御炎上私家も類焼仕候、此節従二　御公儀様一御替地被レ為二仰付一、其上御金被レ為二下置一、宮殿近辺之人家他所江御移被レ為レ成候ニ付、此時私宅新屋敷ニ相移、今以居住仕候、同三年七月廿九日前代未聞之洪水ニ而御橋相流、同十二月迄ニ御修覆御成就、

常憲院様御代元禄二年

一、同　　風宮兵庫大夫

如二先例一一式被レ為二成下一、尤古材・鉄具等被レ為二下置一候、

御当代享保七年

一、同

如㆓先例㆒御橋御造替一式被㆑為㆓　成下㆒候、尤古材・鉄具幷御祝料等悉被㆑為㆓下置㆒、奉㆓拝受㆒候、将又御橋御地祭・渡初等之諸規式（ママ）先例之通私宅より執行仕候、御橋御造立之中参宮人為㆓通路㆒私家より前々之通、仮橋掛来申候、

風宮御橋支配由緒義、勧（ママ）阿弥上人以前之義者先年度々之火災、或者洪水等ニ而記文紛失仕候哉、委細難㆓相考㆒候、

右之通ニ御座候、以上、

元文丙辰年十二月

風宮兵庫大夫（印）

時系列に沿って、風宮橋の架橋と風宮家の歴代の先祖との関わりを記すというスタイルが取られていることに気付く。特筆すべきは以下の諸点である。

(1)風宮橋を架けた歴代の山伏たちが風宮家の歴史のなかに組み込まれ、同家が風宮橋を支配しているということの根拠とされている点。

(2)神宮寺や穀屋・法楽舎といった寺院に関する言説がすべて削られている点。

(3)明応七年（一四九八）に観阿弥が伏見院より勅宣を蒙ったとしている点。

(4)東照大権現（徳川家康）と風宮橋に関する新たな由緒が語られている点。内容は以下の通り。慶長九年（一六〇四）に大日上人が勧進をし、風宮橋の架橋に取り掛かろうとした際、家康が伏見城におり、この時、伊勢国の松坂城主であった古田重勝[42]と知縁があったのか、家康に架橋のことに関して取り持ってくれた。その後、家康の命を受け大日上人は木曽山へ赴き材木を調えた。もっとも、鉄具・工料と御祝料などすべてを頂いた。また、風宮橋の

造替の後、古材やその鉄具なども頂戴した。

まず、(1)と(2)は、家の由緒を整備する上での再構成であると指摘できる。(3)は、明応七年に鎌倉後期の天皇から勅宣を蒙るという明らかに不整合な部分である。これは、前節で考察した延宝二年（一六七四）に明慶院が語った「観阿弥が勅宣を蒙った」という言説に対して、宮号宣下に関する言説で登場した伏見院を加え、具体的な天皇の名前を示すことで信憑性を持たせようとしたために生じた齟齬である考えられる。

そして、(4)においては、東照大権現に関する由緒が初めて登場する。これに関して検討してみると、寛永十六年（一六三九）八月十三日付で山田奉行花房幸次宛に風宮三位が作成した書付の案文[43]には、

一、先年ハ大日坊木曽山江罷越材木刈出シ申候処ニ、古田兵部少輔鍛冶大工供養之本願被レ成候、

とみえる。大日上人が木曽山へ赴き、材木を切り出そうとした際に、古田重勝が「鍛冶大工供養」の本願となったとあることから、もともと家康が架橋に関与したという言説は存在していなかったことがわかる。さらに、万治二年（一六五九）四月六日に山田奉行からの「元和より以前ハ慶長年中ニ右之両橋（宇治橋・風宮橋）掛り申候哉」という問い合わせに対して、八禰宜であった藤波氏次は、

一、慶長十一年丙午右之両橋幷鳥居・同橋姫社従二秀頼公一御造立、為二御奉行一雨森出雲守殿・安養寺嘉兵衛殿御発向被レ成候御事、

と答えている[44]。つまり、この慶長年間に架橋を行ったのは豊臣秀頼であった。従って、「大日上人が家康の命を受けた」という言説は、秀頼が架橋したことを隠し、代わりに家康との由緒を新たに創出したものであると指摘できる[45]。この目的は「鉄具・工料幷御祝料等一式」と「橋造立之後古材鉄具等」を取得するという得分の由来を、江戸幕府の始祖である東照大権現との関係から権威づけて説明するためであったと考えられる。

2　十八世紀後半

寛政三年（一七九一）七月二十三日、次の旨が山田奉行所から内宮長官以下へ尋ねられた(46)。

当所ニ而誰支配と相唱候儀者、寺社或者其場所之地主故支配之名目有レ之候哉、何之縁を以支配と申立候哉、古来より之訳合委く早々相調書付可二差出一候、

七月廿三日　　御役所判

内宮
長官
神主
慶光院
山本大夫

これが「支配」と称することの由来を調査するものであったことがわかる。前述したように「風宮橋支配人」を務めている風宮家も対象となったらしく、これを受けて作成されたと推定されるのが左に挙げる言上書である(47)。

此度於二町在一従二前々一支配之場所と唱来候儀、不レ寄レ何仕来巨細一筆申上旨被二仰渡一候、依レ之私支配仕来候
風宮御橋之儀段々奉二申上一候、右
風宮御橋之儀者従二往古一私支配と申候事於二当地一凡而悉知レ之儀、勿論乍レ恐従二
御公儀様一も御会釈等被レ為二成下一候御儀、承前之例ニ而御座候、乍レ然凡而従二古来一仕来而已ニ而相続仕来
候、当地之習俗ニ御座候得者被レ為二仰付一候支配人ニ御座候哉、私ニ唱申候支配人ニ御座候哉、且又是ぞ支配
と申名称ニ相叶可レ申候哉、相叶申間敷候哉、其段者於二私一決断も難レ仕御儀御座候得共、右

風宮御橋之儀私支配と申来候、当初融通悉知之訳合就二御尋一、乍レ恐左ニ奉二申上一候御事、
一、当宮風宮　級長津彦命・　級長戸辺命奉二祭祝一、北条家専執政之時分、異国賊船被レ為二追退一候以二
神功一、正応六年宮号
宣下奉、称二　風日祈宮一候御事、固（ママ）り衆人所知ニ而諸人信厚不レ少、従二往古一参詣も数多有レ之候由ニ御座候得
共、応仁年中兵乱之従二海内戦国と相成一、両
宮式年正遷宮すら相滞申程之御事故、　風宮御橋造替等之儀勿論其沙汰無レ之由ニ御座候処、私先祖勧（ママ）阿弥と申者
蒙二
後土御門院様　勅宣一
風宮御橋建立、則為二後鑑一右御橋擬宝珠一箇相残し、其銘ニ
太神宮風宮五十鈴川御橋明応七戊年本願勧（ママ）阿弥敬白と相記し、今以
御橋西之方ニ有レ之候、是ニ
御代々御造替ごとに御鋳直し不レ被レ為二
仰付一、上代之侭ニ被レ為二　成置一候御儀ニ而　御橋破却より御成就迄者私方ニ預り置申候仕来ニ御座候而、猶又
右勧（ママ）阿弥以後正珎・知永・妙正・法珎・二位・真光・大日数代
御橋造替之之本願ニ而、其後乍レ恐
御当家様御治世以後如二唯今一御造替・御修復等連綿仕候、右
風宮御橋従二往昔一私方ニ支配仕来候由来之儀、去ル元文年中堀対馬守様（付箋「対馬守殿トいたし可然被仰聞候」）御在勤之節覚書以、奉二申上一候様相見申
候、猶此儀就二　御尋一別紙書付を以奉二申上一候御事、

一、元来、私先祖之儀者惣而於二宇治一六坊と申候内之一人ニ而、修験真言之業ニ等敷祈禱・祭事を専と仕候様子ニ
相見え、勿論諸国江当　宮御祈禱御札賦与、生産と仕候様子ニ御座候、此段者子細有レ之其後神職と罷成、唯今
存在仕候、尤先年者私居住之儀も則
風宮御橋之前ニ有レ之、風宮穀屋別当名ハ誰々など、申趣ニ相見へ、勿論
風宮御橋之儀諸向支配仕候様子ニ申伝候、如二前段一先祖者六坊ニ而御座候故、唯今師職と罷成候而奉二申上一候者
不似合之様ニ御座候得共、古代之霊仏等今以所持仕候、右ハ聖徳大師奉納之霊仏ニ御座候御事、
一、右前段追々奉二申上一候通り由緒有レ之候儀ニ付、
御橋之儀拙家支配仕、御造替後大破之儀者其時々御注進奉二申上一　御修復被レ為二成進一候共、小破之儀者私方よ
り取繕ひ仕、春秋洪水之後ニハ橋杭幷ニ木除柱之根本江砂石を為レ置、両橋詰幷ニ横橋之詰之石段江土砂を為二持
置一、且又年中月々五、六度宛御橋掃除仕、風多く砌（ママ）者、私人歩召連罷出、彼是防方仕、将又三節之御礼・大晦日
或者御遷宮幷風宮御　神遷之砌等灯灯幷人歩等差出し、勿論宇治出火且山火事抔御座候節ハ早速人歩指出し消防
之手当等仕候御事御座候、右以二由縁一乍レ恐従二御公儀様一も　風宮御橋御造替毎ニ古材・鉄具・御祝ひ料等迄私
方江被レ為二
下置一、難レ有奉二頂戴一候御事御座候、乍レ然往年洪水・大火度々ニ而古キ家牒書・書キ物之類連綿不レ仕、相残り
候分彼是所持仕候迄之儀ニ御座候得者、此上委細之儀者難二相考一候得共、大体右之訳合ニ御座候、先者是等を以
御橋支配人と申候儀と相見へ申候御事、
右之通ニ御座候、以上、

寛政三亥年七月　　　　　　　　　　　　　　　　風宮兵庫大夫　印

右御老中江差上候控也、

末尾の記述から、右が寛政三年七月付で老中に提出する目的で作成されたものの案文であることが窺われる。ここで注目すべきは、

①風日祈宮の祭神が明記されていること、元寇時において北条氏が執権であったことが記されていること、風日祈宮の宮号宣下の年号が記されていること、観阿弥に勅宣を下したのが室町後期の後土御門天皇に修正されていること、といった諸点。

②先祖が山伏であったことが語られ、現在でも「古代之霊仏」を所持しているという言説が追加されている点。

この①は内容の細かい修正であり、さらなる「正確さ」の獲得を図ったと指摘できる。そして、②は「かつては山伏であった」という言説を証明するため加えられたものであると考えられる。

つまり、風宮橋と風宮家の関係は、風宮家が山伏であった時代に形成されたものであったため、御師に転身し歳月を経ると、風宮橋との関係を説明することに加えて、その山伏であったこと自体を証明する必要が生じたのである。

以上、十八世紀に語られた由緒をみてきた。ここで語られた由緒は風宮家と風宮橋の関係を説明するためのものであった。その内容の検討から、所々に増補と修正が施されていたことが浮き彫りとなった。

おわりに

本章では、風宮兵庫大夫家によって語られた由緒の改編の様相を辿ってきた。まず、風宮家の職掌に関する由緒の特色に関してまとめる。

風宮家は御師であるとともに、宮域内の風宮橋を支配する「風宮橋支配人」という職掌を務める立場にあり、本来ならば、内宮との接点が強調・創出されて然るべきである。しかし、そのような言説は確認できなかった。その理由は、もともと内宮の職掌に連ならない穀屋の山伏が風宮家の出自であり、延宝年間（一六七三〜八一）に内宮より「風宮」の呼称の停止を迫られたという経緯も存在したため、内宮との関係の明確化を忌避したからであると考えられる。すなわち、「風宮橋支配人」と認められた以降においても、関係を明確にすることは警戒しなければならないことだったのであり、同家の語った由緒には、このような内宮との緊張関係が如実に反映されているといえる。

次に、本事例の範囲にとどまるものであるが、十八世紀後半以降、当時の社会的な効力として由緒が広範に語られることを可能とした要素について指摘する。明らかとなった点を整理すると、

㈠十七世紀半ばの争論において、風宮家の先祖である明慶院が主張した由緒は裏付けという点において脆く、争論の相手であった山田三方によって、その不正確さを指摘され、否定されるところとなった。

㈡十七世紀後半に山伏から御師へと転身した風宮家は、その前後に「風宮」を称することの停止を迫られた。その際に語られた由緒は、それぞれの状況に即して内容や性格が変えられていた。

㈢十八世紀になると、風宮家は風宮橋との関係の由来を説明することとなった。そしてそこでは、由緒を語るごと

に由緒自体の増補と修正が行われた。特に、天皇や東照大権現との関係の創出が図られた。これは唐突に付け加えられるのではなく、従来から存在する由緒の一部を変更するという形でなされた。

となる。右に挙げた諸点を踏まえると、それは、自らの由緒を当時の社会の中に整合的に位置づけようとする動き、すなわち、内容の増補と修正、そして、権威や政治権力との関係の創出、が前提としてあったからであると理解できる。つまり、由緒を当時の認識に即した形で改編しようとする試みが十八世紀後半以前においても、たびたび存在していたのであり、このような作業によってもたらされた信憑性が「由緒の時代」に由緒が語られてゆく上での担保となったと考えられる。

残された課題としては、由緒の改編に用いられた知識が如何に獲得されたか、という問題が挙げられる。これについては、他の事例を踏まえ考えてゆく必要があろう。

註

（1）研究史については、山本英二「日本中近世史における由緒論の総括と展望」（歴史学研究会編『由緒の比較史』所収、青木書店、二〇一〇年。初出は、『歴史学研究』八四七号、二〇〇八年）を参照。

（2）歴史学研究会委員会「特集によせて」（『歴史学研究』八四七号、二〇〇八年）、一頁。

（3）山本英二「創り出される由緒の家筋」（白川部達夫・山本英二編『〈江戸〉の人と身分2　村の身分と由緒』所収、吉川弘文館、二〇一〇年）、九四頁。

（4）大友一雄『日本近世国家の権威と儀礼』（吉川弘文館、一九九九年）。

（5）井上攻『由緒書と近世の村社会』（大河書房、二〇〇三年）。

（6）吉岡拓「近世期の大原郷士—惟喬親王由緒とその改変—」（同『十九世紀民衆の歴史意識・由緒と天皇』所収、校倉書房、二〇一一年。初出は、「近世畿内村落における由緒・由緒者―山城国大原郷士と惟喬親王由緒―」（『史学』七三巻二・三号、三田史学会、二〇〇四年）。
（7）坂田聡「由緒書と偽文書―中世・近世移行期における山国枝郷黒田三か村を例に―」（坂田聡編『禁裏山国荘』所収、高志書院、二〇〇九年）。
（8）山本英二「浪人・由緒・偽文書・苗字帯刀」（『関東近世史研究』二八号、一九九〇年）・同「近世の村と由緒」（『歴史評論』六三五号、二〇〇三年）。
（9）落合延孝「出入り関係の形成と新田岩松氏の権威の浮上」（『関東近世史研究』三六号、一九九四年）。
（10）渡辺尚志「幕末の鉄座設立運動と由緒」（久留島浩・吉田伸之編『近世の社会集団―由緒と言説―』所収、山川出版社、一九九五年）。
（11）久留島浩「村が「由緒」を語るとき―「村の由緒」についての研究ノート―」（久留島・吉田前掲『近世の社会集団―由緒と言説―』所収）、三三一～三三三頁。
（12）井上攻「序論」（前掲『由緒書と近世の村社会』）、三頁。
（13）例えば、山田邦明「上杉家中先祖由緒書とその成立」（『日本歴史』六七三号、二〇〇四年）、岸本覚「近世後期における大名家の由緒」（『歴史学研究』八二〇号、二〇〇六年）、滝口正哉「江戸幕府奉行所与力の由緒―家譜類を手がかりとして―」（『立正史学』一〇七号、二〇一〇年）など。
（14）近年の成果として、酒入陽子「富士御師三浦家とその由緒―彦根井伊家との関係を中心に―」（甲州史料調査会編『富士山御師の歴史的研究』所収、山川出版社、二〇〇九年）、平田旅人「幕末維新期の神職・由緒・身分」（『日本歴史』七四四号、二〇一〇年）など。関連するものとして寺院の由緒書を検討した塩谷菊美『真宗寺院由緒書と親鸞伝』（法蔵館、二〇〇四年）、引野亨輔「偽書の地域性／偽証の歴史性―生口島の法然伝説を事例として―」（『福山大学人間文化学部紀要』五巻、二〇〇五年)など。

(15) 数少ない成果として、廻船方の由緒を扱った井上正秀「四日市湊と近世初頭の廻船の発達」(『四日市市史 第十七巻 通史編近世』所収、四日市市、一九九九年)、在郷町の由緒を扱った佐藤孝之「「平野郷由緒書」の構造と性格」(『日本歴史』六七三号、二〇〇四年)、村の由緒形成を扱った岩橋清美「村の由緒の形成と伝播」(前掲『日本歴史』六七三号)など。

(16) 山本前掲「日本中近世史における由緒論の総括と展望」、二〇頁。

(17) 例えば、久田松和則『伊勢御師と旦那—伊勢信仰の開拓者たち—』(弘文堂、二〇〇四年)など。

(18) 例えば、幸福氏を素材として御師家の出自について考察した窪寺恭秀「伊勢御師幸福大夫の出自とその活動について」(『皇學館史学』一四号、一九九九年)など。

(19) 穀屋については、第二部第五章の註(8)参照。

(20) 風宮家を扱った先行研究として、上椙英之「伊勢神宮風宮家と『風宮橋支配由来覚』」(『御影史学論集』三二号、二〇〇七年)が挙げられる。風宮橋については、音羽悟「風日祈宮橋の歴史について」(『悠久の森—神宮の祭祀と歴史—』所収、弘文堂、二〇一四年。初出は『瑞垣』二一七号、二〇一〇年)を参照。

(21) 例えば、嘉永元年(一八四八)十月付で作成された宇治会合宛の口上書の差出に「風宮橋支配人　風宮兵庫大夫」とあることなど(神宮文庫所蔵「奉願上口上(風宮橋修覆の件)」、図書番号一門一七六六九の二〇〇号)。また、十八世紀初頭には、内宮長官の薗田守相が山田奉行に対し「風宮橋之義、是も役人御座候、則風宮兵庫と申者ニ而」と述べていることが確認できることから、少なくともこの頃には、風宮家は「風宮橋支配人」として承認されていたと考えられる(神宮文庫所蔵「神宮編年記　守相記」正徳二年六月二日条、図書番号一門一五九一三の二一一号)。以下、本章で使用する史料は特に断らない限り、すべて神宮文庫の所蔵である。

(22)「乍恐御歎奉申上口上　御奉行所宛」(図書番号一門一七六六九の四七号)。
(23)渡始については、上椙英之「神宮渡始式における老女―その名称と担い手を中心に―」(『人間文化H＆S』二二号、二〇〇七年)を参照。
(24)詳しくは、第一部第三章を参照。
(25)六坊とは、明慶院・清水寺・法楽舎・明王院・成願寺・地蔵院(広厳寺)を指す。詳しくは、第一部第三章一節を参照。
(26)例えば、万治二年(一六五九)二月三日付で山田奉行所に宛てられた書付(案文)の差出に「風宮橋穀屋別当　明慶院定清(花押)」とあることなど(「風宮御橋古材納先　御奉行所様宛」、図書番号一門一七六六九の一八二号)。
(27)「宮奉行沙汰文」(図書番号一門四三四八号)には、「風宮穀屋之儀者、去文明之比、十穀沙門乗賢以来橋之北爪ニ壱丈四面之穀屋を建立せしめ、諸国参宮人之幣物を以橋之掃除をいたし、官道之修治等仕候処、去慶長之末より大日沙門此所ニ住宅を建レ之、妻子を置レ之、奴婢・僕従を抱申」とある。従って、後述する明慶院や風宮家の由緒とは異なり、実際の穀屋の建立は文明年間の頃で、風宮家に連続する山伏の居住は慶長年間である可能性が高い。
(28)「浦田家旧蔵資料　内宮六ヶ寺地方勧化口上書」(図書番号一門一七三一〇の一七号-一六〇九)。
(29)「内宮六坊出入幷雑記」(図書番号一門四六六三号)収録。当史料については、第一部第三章の註(9)を参照。
(30)「道登」を称する古代の僧といえば、大化二年(六四六)に宇治川(現 京都府宇治市)に橋(宇治橋)を架橋した道登が著名である(佐久間竜執筆「道登」項、国史大辞典編集委員会編『国史大辞典』第十巻、吉川弘文館、一九八九年)。橋に関わる人物であったことから、この道登を「風宮之住持」として付会した可能性が考えられるが、詳細は不明である。
(31)前掲「内宮六坊出入幷雑記」収録。
(32)史料上、明慶院の称が確認できるのは、延宝二年(一六七四)までであり、これ以降に転身がなされたと考えられる。詳しくは、第二部第五章二節を参照。

(33)「乍恐言上　御奉行所宛」(図書番号一門一七六六九の四四号)。

(34)確証がないため、これらの言説が事実かどうかは問題としない。ただ、ここで挙げられた山伏の他にも、増泉法師(「内宮引付」永正八年〔一五一一〕七月日付、『大日本史料』九編三冊所載、東京大学史料編纂所、四〇六～四〇七頁)、湯殿宝□(虫損)・比丘尼智円(「風宮橋勧進許可状」天文九年〔一五四〇〕正月日付、図書番号一門一七六六九の四二号)、妙正上人の弟子と推定される道観・妙経(浜口主一「風宮十三仏石塔」天正十八年〔一五九〇〕銘、『伊勢市史 七巻 文化財編』、伊勢市、二〇〇七年、三三六～三三七頁)といった山伏たちが風宮橋の架橋に関わっていたことが確認され、明慶院によって由緒で語る山伏の取捨選択が行われた可能性が高い。

(35)明応四年(一四九五)五月日付「内宮庁宣」(『三重県史』資料編中世1上所収『守朝長官引付』収録、三重県、八〇一頁)。この庁宣は宇治橋造替のための勧進を命じるものであって、風宮橋造替のための勧進を命じるものではない。また、ここでは「法師観阿」となっている。音羽悟氏は風宮橋造替の前後関係から「法師観阿」と観阿弥が同一人物であるとし、観阿弥が宇治橋から風宮橋の造替に切り替えたという見解を提示している(音羽前掲「風日祈宮橋の歴史について」、五八頁)。

(36)この勅宣に関する言説は、五十鈴川に宇治橋を架橋した慶光院を意識した可能性が高い。慶光院については、石井昭郎「慶光院と遷宮の復興」(伊勢市編『伊勢市史』第二巻 中世編所収、伊勢市、二〇一一年)を参照。

(37)「風宮ト名乗由来下書　内宮二郷年寄衆宛」(図書番号一門一七六六九の一三六号)。

(38)この箇条は、

一、慶光院殿御祓御停止之由、夫仍而先之年寄衆中私ニも旦那方御祓配候ハ、俗家ニ罷成候様との下知ニ付俗家ニ罷成候へ者次第〳〵迷惑仕候御事、今度御訴訟被二仰上一何事前々之通ニ成シ被レ下候様奉レ願候、以上、

という文章を抹消した上で新たに書き直されている。

(39) 宝永二年(一七〇五)六月十九日で、内宮から山田奉行へ提出されたとされる「風宮大橋造替覚」(図書番号一門一六八四号)の万治二年(一六五九)九月七日条に「明慶院兵庫よりハ諸事之小日記指上候」とあることなど。

(40) 「玄・覚書・控」(図書番号一門一七六六九の一〇号)。

(41) 上椙前掲「伊勢神宮風宮家と『風宮橋支配由来覚』」、一二七頁。なお、後述する寛政三年(一七九一)七月付で作成された言上書(案文)に、「風宮御橋従二往昔一私方ニ支配仕来候由来之儀、去ル元文年中堀対馬守様御在勤之節覚書以、奉二申上一候様相見申候」とあり、上椙氏の見解は正鵠を射ているといえる。

(42) 「松坂城主古田兵部正」は古田重勝を指すと考えられる(『寛政重修諸家譜』巻第九三八、『新訂　寛政重修諸家譜』第一五、続群書類従完成会、七八～七九頁)。

(43) 「風宮橋目録　花房志摩守宛」(図書番号一門一七六六九の一八四号)。

(44) 「神宮編年記　氏富記」万治二年四月六日条(図書番号一門一五九一三の一三号)。

(45) ただし、風宮橋の古材を東照大権現から頂戴したという言説に限っては、明慶院定清が万治二年二月三日付で山田奉行へ提出した書付(案文)に「一、風宮之古橋代々穀屋江納来り候と申つたへ候、権現様より古御橋被レ下候」として既に創出して語っていることが確認できる(「風宮御橋古材納先　御奉行所様宛」、図書番号一門一七六六九の一八二号)。つまり、この言説を東照大権現の架橋への関与へと拡大し、由緒のなかへ組み込んだと考えられよう。

(46) 「神宮編年記　経高記」寛政三年七月二十三日条(図書番号一門一五九一三の九二六号)。なお、寛政三年十二月七日に「支配」と呼称することを禁止する旨の触が山田奉行所から出されている(前掲「神宮編年記　経高記」寛政三年十二月七日条)。

(47) 「風宮橋支配人タルノ由緒書」(図書番号一門一七六六九の二八号)。なお、註(40)の由緒書を増補した内容の案文も同年同月付で作成されている(「風宮御橋之儀風宮兵庫大夫家ニ往昔ヨリ支配仕候由来之覚」、図書番号一門一七六六九の五号)。

補論二　御祓の授与と伊勢神宮
―安政二年の外宮による「白石屋」への制禁を素材として―

はじめに

近世に入ると、伊勢神宮の御師たちは、様々な身分・階層の人々を旦那とするようになり、各所へ廻旦を行った。その際、御師たちによって配られたのが御祓（御祓大麻）と呼ばれる御札である。

御祓に関する戦後の研究は、神宮大麻[1]の歴史的な前身を探るという関心もあって、今日まで意欲的に進められて来た。この結果、御祓の種類やその性格といった基礎的な事項が明らかにされた。[2]さらに近年では、久田松和則氏が、近世後期に争われた外宮御師と真宗僧との宗論を素材に、神宮御師が御祓をどのように解釈・説明していたか、を報告している。[3]

右のような成果によって近世における御祓授受の様相が浮き彫りにされつつあるといえる。しかしながら、まだまだ事例不足であり、とりわけ、御祓の授与に伊勢神宮が如何なる形で関与していたか、という問題に限っては、

①授与された御祓には、伊勢神宮の宮名が記されていた。

②伊勢神宮（内宮・外宮）においても、それぞれの宮域内の子良館・宿衛屋で授与が行われていた。

といった事実[4]が指摘されていながら、等閑に付されたままとなっている。

そこで本論では、伊勢神宮による取り締まりの対象となった授与の実態を明らかにし、さらに、その活動に対する伊勢神宮の認識と対応を検討することを通して具体例の提示を目指したい。これにより、伊勢神宮の関与のあり方を規制の面から捉えることが可能であると考える。素材とするのは、安政二年（一八五五）に外宮によって実施された制禁についてである。ここで問題視されたのは、代拝を生業とする「白石屋」(5)と称される人々が行う御祓の授与であった【表13】。

伊勢神宮と鳥居前町との関係に関しては、塚本明氏が後者の社会構造を明らかにするという視点から、触穢観念や差別の問題を中心に取り組んでいる(6)。この成果により、伊勢神宮の存在が周囲の社会へ及ぼす影響の様相が明らかとなった。今回扱う授与への制禁もこのような切り口からみてゆくことが妥当であろう。

白石屋に関しては、管見の限り先行する研究は見当たらない。ただ、鳥居前町の偉人を顕彰する目的で編纂された『度会人物誌』の「清水こと」（山田中島町に居住。明和七年〔一七七〇〕生、文久元年〔一八六一〕没）という人物の項に、

白衣を著して草履を穿ち、山田町内各戸につきて銭穀を受け、その施主の為めに両宮に日々の代参をなすを務めとなし、おかず日参と称せられた。而して天性慈愛の心深く、孤児又は貧窮者の児女引取りて養育し、（中略）恰かも現今に於ける孤児院の事業をなした。

【表13】安政２年（８月14日迄）における山田の「白石屋」一覧

	該当者名	居住地
1	才吉（奥山多兵衛）	曽祢町高柳
2	藤八	八日市場町坂之世古
3	藤波平兵衛	上中之郷町大間広
4	岡村権四郎（岡村伊勢八）	岡本町
5	今井孫四郎	河崎町

神宮文庫所蔵「神宮編年記　朝喬記」（図書番号1門15913の3245号）安政二年七月二十三日・八月六日条をもとに作成。同文庫所蔵「白石持賦祓制止記」（図書番号1門3503号）に所載されている請書の写し（安政二年八月十四日付）を用いて補った。1と4の人物は両史料で名称が相違しているが、居住地が一致することなどから同一人物であると考えられる。

とあり、[7]代拝を行っていた女性の姿が認められる。従って、少なくとも当該期の外宮鳥居前町（山田）においては、生業として成り立ち得るほど代拝は一般化していたと推測され、白石屋はこのような状況に即応した存在であったと考えられる。

以上をもとに本論では、白石屋が行う授与への外宮による制禁を素材に、伊勢神宮の御祓授受への関与、特に授与への規制のあり方の提示を課題としたい。

一　白石屋による御祓の授与

ここでは、外宮が行った調査をみてゆくことを通じて、白石屋が行っていた授与の具体相を明らかにする。まず、調査を実施した理由とその方法を確認しておく。「神宮編年記　朝喬記」安政二年（一八五五）七月二十三日条[8]に左のようにある。

一、先年より白石屋与唱、日参相勤候者共より信心之願主望ニ依而、七日参等御祓或者当病其外望之願ニ而御祓自分手元ニ而相拵差出し候趣風聞有レ之ニ付、曽祢町上村房蔵与申者ものを以、他より言伝り候振ニ取斗、御祓為二請ケ一所爰ニ記し置、如レ左、

外宮による調査が「白石屋が願主の望みに合わせた様々な種類の御祓を自作し、授与している」という噂の存在によるものであったことがわかる。そして、その方法は上村房蔵という者を使って他所から依頼されたように偽ることで、授与への調査を試みるものであった。つまり、外宮は噂の真偽を判断するため、一種の囮捜査を行ったのであり、御祓の自由な授与が外宮にとって看過できない事柄だったことが窺われる。

同日条に載せられた調査内容をみてゆこう。七月五日、上村房蔵は曽祢町高柳に住む才吉(9)を訪ね、「他所の人より頼まれたので「家内安全之御祈禱代拝」をお願いしたい。さらに、その御祓を頂戴したい」旨を申し入れ、初穂料として一〇〇文を払った。すると、才吉は承知し、土佐半紙で出来た「七日参御祓大麻　家内安全御祈禱」と記された御祓を授与した。さらに、八日市場町坂之世古に居住する藤八と上中之郷町大間広に住む藤波平兵衛をそれぞれ訪ね、才吉と同趣旨の依頼をしたところ、両人ともに御祓を差し出したので、房蔵はそれぞれに初穂料一〇〇文を渡した。なお、藤八の御祓には「大神宮　七日参御祓大麻　安産為平癒御祈禱」とあり、平兵衛の御祓には「七日参御祓大麻　道中安全御祈禱」とあった。

同五日の夕刻、房蔵は岡本町の岡村権四郎(10)のもとへ赴き、「当所師職之内無住同様之方有レ之、諸旦那安全之御祈禱言伝り候故御祓申受度」と、無住同様になっている御師家があり、諸旦那安全の祈禱を依頼されたので、その御祓を頂戴したい旨を述べ、初穂料一〇〇文を払った。すると、権四郎は土佐半紙で作られた「大神宮　七日参御祓大麻　諸旦那安全御祈禱」と記された御祓を授与した。さらに、房蔵は河崎町に居住する今井孫四郎を訪ね、「他所の人より依頼された「商売繁盛御祓」を頂戴したい」旨を申し入れた。孫四郎は「承知したが、御祓は私方には用意がない。よって、外で申し受けてきて渡すことになるので、すぐには間に合わない」と答えた。房蔵が「では、今晩か明朝に改めて参上してもよいか」と質問したところ、孫四郎は「明晩にでも来てくれれば用意できると思う。御苦労をおかけするが承知して頂きたい」と答えた。そのため、房蔵は明晩に参上する旨を約し、帰路に就いた。そして、一日遅れた七日の夕刻、孫四郎のもとへ行き、「一昨日に依頼しておいた御祓を用意してくれたか」と尋ねたところ、孫四郎が御祓と御供を授与したので初穂料一〇〇文を払った。この御祓は、真似合紙で出来ており「天照皇太神宮　七日参御祓太麻　家内安全 商売繁盛　御祈禱」と記されていた。

ここまでを整理すると、

(A)白石屋は御祓を授与しており、しかもそれは、御祓に「七日参御祓大麻」などと記されてはいるものの、代拝を行った証としての授与に止まるものではなかった。

(B)白石屋は、依頼者の願いに応じた御祓を授与していた。

(C)白石屋のなかには、他から御祓を申し受けて授与する者があった。

(D)御祓の相場は一体につき初穂料一〇〇文であった。

という四点を指摘できる。

また、右より上等な御祓やその他の授与物に関しても調査がなされている。七月十七日、房蔵は再び岡村権四郎を訪ね、

先日者被レ出レ願御世話忝存候、扨此度者田丸武家方より代拝被二相願一候ニ付、御祓頂戴いたし度、尤御初穂者銀四匁言伝り申候、余り常体之剣先御祓ニ而者不レ宜存候間、何卒五千度体之御祓申受度と旨申入、

とあるように、田丸(11)の武家より代拝を頼まれたので、初穂料銀四匁で御祓を頂戴したいと述べ、さらに常体の剣先御祓(12)ではなく、五千度御祓(13)の体裁の御祓を頂きたい旨を依頼した。すると、権四郎は、「随分致二承知一候へとも万度者大宮司様ニ而申受、御初穂者金百疋ニ而、五千度者大子良館ニ而受申候事故、早速ニ者相調不レ申候」と答えた(14)。つまり、万度御祓や五千度御祓の授与も可能であったことがわかる。しかもその御祓は、大宮司のところや子良館で申し受けて来る物であると称されていたのである。房蔵は、明日に受け取りに来る旨を伝え、そして、翌十八日の昼頃、権四郎のもとへ赴き、御祓を頂戴したいとの旨を申し入れると、権四郎は、しばらく待つよう述べて他出し、やや後に立ち戻り、奥へ入って久しく経ってから五千度御祓を渡した。それは、箱祓の形で間似合紙が貼られており、

「五千度御祓大麻　為武運長久御祈禱」と書かれていた。なお、この万度・五千度御祓の授与に関しては、同十七・十八日に、藤波平兵衛・才吉・藤八に対しても尋ねている。平兵衛と才吉は、万度は権四郎と同じく大宮司のもとで金一〇〇疋、五千度は子良館において金二朱で申し受けて授与していると答え、藤八も両所で申し受け、前者が金一〇〇疋、後者が金五〇疋であるとしている。

次に、その他の授与物については、前述した孫四郎が御祓とともに渡した「御供」の存在が注目される。同十七日、房蔵は藤波平兵衛のもとへ赴き、「何ニ而も難レ有品頂戴致し度」と願い、初穂料一〇〇文を払った。すると、平兵衛は「別に有り難い品というわけではないが「御備御供」を進上する」と答えた。しかし、あり合わせの御供が無かったらしく、親類のところで用意して渡す旨を述べた。房蔵がその親類を聞くと、曽祢町高柳の才吉であった。このため房蔵は、自ら才吉を訪ねる旨を申し出て、才吉方で御供一包を受け取っている。さらに翌十八日、今度は藤八のもとを訪ね、「先日者安産御祓頂戴忝存候、則致二安産一候処、聊肥立兼候間、何ニ而も難レ有品頂戴致し度」とあるように、産後の肥立ちの不調を口実に有り難い品を願い、初穂料一〇〇文を払った。藤八は「別ニ難レ有品与申者ニ而者無二御座一候へとも御備之御供進上可レ申」と言って、才吉と同じく御供(「御備之御供」)を授与した。これらから、各種の御祓の他に、神前に供えたと思しき御供が一〇〇文の相場で要望に応えて授与されていたことがわかる。

この上等な御祓やその他の授与物に関しての調査から、白石屋が「大宮司や子良館で申し受けて来る」と称して万度御祓や五千度御祓の授与を行っていたこと、御祓の他に御供という品物を授与していたこと、の二点が窺われる。

以上を小括する。安政二年七月の上旬から中旬にかけて、外宮は白石屋による授与の実態を調査した。囮捜査を用いて該当する五人を調べたところ、全員が授与を行っていることが確認された。しかも、大宮司や子良館で申し受けると称して万度御祓や五千度御祓さえも授与していたことが明らかになった。

二　授与の内実

ここでは授与の内実について、外宮による白石屋への尋問からみてゆく。七月二十四日、前述の調査の対象となった五人の白石屋が外宮の斎館へ呼び出され、応対した小田七大夫[15]から下問がなされた。七大夫は、

其方共白石屋と申日参致し候、右ニ付而者自然信心之ものより七日参或者当病等之御祈禱相頼候節者御祓差出し候由承り候、右者如何様之仕来りニ而差出来り候哉、

として、白石屋が授与を行っている事実を指摘した上で、「どのような先例があって授与しているのか」を五人に尋ね、そして、前述の調査の成果を用いて全員から自供を得た。以下、それぞれを挙げ、要点となる内容をまとめる。

第一に、岡本町の岡村権四郎の答弁を挙げる。権四郎は左のように答えた。

御尋之趣奉レ畏候、私義者右日参之義親共相勤居候而、昨年迄私外ニ商売仕居候処、親共死去致し候ニ付、冬中之忌服ニ罷り居申候而、近頃日参仕候義ニ御座候ニ付如何様之訳与申義も不レ存、七日参等被二相頼一候節者宅ニ而親共拵候義存居候故、私義も拵差出し候義ニ御座候、尤御初穂と申者聊少々一匁高ニ而、其余者格別多分之初穂等無二御座一候、併当月差入ニ而御座候何日と申義者早速心得不レ申候へとも、当所之川向より被二相頼一候与申御初穂厚被二差出一候故毎度之通御祓拵相渡し申候、然ルニ又々中頃と存候同人被レ参御初穂四匁被二差出一、箱祓様之御祈禱申受度旨与申候故、明日可レ進と申遣し候処、又々被レ参候得共、四匁之御初穂ニ而者外方ニ而請申候義者難二出来一候故、町内之内ニ箱祓ニ而も無レ之哉与存相尋候得者無レ之ニ付、則有合之木地を張、五千度相渡し候義ニ御座候、依由緒と申義等者一切無二御座一候、

権四郎は、

(a)日参は親の代から行ってきた。自身は昨年まで他の商売を営んでいたが、親たちが死去したので、冬の間はその喪に服し、近頃、日参を始めた。

(b)御祓の授与に関しては、特にこれといった訳を知らない。七日参りなどの代拝を頼まれた際に、親たちがやっていたように御祓を自分で拵えて授与した。

(c)初穂料については銀一匁ほどで、その他に格別な初穂料などは受け取っていない。

(d)ただし、右には例外がある。七月の始め頃、宮川以西の他所より頼まれたという御祓の授与を依頼されたので毎度の通り御祓を拵えて渡した。その後、七月中旬頃、先に依頼してきた同人が、今度は初穂料四匁を差し出して、箱祓の体裁の御祓を頂戴したいと言ってきた。しかしながら、同額では他で申し受けることも出来難く、町内で箱祓を探してみたが見つからなかったので、あり合わせの木箱に紙を貼って拵えた五千度御祓を授与した。

(e)御祓を授与する由緒はまったくない。

ということを明らかにしたのである。

第二に、河崎町の今井孫四郎の答弁を挙げる。孫四郎は「私義者元来白石屋ニ而者無二御座一候、去ル嘉永二酉年正月より　両宮江日参斗之義ニ御座候故、御祓等者一切差出し候義無二御座一候」と、自身は白石屋ではなく嘉永二年（一八四九）の正月より両宮へ日参をしているばかりであって、御祓等の授与は行っていない、と答えた。対して七大夫が「併日参ニ而七日参或者其余信心之向々より相頼候義も可レ有レ之、左様之節者御祓ニ而も可二差出一、其節者如何取斗候哉」と、七日参りや信心の者から授与を頼まれた場合はどうするのかと聞くと、孫四郎は「左様之義者是迄無二御座一候、於二途中一七日参者被二相願一候義も有レ之候得共、御祓相渡候義無二御座一候」と述べて、授与の事実をあくまで否定したため、七大夫は「然レ者当月五日頃、其方宅江川向より被二相頼一、御祓申受来リ候義聢与聞留有レ之候、右ニ而も隠し居候哉」として囮捜査で得られた情報をもとに迫った。すると、孫四郎は、

　少々驚様子ニ而暫平伏致し、夫より成程左様被二仰聞一候へ者当月ニ而候歟、御初穂百文被二差出一御祓被二相頼一候故、手前方ニ而者御祓無レ之、外ニ而受来リ可レ申事故、明日可レ被レ参旨申遣し、翌日調置相渡申候、

とあるように授与を行っていたことを認めた。その御祓の出所を七大夫が聞いたところ、宇治中館町に居住する内宮御師の上野彦八大夫方(16)から申し受けて来たものであった。また、御供の方も尋ねると、「右者内宮御供殿ニ而受置、御祓へ差添進候」として内宮の子良館(17)が出所であることが浮き彫りとなった。孫四郎は、自身が授与した御祓の出処が内宮御師であること、そして、御供の出処が内宮の子良館であることを明らかにしたのである。

　第三に、曽祢町高柳の才吉の答弁を挙げる。才吉は左のように答えた。

　私義者親共より白石相勤来《ママ》、七日参其余道中安全之祈禱ニ不レ抱、被二相頼一候節者御祓拵相渡し申候、右者親共より仕来之義ニ候故不レ苦義与相心得差出し候、尤正月・五月・九月ニ被二相頼一候節者、菅裁忠大夫方ニ而請申、夫より願主江相渡し申候、余之月者私方より差出し申候、猶当月差入、川向より被二相頼一候与申、御初穂百文持参ニ而御祓申受度段被レ申候故、則御祓相渡候処、又々中頃被レ参、何ニ而も難レ有品申受度段被二申越一候故、有合候御供壱包相渡申候、尤其節万度・五千度ニ而も請られ候義哉、被二相尋一候故随分可レ進旨申入候、右者是迄ケ様之義無二御座一候へとも被二尋置一候斗ニ而被レ帰候義ニ御座候旨申、

さらに、七大夫が「右万度若申受ニ被レ参候節者如何取斗可レ申哉」と聞くと、「御本宮ニ而も申受可レ進心得ニ御座候」と答えた。

　才吉は、

(i)自身は親の代から白石屋を勤めており、どのような願意であっても頼まれた際は御祓を拵えて授与してきた。授与は親たちより行ってきたことなので、問題ないと思っていた。
(ii)ただし、正月・五月・九月に頼まれた際は、山田の田中中世古町に居住する外宮御師の菅裁忠大夫方で御祓を貰い受けて授与し、それ以外の月は自分で拵えた御祓を与えていた。
(iii)万度・五千度御祓を授与したことはない。しかし、もし万度御祓の授与を依頼されたら、外宮の宿衛屋で申し受けて与えようと考えていた。

ということを明らかにしたのである。

第四に、八日市場町坂之世古の藤八の答弁を挙げる。藤八は左のように答えた。

私方も同様之義ニ而望之節者御祓相渡し申候、右も先年より何と申義も不ㇾ存出し来り候、尚又才吉より申上候通当月私方江も御祓受ニ参リ候故、則百文之御初穂ニ而相渡し申候、其後同様被二申参一候故旦那方ニ而申受、則相渡申候、

七大夫が「右旦那者何方ニ而候哉、心得ニ承リ度旨」と聞くと、「大主織部方ニ御座候、尤万度・五千度之義も被二相尋一候故、才吉方より申上候通返事致し遣候」と答えた。

藤八は、御祓は先年より何ということも考えず授与してきたこと、そして、与えていた御祓の出所が、山田の八日市場町に住む外宮御師の大主織部大夫方であることを明らかにしたのである。

第五に、上中之郷町大間広の藤波平兵衛の答弁を挙げる。平兵衛は左のように答えた。

私義者元来養子ニ而御座候、親共より白石屋相勤居候、右御祓之義者親父相勤候節者館熨斗屋ニ而受来相渡し居申候、尤右初穂之内ニ而少々宛者私方へもらい受候而、既私ニ至両三度も同様望人有ㇾ之候節者のし屋ニ而受来

出し候得共、右之家絶家ニ相成屋敷斗ニ御座候故、其後者直ニ差出し申候、併私義者無気ニ付相認候義も致し兼候故、宅ニ而者拵候義ニ者無㆓御座㆒、近所ニ而認ニ預り相渡し候義ニ御座候旨申、

七大夫が「自ら相認不㆑申候而も拵差出し候義者同様之事ニ候」と指摘すると、平兵衛は「万度之義も同様私方ニ而も被㆓相尋㆒候故、外ニ申上候同様返事申入候、併御祓差出候義不㆓相成㆒義ニ候へ者今日より相止メ可㆑申間、御叱り等被㆑下候義者御用捨預り度」と答えた。

平兵衛は、

(Ⅰ)自身はもともと養子で白石屋は親たちの代から勤めている。

(Ⅱ)御祓の授与に関しては、父親が白石屋を勤めていた時は「熨斗屋」[22]方で申し受けてきていたが、自身の代になってから熨斗屋が絶家になってしまったので、その後は自作して授与するようになった。

(Ⅲ)ただし、自作するといっても、その御祓は自宅で拵えたものではなく、近所で銘を認めてもらったものである。

ということを明らかにした。

これら五名の答弁から、白石屋による授与が何ら由緒を有するものではないこと、授与する御祓の多くは彼らが自作したものであり、岡村権四郎の(d)の口述からも窺われるように、あり合わせで作った劣悪な品である可能性が高いということ、他から申し受けた御祓を授与する場合は、内宮御師・外宮御師の別を問わず両御師のところから申し受けて来ていたということ、万度・五千度はそれぞれ大宮司と子良館で申し受けて来ると称されていたが、それは偽りであったということ、という四つの事実が発覚した。

小括すると以下のようになる。七月二十四日、白石屋に対する尋問が行われた。結果、彼らの授与がまったく根拠の無い活動であることが明白となり、さらに、その御祓自体も自作したり、他から申し受けて来たりするいい加減な

代物であったことが浮き彫りとなった。

三　授与への制禁

ここでは、白石屋による授与への対応をめぐる外宮と山田奉行所との相談と、それをもとに実施された授与への制禁から、外宮が白石屋の活動をどのように認識し、規制したか、を検討する。

七月二十八日、外宮の五禰宜である檜垣常伴[23]が白石屋に関する内々の相談のため、山田奉行所を訪ねた。すると、鎗の間に通され、吉野端次が応対した。五禰宜の口上は、

今日内々参上仕候義者別事ニ無レ之、当所白石持与相唱へ毎日両宮江日参仕候者有レ之、右之者共より近頃御祓を挟箱江入、正・五・九月信心之向々江相賦り、其余七日参御祓幷御供或願主頼にまかせ猥ニ脇書等相認、五千度御祓等に差出し候風聞承レ之候ニ付、当月上旬上村房蔵与申もの河向より被二相頼一候趣を以、祈禱頼ニ遣し候処、御祓・御供等申請来り候、右者如何之次第ニ付、白石持五人之者過日長官方江相招、心得方為二相尋一候処、無二何心一是迄差出し候趣申聞、其内才吉与申者以来御祓等差出し候義者相止可レ申候間、何分穏ニ相済し呉候様申聞候得共、此侭ニ而差置候而者心得違之者有レ之、不レ苦義与相心得自然増長仕候義も難レ斗、併信心之者より被二相頼一、七日参・代拝等相勤候義者格別、其職分ニも無レ之下賤之者手製ニ御祓等相拵え他所迄も差出候様相成候而者既ニ
御宮御威光ニも相障り可レ申、甚以不届之義ニ御座候、依レ之向後御祓等差出し不レ申候様於二
御役所ニ一碇与被二仰付一可レ被レ下候哉、此度之義者長官手許ニおいて取締置可レ申哉、併左様之義も有レ之間敷候

得共、若差拒候者有レ之候得者何連

御役所之御苦労ニ相成候事故、以前右両端御伺申上候而取斗仕度奉レ存候、則請来り候御祓類入ニ御覧一候、右者口数も有レ之候得者申上方相違仕候而者如何ニ付、拙者心覚迄ニ持参致し候書取御披見被レ下度旨申、

とあるように、これまでに明らかとなった授与の実態と、その制禁の方法についてであった。

注目されるのは、五禰宜が「信心の者から依頼され、七日参り・代拝等を行うのは許すとして、その職分でもない「下賤之者」が手製の御祓などを拵えて他所までへも授与するようになっては御宮の威光にも障る」としていることである。つまり、白石屋による授与は、認められていない「下賤之者」が他所へも御祓を与える可能性が存在する点において、外宮の威光を損なう行為として捉えられていたのである。また、前節で明らかとなった事実を考慮すると、この危惧には彼らが授与する御祓がいい加減な代物であったことも関係していよう。

そして、五禰宜が「請来り候御祓類」と「心覚迄ニ持参致し候書取」を差し出すと、端次はその内容を確認し、五禰宜の意見に賛意を示した。そして、同役にも諮りたいと言って、番所の方へ入った。その後しばらくして戻り、「白石持与申者宮中ニ居候者ニ候哉、中ニ者平師職之者抔も有レ之哉」と、白石屋が宮中に勤仕する者か、または、平師職家の御師などがいるかどうか、を尋ねた。(24)

五禰宜は、

白石持之義者下賤之者ニ而町人ニ御座候、宮中ニ居候者も白石与相唱へ候得共、右者長官配下之者共ニ而御祓等相拵候様之者ニ者無レ之候、

と答え、白石屋が御師ではなく町人であって外宮とは関わりは無いということ、確かに白石と称する外宮長官の配下の職があるが、彼らは御祓などを拵えるような者たちではないこと、を説明した。(25)

ここから白石屋自体の具体的な問題点が読み取れる。それは、白石屋が外宮の祭祀・職掌に関わるものではなかったからであり、さらに、神職身分にも属する御師ですら無く(26)、身分上において「下賤之者」とされた町人身分に属していたからであった。

対して端次が「よく分かった、このことは江戸へも一応、申し入れるように。そうであるなら今日中に決定して返事をする。給人中はよく事情を理解したが、用人中の方へは、もう相談されたか」と聞き、用人中へも相談することを勧めた(27)。

五禰宜は、端次との対面を終えると、玄関詰に用人中への取り次ぎを頼んだ。すると、松本鬼頭太が応対したので、「御祓等手控」を差し出し、吉野端次に話したのと同趣旨の内容を述べた。鬼頭太は「それは不埒なことである、評議するのでしばらく待って頂きたい」と述べて奥へ入って行った。その後、およそ一時ばかり経ってから戻り、鬼頭太は左のように述べた。

> 奉行(山田奉行山口直信)江も申聞候所御手扣之類者留置申候、御祓者不レ残差返申候、今般之義者先長官手許ニ而当人へ厳敷被二申入一以来之処急度証文ニ而も取レ之可レ被二相済一候、併町役等差添候ニ而者表立候、御祓・御供等差出し候事故、一体御師職ニ相障り会合所(山田三方)へも相抱り候古例ニ候、元来不心得之者共故長官より被二申聞一候義相拒候義有レ之候ハ、会合所へ可レ被二申出一歟、当役所へ其段可レ被二申出一候、左様相成候而者白石持之もの共咎可二申付一義ニ有レ之候、右等被二相含一精々取締被レ置可レ然存候、

ここから、山田奉行所の制禁方法に関する見解が、

①授与の制禁は外宮長官の指示で直接に当人へ命じるべきであり、請書を取り置くべきである。

②御祓・御供などを授与することは御師職に差し障ることになり、山田三方に関わることであるから、外宮長官の

命を聞き入れない場合は、山田三方へ申し出るのが妥当ではないか。そうなった場合は、白石屋の者たちは処罰を免れ難い。このことを白石屋へ申し含めて取り締まるように。

というものであったことがわかる。五禰宜は同見解を了承しつつも、「このような事柄に関して、外宮長官から山田三方へ申し出た前例は無い。従って、もし不束なことがあった場合、山田奉行所に申し上げるつもりである」旨を述べて、その場を辞した。

右の相談をもとに、八月六日、白石屋五名とその親類が呼び出され、小田七大夫から次のように申し渡された(28)。

先達而夫々本人相招御祓差出し候義取調子候、右者身分不相応之義厳敷沙汰ニ可㆑被㆑及処、格別之御憐愍を以不㆑能㆓其儀㆒候、仍此以来願主より被㆓相願㆒候共、御祓之義相断取扱致間鋪候、若此上内々ニ而も御祓・御供等差出し候節者御役所江も申上、無㆓是非㆒厳重ニ申入候旨申入候、

身分の不相応を理由として御祓の授与が制禁されたことがわかる。そしてこの後、白石屋五人それぞれから、

御請奉㆓申上㆒一札

上中之郷町大間広藤波平兵衛奉㆓申上㆒候、私方先代より白石屋与相唱両宮日参仕候ニ付、当所川向信心之向より七日参或者当病其外代拝等被㆓相頼㆒候而、満参之上御祓又者御供等差出候儀被㆑為㆑遊㆓御見聞㆒、下賤之私共右御祓・御供等自己ニ取拵為㆑戴候義　神慮無㆓勿体㆒、且御祓差出し候由緒等遂㆓御不審㆒奉㆓恐入㆒候、古御祓差出し候由緒等一切無㆓御座㆒、信心之方より被㆓相頼㆒候節先代より差遣候義有㆑之候ニ付、無㆓何心㆒遣候段全心得違一言之申上様無㆓御座㆒奉㆓恐入㆒、表立御沙汰ニ相成候而者不㆓容易㆒義段々御詫奉㆓申上㆒処、格別之御憐愍を以此度之義穏ニ御聞済被㆑為㆓成下㆒、本人幷親類共ニ至迄難㆑有仕合奉㆑存候、依㆑之以来何方より被㆑頼候共御供・御祓等取拵差出し候義者勿論

御本宮其余何連之御祓ニ而も相断一切取次等仕間敷候、万一右体心得違之義仕候節者急度可レ被二仰付一旨被レ為二
仰渡一恐入奉レ畏候、向後此子々孫々ニ至迄決而右様心得違・不作法之義仕間敷候、仍奉二差上一御請一札如レ件、
安政二乙卯年八月十四日
上中之郷町
本人
藤波平兵衛印
中島町
親類受人専太郎（ママ）
（宮後朝喬）
宮後長官様
御役人御衆中

といった御祓の授与を行わない旨の請書(29)が提出された(30)。

小括すると以下のようになる。七月二十八日、外宮と山田奉行所の間で、白石屋の授与に関する相談がなされた。そしてそれを受けて、八月六日、同活動の制禁が申し渡され、白石屋一同は請書を外宮へ提出することになった。白石屋による授与が制禁された理由は、彼らが外宮と関係するものではなく、また、御師より下位の「下賤之者」に属するとされた町人身分だったからである。つまり、外宮は、身分秩序において低位に位置づけられた者たちが、その身分に不相応な授与を行うことで伊勢神宮の威光が損なわれることを懼れたと考えられる。

おわりに

御祓授受への規制について、安政二年(一八五五)の外宮による白石屋の授与への制禁を素材に考察を進めてきた。内容をまとめると、

㈠外宮は白石屋の活動を調べるため囮調査を実施し、その結果、白石屋が依頼に応えて御祓の授与を行っていることが判明した。

㈡白石屋の授与には根拠が無く、しかも彼らが授与する御祓はいい加減な代物であった。

㈢白石屋は、御祓の授与や代拝を生業とするが、身分上では「下賤之者」とされた町人身分に属していた。

㈣外宮は、身分上、低位に属する白石屋が授与を行うことで、伊勢神宮の威光が損なわれることを危惧し、これへの制禁を行った。

となる。まず、㈠・㈡・㈢から白石屋が行う授与の実態が浮き彫りとなった。彼らは、もともとは代拝を専らとするものであったが、依頼者の要望に応じる形で次第に御祓の授与さえも行うようになっていったのである。

次に㈣から、御祓の授与が伊勢神宮の威光に直に関わる行為として認識されていたことが明らかとなった。㈢の事実を理由に制禁がなされていることからも窺われるように、外宮はこの可否に身分上の一線を設定していたといえる。具体的には、御祓の授与が認められていたのは、あくまで神職身分(御師を含む)に属する人々に限られていたのであり、低位の身分に属する人々がそれを行うことは許されなかったのである。以上から、少なくとも当該期においては、外宮は「授与を行う者の身分」を基準に鳥居前町でなされる御祓授受に対して一定の規制を行っていたと指摘

できる。そしてそれは、伊勢神宮の威光を保全してゆく上で不可欠なことであった。

残された課題としては、この規制が何時まで遡るのか、内宮とその鳥居前町ではどのようになっていたのか、といった諸問題が挙げられる。本論で明らかとなったことを踏まえ研究を進めてゆきたい。

註

（1）「神宮大麻」とは、明治五年（一八七二）以降、今日まで頒布されている伊勢神宮の御札である。「御祓大麻」と「神宮大麻」の相違については、信仰上の解釈や発給主体の歴史的変遷もあって一概に説明することは難しい。従って、簡単な説明に止める。近世以前（明治四年六月まで）において授与されていた前者は、私的な祈禱を行った証としての性格が色濃いものであったのに対し、後者は、天照大神の神威・神徳を象徴するものとして位置づけられている（神社本庁『本宗奉賛ブックレット　神宮大麻・暦についてのQ＆A』、神社本庁、一九九八年）。詳しくは、中西正幸「神宮大麻の意義とその変遷」（『瑞垣』一二七号、一九八二年）を参照。

（2）近年の成果として、中西正幸『本宗奉賛ブックレット　神宮大麻の歴史と意義』（神社本庁、一九九八年）、神宮教学課編『神宮大麻史料抄』（非売品、二〇〇三年）などが挙げられる。

（3）久田松和則「御祓大麻をめぐる真宗僧と伊勢神主との宗論―正兌神主作『肥前国御祓問答記』を通じて―」（『皇學館大学神道研究所紀要』二四輯、二〇〇八年）。

（4）江見清風「神宮の神符に対する卑見」（神宮文庫所蔵「大麻の意義」所収、図書番号一門一八七七一号）。同論文は、伊勢神宮の禰宜であった江見清風氏によって大正十年（一九二一）にまとめられたものである。興味深い指摘が散見されるが、残念ながら公に発表されていない。なお、同氏については、押木耿介「江見清風」（『神道宗教』四一号、一九六五年）を参照。

(5) 安政二年七月二十八日に山田奉行所において、外宮五禰宜である檜垣常伴が、応対した吉野端次に対して「当所白石持与相唱へ毎日両（平出）宮江日参仕候者有レ之」と述べているように、白石屋は「白石持」とも呼ばれていたようである（神宮文庫所蔵「神宮編年記　朝喬記」安政二年（一八五五）七月二十八日条、図書番号一門一五九一三の三二四五号）。本章では、便宜上、「白石屋」で統一する。

(6) 塚本明『近世伊勢神宮領の触穢観念と被差別民』（清文堂出版、二〇一四年）。

(7) 中村英彦編『度会人物誌』（度会郷友会、一九三四年。後に増補して、川端義夫編『校訂度会人物誌』発行者楠木博、一九七五年として刊行）七六・一三四頁。

(8) 前掲「神宮編年記　朝喬記」安政二年七月二十三日条。当史料は外宮長官であった宮後朝喬の公務日記である。以下、断らない限り当該条を出典とする。

(9) 後掲する「白石持賦祓制止記」（神宮文庫所蔵、図書番号一門三五〇三号）に収録されている安政二年八月十四日付の請書の写しには、「奥山多兵衛」と記されている。しかし、居住地（曽祢町高柳）が一致することなどから、「才吉」と「奥山多兵衛」は同一人物であると考えられる。「白石持賦祓制止記」については註(29)を参照。

(10) 前掲「白石持賦祓制止記」に収録されている安政二年八月十四日付の請書の写しにおいては、「岡村伊勢八」と記されている。才吉と同じく居住地（岡本町）が一致し、さらに苗字も同じであることなどから、「岡村権四郎」と「岡村伊勢八」は同一人物であると推定される。

(11) 伊勢国度会郡田丸は、紀州藩の付家老である久野氏の家臣団が住む城下町である（ただし、田丸城主の久野氏は和歌山に居住）。詳しくは、玉城町編『玉城町史 下巻』（玉城町、二〇〇五年）の八二～一一五頁を参照。

(12) 剣先御祓とは、御祓の御真《ぎょしん》を包む銘紙の形が剣先の姿をした御祓を指す（「毎事問」上巻、神宮司庁編『神宮随筆大成 前篇』所収、吉川弘文館、六三六～六三七頁）。「毎事問」は、外宮の多賀宮玉串内人であった喜早清在が、伊勢神宮や鳥居前町に関する故事などを一問一答の形式で編述したものである。その成立は享保十七年（一七三二）六月のこととされる（同「解題」）。

(13) 五千度・万度御祓は、剣先御祓に比べ寸法が大きく、御真が銘紙を貼った木箱に納められている御祓である。そのため、両御祓の形状は箱形であり、箱祓と称された（神宮文庫所蔵「谷崎正秀手記」、図書番号一門七八二三号）。「谷崎正秀手記」は、松木時彦の求めに応じ、旧内宮御師（谷崎治大夫）であった谷崎正秀がまとめたものである。正秀が描いた近世の宮域内の様子や御祓（種類・寸法の記載がある）の絵図などが収録されている。書中の記述から、現在の形になったのは大正五年以降であると考えられる。

(14) 子良館（物忌宿館）は、両宮それぞれの宮域内に存在した物忌たちの斎館である。前述したように、同所では参拝者に対して御祓の授与が行われていた。子良館と物忌については、岩間宏富「中世における神宮物忌の活動について」（『神道史研究』四九巻三号、二〇〇一年）、山本ひろ子「聖なる者の光芒―伊勢の子良館をめぐって―」（『和光大学総合文化研究所年報　東西南北』、二〇〇五年）、千枝大志「伊勢神宮内部の経済構造―外宮門前町山田と外宮子良館との経済的接点を中心に―」（同『中近世伊勢神宮地域の貨幣と商業組織』所収、岩田書院、二〇一一年。初出は、椙山林繼・宇野日出生編『神社継承の制度史』所収、思文閣出版、二〇〇九年）を参照。

(15) 小田七大夫は、「神宮編年記　朝喬記」安政二年二月二日条に（神宮文庫所蔵、図書番号一門一五九一三の三二三九号）、

一、於二文殿一今辰刻御祈参勤之権任来、
御祈白銀配分如レ左、
二神主殿・七神主殿衣冠、河崎織部・松本長作大紋、政所松木大隅・役人小田七大夫継上下（後略）

とみえることから、政所（外宮長官の配下で事務を担当）に属する役人であると考えられる。なお、嘉永四年（一八五一）

から安政七年まで（一部欠）の小田七大夫が記した公務日記が現存している（神宮文庫所蔵「御用留」、図書番号一門四〇七五号）。

（16）安政二年九月の調査内容をもとに、内宮御師の姓名をまとめた「旧内宮御師名」の「平師職」の項に、「中館町　上野彦八大夫」とある（皇學館大学史料編纂所編『神宮御師資料　一輯』所収、皇學館大学出版部、四頁）。

（17）近世後期に内宮の禰宜であった薗田守良がまとめた伊勢神宮の百科全書である「神宮典略」をみる限り、外宮に「御饌殿」が存在するものの、内宮の宮域内には「御供殿」と称する殿舎は存在しない（神宮司庁編『神宮典略　前篇・中篇・後篇』、吉川弘文館）。ただし、子良館が御饌の備進を担っていたことを考慮すると、今井孫四郎の述べている「御供殿」とは子良館のことであると考えられる。

（18）詳しいことは定かではないが、前掲「毎事問」に「問、正五九月卜云一年ノ中、此ノ三月ヲ主トシテ参宮ヲモ催シ、又タ檀家ノ祈禱ヲモ執行スルハ何ゾヤ」という設問の項があるように、正月・五月・九月に集中して人々が参拝する傾向があったようである。

（19）慶応三年（一八六七）の内宮・外宮御師の姓名をまとめたとされる「伊勢両宮祭主以下師職名」の外宮御師の「田中々世古町」のところに、「菅館忠大夫　菅館忠大夫」とある（前掲『神宮御師資料　一輯』所収、四〇頁）。

（20）外宮長官であった檜垣常倚の公務日記である「神宮編年記　常倚記」（神宮文庫所蔵、図書番号一門一五九一三の二一三三号）の明和八年（一七七一）五月二日条に、

今日より大坂之ぬけ参宮人夥敷有レ之、本宮之剣先一日ニ凡三・四万体ツヽ遣レ之、

とあり、外宮で授与された剣先御祓を「本宮之剣先」と表現する例が確認される。従って、才吉が山田の住人であったことを考慮すると、才吉が述べた「本宮」とは、外宮のことを指すと考えられる。また、前掲江見「神宮の神符に対する卑見」によると、宿衛屋で授与された御祓には「本宮」と書かれていたとされる。つまり、才吉は、万度御祓を外宮

の宿衛屋で入手する心積もりだったと推定される。なお、宿衛屋とは宮域を警衛するための詰所のことである（前掲『神宮典略 前篇』、一九九頁）。

(21) 前掲「伊勢両宮祭主以下師職名」の外宮御師の「八日市場町」のところに、「大主織部大夫　大主織部」とある（前掲『神宮御師資料　一輯』所収、三四頁）。

(22) 「熨斗屋」に関しては、「熨斗屋」を屋号とする御師家であると推測されるが、絶家していることもあり詳細は不明である。

(23) 「外宮禰宜年表」（神宮司庁編『神宮典略別冊　二宮禰宜年表』所収、吉川弘文館、二四九頁）、村田（荒木田）氏美編『両宮正員禰宜名鑑』（二季文庫、一九七三年、四八頁）。

(24) 御師には、神宮家、会合年寄家・三方年寄家、年寄家、平師職家という大きく四つの階層（家格）が存在した（大澤貴彦「近世神宮祠官の家格と家筋について」、谷省吾先生退職記念神道学論文集編集委員会編『谷省吾先生退職記念神道学論文集』所収、国書刊行会、一九九五年、五五七〜五八一頁）。平師職家は、この中で最下層に位置し、御師ではあるが、保有する旦那数は少なく、ほとんどの場合、有力な御師家の手代となって廻旦を行う者たちであった。また、他に商売を営んだりする場合もあったとされる（大西源一『参宮の今昔』、神宮司庁教導部、一九五六年、一四四頁）。

(25) 文久三年（一八六三）八月四日、伊勢神宮の制度改革の一環として白石の廃止を迫る勅使に対して、大宮司・外宮長官・内宮二禰宜が、「白石之者者宮中向掃除等申付候廉も有レ之、又者神事之節沓持・傘持等も申付、或者神事之節輿舁頭抔江も相当、其余色々役申付有レ之事ニ候」と述べているように、白石は、宮域内の掃除や神事の際に沓持・傘持、輿舁頭などを役目とした（神宮文庫所蔵「神宮編年記　氏朝記」文久三年八月四日条、図書番号一門一五九一三の一五二三号）。この白石については、窪寺恭秀氏にご教示頂いた。

(26) 御師は、神職と町人の中間に位置する身分であったと考えられる。詳しくは、序章三節を参照。

(27)「給人」「用人」は山田奉行の家人・郎党衆で、前者は奉行所の裏方勝手向き雑務、後者は公事役方の庶務応対、を主に取り扱ったとされる（御薗村誌編纂室編『御薗村誌』、三重県度会郡御薗村、一九八九年、二〇二頁）。

(28)神宮文庫所蔵「神宮編年記　朝喬記」安政二年八月六日条（図書番号一門一五九一三の三二四六号）。

(29)前掲「白石持賦祓制止記」収録。奥書が無いため同書の成立年・作成者は不明である。当史料の内容は、安政二年七月二十八日の五禰宜と山田奉行所とのやりとりの記録と、白石屋が提出した同年八月十四日付の請書の写しから成っている。特に、前者は「神宮編年記　朝喬記」安政二年七月二十八日条と近似している。ただ、五禰宜を「久志本神主」とし、所々に字句の異同がある点で相違する。従って、同書は「神宮編年記　朝喬記」の素材となった外宮側の記録をもとに、請書の写しを加えて作成されたものであると考えられる。

(30)ただし、今井孫四郎が提出した請書は他の四人と文面が異なり、

御請奉㆓申上㆒一札

河崎町今井孫四郎奉㆓申上㆒候、私義心願之義御座候而去ル酉正月より　両宮日参仕無㆓懈怠㆒日々参相仕候ニ付、折々無レ拠方より七日参代拝、尚又御祓并御供等戴呉候様被レ頼候ニ付、容易之義与存取次仕候処、今般右御祓等取扱候義被レ為レ遊㆓御見聞㆒候故遂㆓御不審㆒奉㆓恐入㆒候、全心得違之段御詫奉㆓申上㆒候処、格別之御憐愍を以御聞済被レ為㆓成下㆒、本人者勿論親類共ニ至迄難レ有仕合奉レ存候、依レ之自分右様心得違之義決而仕間敷候、仍而奉㆓差上㆒御請一札如レ件、

安政二乙卯年八月

河崎町
本人
今井孫四郎印
親類受人

渡辺常吉印

充同上

と、今井孫四郎が白石屋ではないことになっている（前掲「白石持賦祓制止記」収録）。

終章

本書では近世前期の神宮御師について考察を行ってきた。各章で明らかになった事実を整理するとともに、今後の課題となる諸点を示し、結びとしたい。

第一部では、神宮御師に起きた変化がどのようなものであったか、に関して検討した。

第一章においては、寛永年間（一六二四〜四四）の争論を事例として、師旦関係の問題を論じた。元来、内宮御師集団と外宮御師集団の間には、集団の区別はあるものの、師旦関係に関しては明確な線引きは存在していなかった。しかし、寛永争論を契機として、曖昧であった師旦関係のあり方が整理された。具体的には、正宮に対応する形で別個のものとされ、それぞれの集団内での個々の御師が有していた師旦関係が承認された。

第二章においては、近世前期の山田三方を事例として、裁判制度の問題を論じた。従来の研究では、中世末期以降、山田三方によって間断なく裁判が実施されていたと考えられてきた。しかし、ここでの検討から、公権力によって裁判が行われていた時期があることを浮き彫りにし、また、旦那争論の特殊性が理由となって裁判権の委譲がなされたことを明らかにした。そして、その委譲後の制度整備の過程を跡付けた。

第三章においては、「内宮六坊出入」を事例として、連帯意識の萌芽の問題を論じた。内宮御師集団と外宮御師集団は、中世末期以来、対立を重ねてきたが、山伏との御祓配りをめぐる争論を経ることで、連帯意識を持つようになったことを指摘した。

第二部では、当該期における神宮御師の動向が如何なるものであったか、について検討した。

第四章においては、外宮宮域への「宮中之定」の制定を事例として、外宮と山田三方（外宮御師集団）との関係について論じた。外宮御師にとって参宮者の保護は極めて重要な案件であって、外宮宮域への干渉はこれを理由としていることを示すとともに、これが参宮者の増加と多様化に伴う外宮宮域の性格の変容に対応するものであることを浮き彫りにした。

第五章においては、内宮御師である風宮兵庫大夫家を事例として、山伏から御師への転身をめぐる諸問題について論じた。山伏から御師への転身には、「伊勢神宮との関係の変化」・「職分をめぐる変化」という二つの変化との直面が要因として深く関係しており、特に後者から伊勢神宮の御祓を配ることは山伏に相応しいものではなく、御師の職分に属するものとされたことが明らかとなった。

第六章においては、天和年間（一六八一～八四）に起きた帯刀をめぐる一件を事例として、神宮御師の身分的な様相や位置づけについて論じた。衣類統制をきっかけに御師たちはその身分や格式などを問われるところとなり、交渉の結果、神職として帯刀の格式が認められた。これは、江戸幕府からは参宮者の希望に応えて祈禱を行うことを以て、そして、伊勢神宮からは臨時に神役を勤めることを以て、祠官として位置づけられたことによるものであった。

補論一においては、承応二年（一六五三）九月に実施された外宮宮域への横目の設置について考察を行い、鳥居前町の御師と外宮宮域との関わりのあり方を明らかにすることを目指した。この結果、御師たちがこれを契機として宮域内において恒常的な役割を果たすようになり、「信仰の場」保全の担い手となったことを指摘した。

第三部では、神宮御師に関わる様々な問題を取り上げた。

第七章においては、外宮御師に関する基礎史料とされる師職銘帳のうち、最古とされる「文禄三年師職帳」について検討を行った。そして、これが文禄三年(一五九四)段階で存在していたすべての御師を載せるものではないことを明らかにした。

第八章においては、寄進状の表記をもとに内宮御師の活動について論じた。外宮御師と内宮御師とでは、布教の方法に相違があることを明確にすることができた。

第九章においては、内宮御師である風宮兵庫大夫家が語った由緒を素材として、由緒の改編について論じた。これにより、同家の語った由緒には、内宮との緊張関係が反映されていることを明らかにするとともに、十八世紀後半以降、由緒が広範に語られることを可能にした要素について指摘した。

補論二においては、安政二年(一八五五)の外宮による白石屋への制禁を事例として、御祓授受への規制について論じた。外宮が「授与を行う者の身分」を基準に規制を行っていたことを浮き彫りにし、さらに、近世末期において御祓の授与が伊勢神宮の威光に関わる行為として認識されていたことを明らかにした。

以上から明らかになったことをまとめておきたい。まず、江戸幕府との関係については、江戸幕府の政策や裁定が及ぼす影響が極めて大きかったことを指摘できる。つまり、近世の神宮御師とその集団の特色として理解される諸要素は、近世前期に起きた争論などの様々な「摩擦」とその解決を経るなかで、漸次的に江戸幕府によって認定されていったものであるといえる。従って、この意味において、これまでの研究で見られたような、無批判に近世の御師のあり方を中世末期のそれの延長線上のものとする理解は修正されなければならないであろう。

次に、伊勢神宮との関係については、①参宮者の保護が重要な案件であったこと、②御師が祠官に含まれるものと位置づけられたこと、の二点から考えてゆく必要がある。

①に関しては、本質的には中世末期の事情と変わるものではないが、この保護を行う仕組みの整備に御師たちが乗り出し、それを行うにあたって一定の役割を担うようになったことは大きな画期であったと考えられる。従って、伊勢神宮との直接的関係は、参宮者をめぐって展開してゆくものと見て大過ないであろう。

②に関しては、伊勢神宮とは制度上では無関係な存在であった神宮御師が、伊勢神宮との間に新たな関係を構築することになったと捉えられ、伊勢神宮に属する宗教者としての性格が明確になったものと評価しておきたい。このことは、「幕府あるいは領主権力から朱印地・黒印地・除地などとして認められた土地に建つ神社に奉仕していること」を「神職身分の必要条件」とする近世社会特有の規範(1)に準拠するものであると理解することが可能であって、両者の関係は、近世社会に適合的な形に変化したと指摘できる。

神宮御師の近世的展開としては、集団をめぐる問題と存在形態の問題から概括しておく。前者に関しては、線引きが不明瞭であった師旦関係が明確に分けられ、二種類の御師がそれぞれ師旦関係を結ぶことが可能となった。そして、このことが、以降の師旦関係のあり方を論点とした御師集団間の対立を招き、伊勢神宮もそれに巻き込まれてゆくことになる。ただし、山伏との争論を経るなかで、御師集団間に連帯する意識が生じていたことも看取された。集団内部の問題としては、江戸幕府からの裁判権の委譲にともなって、恣意性を抑えた公正な形での裁判制度の整備が図られた。

後者に関しては、神職として帯刀の格式を有し、祈禱や御祓配りなどを主要な職分とすることになった。また、伊勢神宮の祠官として臨時の神役を勤めることも取り決められた。そして、これには、類似した活動を行っていた寺院・山伏の排除と、商いの禁止による町人との峻別、祠官への建前上の編入、が背後に存在していた。

右をもとに、本書の取り組みのなかで浮上した課題となる諸問題を指摘しておく。

第一に、師旦関係と伊勢信仰について。神宮御師を伊勢神宮と前近代社会の人々とをつなぐ仲介者であったとするならば、御師の活動のあり方が変化すれば、それに対応して両者の関係も変化することになる。このことを考慮すれば、第一部第一章で見たように正宮ごとに師旦関係が分けられたことは、旦那の信仰のあり方にも何らかの影響を及ぼした可能性がある。これについては、第三部第八章で明らかにした布教方法の相違の問題や、御師集団間の競合・対立の問題を踏まえ検討してゆく必要がある。

第二に、布教と御祓について。第二部第五章では、山伏による御祓配りの禁止を扱ったが、この御祓自体の変化にも留意しなければならない。例えば、寛文十年（一六七〇）の「両宮御祓銘論」において、外宮御師側から「祓之銘に両神号書来候証文」として評定の場に提出された「天文之二冊之帳」には、「御伊勢両太神宮二天八王子諸神諸仏」とあったとされる(2)。また、この他にも「両神号有レ之道者帳」として出された「中西勘兵衛方に焼残り候元和年中之日記数巻」には「大菩薩」と記されていた(3)。つまり、仏教的言説を含む布教活動とともに、そのような御祓も配られていた可能性が高いのであって、この禁止によって布教活動や御祓自体も仏教的要素を排除したものに変化したことが想定される。これは御師が説いていた布教内容とも深く関係する問題であり、神仏観の変容(4)や神道説（後期伊勢神道の成立など）の展開にも目配りして検討してゆかなければならない。そして、第三部補論二で指摘したように、近世末期になると、この御祓が伊勢神宮の威光に関わる物として考えられるようになるのであるが、これが如何なる過程を経て形成された認識であるかも解明してゆくことが求められる。

第三に、伊勢神宮における位置づけについて。天和年間に御師が祠官に含まれるものとされたことを明らかにしたが、江戸幕府の認識に注目するならば、これ以前より御師を伊勢神宮に属する宗教者として理解していた形跡がある。例えば、寛文十一年五月朔日付の幕府下知状(5)には次のようにある。

定

一、伊勢外宮禰宜等専学㆓神祇道㆒、有来神事・祭礼守㆓古例㆒可㆑勤㆑之、向後於㆑令㆓怠慢㆒者可㆑取㆓放神職㆒事、

附、不㆑可㆑成㆓新義之華美㆒事、

一、禰宜等之位階如㆓前々㆒守㆓執　奏之次第㆒、遂㆓昇進㆒之輩者弥可㆑為㆓其通㆒事、

一、有位・無位之輩之装束弥守㆓古法㆒不㆑可㆑用㆓新義㆒事、

一、神領一切不㆑可㆓売買㆒并不㆑可㆑入㆓于質物㆒、惣而対㆓檀方㆒構㆓利欲㆒不㆑可㆑企㆓非義㆒事、

一、雖㆓遠来参　宮之客㆒、依㆓其人之品㆒致㆓相応之馳走㆒、不㆑可㆑致㆓過量之費㆒事、

附、私之交会可㆑用㆓倹約㆒事、

一、宮中末社小破之時、其相応常々可㆑加㆓修理㆒事、

一、宮中洒掃不㆑可㆓懈怠㆒事、

右条々、両宮之禰宜等・年寄・師職以下迄相互申合、糺㆓古法㆒猥之儀無㆑之様可㆑令㆓沙汰㆒、若違背之族於㆑有㆑之者、随㆓咎之軽重㆒可㆑被㆓　仰付㆒者也、

寛文十一辛亥年五月朔日

内膳正(花押)
但馬守(花押)
大和守(花押)

美濃守（花押）
雅楽頭（花押）

これは、遷宮に関する同日付の幕府下知状[6]とともに、両宮の禰宜たちに与えられたもので[7]、寛文五年七月十一日に諸社に対して出された諸社禰宜神主法度（神社条目）[8]の伊勢神宮版というべきものである。これを見ると、「右条々、両宮之禰宜等・年寄・師職以下迄相互申合」とあって、明らかに御師は伊勢神宮の構成員として捉えられている。つまり、近世前期においては、江戸幕府と禰宜たちとの間には認識のズレがあったと指摘できる。従って、これが如何なる理由に起因するものなのか、そして、これがどのような形で調整されていたのか、といった問題にも説明が必要であろう。

最後に、研究の展望を述べておく。本書では、御師集団の問題を中心に検討を行ったが、今後は、鳥居前町や御師家の実態などにも注目することで議論を深化させてゆきたいと考えている。とりわけ、近世中期以降の展開に関しては、第三部第九章で扱った由緒をはじめ、自叙伝[9]などを素材とすることで御師一人ひとりの姿にも光を当てることが可能となり、集団と個人[10]の両方の切り口から彼らの実相に迫ってゆけるものと見通しを立てている。課題は山積しているが、史料の読み直しと更なる発掘をもとに、多角的な視点から研究を進めてゆきたい。

註

（1）西田かほる「近世在地社会における芸能的宗教者」（『歴史評論』六二九号、二〇〇二年）、三八頁。
（2）「御祓銘論江戸下向記」寛文十一年（一六七一）十一月十二日条（神宮司庁編『二宮叢典　中篇』所収、吉川弘文館、三五四～三五五頁）。

（3）同右。

（4）寛文・延宝期の伊勢神宮における神仏観の変容については、平沢卓也「変容する神仏関係―寛文・延宝期の伊勢神宮―」（『説話文学研究』四九号、二〇一四年）を参照。

（5）「伊勢外宮方下知状」（神宮文庫所蔵、図書番号一門四三九〇号）。なお、内宮側へ発給された下知状は「伊勢内宮方下知状」（神宮文庫所蔵、図書番号一門九一三七号）で、これについては中西正幸氏が既に紹介している（「近世における神宮の制規（一）」、『神道宗教』一二〇号、一九八五年、四八～四九頁）。

（6）内宮側に発給された幕府下知状は、「内宮遷宮に関する幕府下知状」（『三重県史』資料編近世3下、三重県、七二～七三頁）。外宮側に出されたものは「伊勢外宮方下知状」（神宮文庫所蔵、図書番号一門四三九一号）。

（7）寛文十一年の五月十日に山田奉行の桑山貞寄から山田三方へ出された「覚」の一か条目に、

一、今度御条目二通禰宜中江被レ下候、
　右之条々神領中堅可二相守一事、

とあり、禰宜たちに発給されたことがわかる（「山田奉行より寛文大火後の復興につき達書写」、前掲『三重県史』資料編近世3下、七一～七二頁）。

（8）諸社禰宜神主法度（神社条目）については、橋本政宣「寛文五年「諸社祢宜神主等法度」と吉田家」（橋本政宣・山本信吉編『神主と神人の社会史』所収、思文閣出版、一九九八年）、井上智勝「神道裁許状と諸社禰宜神主法度」（同『近世の神社と朝廷権威』所収、吉川弘文館、二〇〇七年。初出は、「神祇管領長上吉田家と諸社禰宜神主法度」、『史境』五〇号、二〇〇五年）を参照。

（9）例えば、「久保倉弘政生涯の道しるべ」（神宮文庫所蔵、図書番号一門五九三二号）。当史料は、寛政二年（一七九〇）に久保倉弘政が著した自叙伝である。自らの人生で起きた主要な出来事を題材として、挿絵と和歌を交えて教訓や心得を記している点に特色がある。弘政は、享保十八年(一七三三)に伊勢国度会郡迫間浦(現　度会郡南伊勢町迫間浦)の「酒の小売等」を営む石谷家の三男として生まれ、河崎町の商家で奉公した後、同町親類の商家を継ぎ、さらに、天明元年(一七八一)に久保倉金吾大夫の師職株を購入して御師に転身した人物である。なお、久保倉金吾大夫家については、恵良宏「伊勢御師久保倉家文書の寄託について」(『皇學館大学史料編纂所報　史料』七号、一九七八年)を参照。

(10)　このような「個人」に注目する近年の研究潮流として、大橋幸泰・深谷克己・堀新ほか編『〈江戸〉の人と身分』全六冊(吉川弘文館、二〇一〇～一一年)が挙げられる。

あとがき

本書は、皇學館大学大学院文学研究科へ提出し、平成二十七年三月十八日に博士（文学）号を取得した学位請求論文「近世前期における神宮御師集団の基礎的研究」に加筆と修正を施し、刊行するものである。

審査を担当されたのは、上野秀治先生（主査）、岡野友彦先生（副査）、松本丘先生（副査）である。先生方から頂戴したご指摘の一つ一つは、本書を執筆する上で不可欠なものばかりであった。そのすべてに応えられたかは甚だ心許ないが、全力を尽くしたことだけはご報告できるかと思う。

残念ながら、本書の課題は多くある。このうち、布教についての検討がほとんど抜け落ちてしまっている点は大きな問題である。全国に広がる莫大な数の旦那はどのようにして作り出されたのか、という問いに答えなくてはならないだろう。

これに関しては、伊勢神宮では祭祀の担い手と布教の担い手が異なっていたことを前提として、①御師たちによる布教と伊勢神宮の教学はどのような関係性を持つのか、②御師が行う布教の内容はどのようなものなのか、③旦那は伊勢神宮を如何なる存在として認識し、御師に何を求めていたのか、といった諸点に留意しつつ、今後、研究を進めてゆきたいと考えている。さらに、御師家の経営との関わりも明らかする必要がある。単純化すれば、旦那を獲得すればするほど、その信仰を深化させればさせるほど、初穂料などの形で彼らが取得する利益は増えることになる。このように、布教と営利との間には相関関係を想定することが可能なのであるが、これについても具体的に論じてゆかなければならない。

考えて見ると、伊勢神宮の「御師」なる存在を知ったのはいつだったろうか。

少し曖昧なところもあるが、大学一年生の頃と記憶している。皇學館大学に入学してから数ヶ月が経ち、自分の青臭い信条が崩れたり、手痛い失恋を経験したりして、何もかもが最悪な状況だったように思う。そんな時、上野秀治先生のお誘いで史料調査に参加する機会を得た。

八月上旬のある日、三重県伊勢市楠部町の公民館で手渡されたのは、和紙の束だった。「夏休みで暇だし、なんだか面白そうだ」という軽い気持ちで参加した私には、この古文書は荷が重かった。辞書を片手に眺めてはみるものの、くずし字がさっぱり読めず、大いに閉口した。

ある一通の文書を開いた時、はっきりと記された差出(宛所?)だけは読めそうな気がした。悩んだ末、最初の「山田」の字はわかった。しかし、それより後は見当もつかず、結局、自力で解読することを諦めて、上野先生に読んで頂くことにした(そういえば、いつもこうだった!)。すると、

「〝ようだおおじみかしぎだゆう〟って書いてありますね」

との答えが返ってきた。もちろん、何のことやら分からなかった。そのような様子を察してか、「山田大路御炊大夫」と書きながら、伊勢神宮の御師の名前であることや、御師とは何かについて簡単にレクチャーして下さった。

これが良くも悪くも、楽しくも辛くも、現在に続くすべてが始まった瞬間だったと言ってよい。ただし、当時は気にも留めず、再び対象として浮上するのはだいぶ後のことである。

進学することを決めたのは、大学四年生の秋だった。就職活動も終え、卒業論文と苦闘するなか、つい出来心(?)を起こしてしまったのである。その時、テーマとしていたのは伊勢神宮とその周辺地域に関することであった。と

言っても、大学の近くのことをすれば、簡単に書けるのではないかと安直に考えていたに過ぎない。しかし、あれこれと調べるうちに、特色のある地域とそこで生活する人々の姿にすっかり魅了されてしまった。夢中で追いかけていたら、帰り道を見失ってしまったと言った方が正確かもしれない。目印のパン屑を落とすのさえ、忘れていたのだ。

大学院では、学部に引き続き上野先生のご指導のもと、本格的に御師に取り組むことにした。能力も根性も無い私が研究を続けられたのは、ひとえに先生のお力による。さらに、温厚で篤実なお人柄に感化を受けることも多かった。今日まで粘り強くお導き頂いたことに改めて御礼申し上げたい。

語弊があるかもしれないが、宗教や宗教者に対しては親しみを覚えてきた。三重県津市美杉町の実家の近くには、小さな神社があったし、格式のあるお寺もあった。そこで目にする「ネギサン」(禰宜さん)や「オッサン」(和尚さん)の言動は、幼い頃の私には好奇と敬愛の対象として映った。また、年末に笛を鳴らしてやってくる二組の獅子舞(伊勢大神楽講社と伊勢大神楽石川流保存会)は特別なお客さんだった。彼らが置いてゆく御札は「伊勢神宮の何か」とされ、丁重に壁に貼り付けられていた。そして、年始に伊勢神宮で見た大勢の人々の姿は、(人よりも猿の方が多い山村で育った身には)ただならぬ光景として目に焼きついた。

これらが遠因となったかは定かではない。とにかく、「宗教的なもの」に興味があった。日本列島に住む人々にとって宗教とは何なのか。その関係は如何なる変遷を経て、今後どうなってゆくのか。それはどんな意味を持つのか。そういったことを知りたくなったのだと思う。伊勢神宮や御師はこの答えにたどり着くための手がかりになる、そんな気がした。

その反面、研究の動機や姿勢が対象の近くにあり過ぎており、批判的意識が乏しいことも事実で、私のような頭の悪い田舎者は歴史に関わるべきでは無いと葛藤することも頻りにある。大きな変化を経験する未来の「私たち」に対して、果たして何かを示し得るだろうか。ともあれ、ここでこうして存在しているのだから……（生きている限りは、行けるところまで行ってやろう）、と開き直って頑張ってみたい。

院生としての生活は充実したものだった。実証性を重んじる講義・演習はとても役に立ったし、環境も素晴らしかった。清水潔先生の『政事要略』、松浦光修先生の『玉くしげ』、渡辺寛先生の『延暦儀式帳』等々、研究の奥深さを感じるものばかりであった（ただし、発表が重なった時は生きた心地がしなかった！）。

何より、意欲的な仲間と切磋琢磨できたことは大きな財産となった。先輩の大友裕二氏、同期の豊田毅氏・平泉紀房氏らと勉強会を行ったことが印象深い。そこでは、昼夜を問わず、時には研究室で史料を読みながら、時には居酒屋で杯を傾けながら、多くのことを議論し、語り合った。みんな熱かった。今にして思えば、先輩や同期、後輩たちと過ごした至福の時間であった。このほか、ＮＰＯ法人が運営する博物館施設「伊勢河崎商人館」において、糟屋正人氏・宮崎真由氏、松尾大輔氏・山田恭大氏、小林郁氏・峯望氏、村松菖蒲氏らとともにボランティア学芸員として活動したことも良い思い出である。これは伊勢の方々と親しくなるきっかけにもなった。

大学院でみっちり鍛えて頂いたことにより、後期課程の三年目には徳川記念財団の「第十一回 徳川奨励賞」を受賞することができた。まさに身に余る光栄と言うほかなく、研究を続ける上で大いに励みになった。

憧れの研究者はたくさんいた。しかし、直接的に強い影響を受けた方を挙げるとするならば、やはり岡野友彦先生と千枝大志氏である。岡野先生には、学部生の頃から一方的に押しかけ、ご迷惑をお掛けし続けてきた。院生になってからは、研究することの厳しさや大変さ、そして、楽しさをお教え頂いたように思う。加えて、倉田山（皇學館大学）の外の世界へ積極的に連れ出して下さったことも本当に有り難かった。千枝氏は、あらゆる面での先輩である。いつの間にか兄事するようになり、様々な面でお引き回し頂いた。現在、取り組んでいる研究の基盤は同氏から譲って頂いたものと言っても過言ではない。このようなお二人は私の目標であり、少しでも近づけるよう努力してゆきたいと思っている。

学外の学会や研究会、調査などにおいても多くの方々にお世話になった。すべてのお名前を挙げることができず心苦しいが、右も左も知らない私を温かく迎え入れて下さった皆様に深く感謝申し上げる次第である。とりわけ、坂田聡先生、塚本明先生、播磨良紀先生、山田哲好先生には格別なご指導を賜った。心より御礼申し上げたい。

卒業論文の執筆以来、神宮文庫にはお世話になり続けている。膨大な史料に驚嘆した記憶は、今も色褪せない。過去から未来に続く祭祀と信仰の営みと、それに対応して広がる小宇宙の存在をずっしりと感じた。貴重な史料に触れ、その息吹に接することができた喜びは無上のものであった。また、同文庫の皆様にはとても可愛がって頂いた。特に黒川典雄氏と窪寺恭秀氏には、折に触れて色々なことを教わった。歴史を志す者として、むしろ人間として、紛いなりにも成長することができたのは両氏のおかげである。

このように、たくさんの出会いによって本書は生まれた。私は幸せ者である。振り返ると、書きたいことが尽きない。支えて頂いた皆様には、お会いした際に御礼申し上げたいと思っている。

本書は、平成二十九年度皇學館大学出版助成金の交付を受けて刊行するものである。最後となったが、出版をお引き受け頂いた岩田書院の岩田博氏に深甚の謝意を表したい。

平成二十九年十二月十五日

谷戸　佑紀

索　引

あ行

か行

さ行

た行

な行

は行

わ行

著者紹介

谷戸 佑紀（たにど・ゆうき）

昭和61年（1986） 三重県に生まれる

平成21年（2009） 皇學館大学文学部卒業

平成27年（2015） 皇學館大学大学院文学研究科博士後期課程修了

現在 皇學館大学非常勤講師 博士（文学）

近世前期《きんせいぜんき》 神宮御師《じんぐうおんし》の基礎的研究《きそてきけんきゅう》　　近世史研究叢書48

2018年（平成30年） 3月 第1刷 330部発行　　定価［本体7400円＋税］

著 者 谷戸 佑紀

発行所 有限会社岩田書院 代表：岩田 博　　http://www.iwata-shoin.co.jp

〒157-0062 東京都世田谷区南烏山4-25-6-103 電話03-3326-3757 FAX03-3326-6788

組版・印刷・製本：ぷりんてぃあ第二

ISBN978-4-86602-021-1 C3321 ¥7400E

コピーOK

			本体価	刊行年月
952	同編集委員会	幕末佐賀藩の科学技術 上	8500	2016.02
953	同編集委員会	幕末佐賀藩の科学技術 下	8500	2016.02
954	長谷川賢二	修験道組織の形成と地域社会	7000	2016.03
955	木野　主計	近代日本の歴史認識再考	7000	2016.03
956	五十川伸矢	東アジア梵鐘生産史の研究	6800	2016.03
957	神崎　直美	幕末大名夫人の知的好奇心	2700	2016.03
958	岩下　哲典	城下町と日本人の心性	7000	2016.03
959	福原・西岡他	一式造り物の民俗行事	6000	2016.04
960	福嶋・後藤他	廣澤寺伝来 小笠原流弓馬故実書＜史料叢刊10＞	14800	2016.04
961	糸賀　茂男	常陸中世武士団の史的考察	7400	2016.05
962	川勝　守生	近世日本石灰史料研究Ⅸ	7900	2016.05
963	所　理喜夫	徳川権力と中近世の地域社会	11000	2016.05
964	大豆生田稔	近江商人の酒造経営と北関東の地域社会	5800	2016.05
000	史料研究会	日本史のまめまめしい知識１＜ぶい&ぶい新書＞	1000	2016.05
965	上原　兼善	近世琉球貿易史の研究＜近世史44＞	12800	2016.06
967	佐藤　久光	四国遍路の社会学	6800	2016.06
968	浜口　尚	先住民生存捕鯨の文化人類学的研究	3000	2016.07
969	裏　直記	農山漁村の生業環境と祭祀習俗・他界観	12800	2016.07
970	時枝　務	山岳宗教遺跡の研究	6400	2016.07
971	橋本　章	戦国武将英雄譚の誕生	2800	2016.07
972	高岡　徹	戦国期越中の攻防＜中世史30＞	8000	2016.08
973	市村・ほか	中世港町論の射程＜港町の原像・下＞	5600	2016.08
974	小川　雄	徳川権力と海上軍事＜戦国史15＞	8000	2016.09
975	福原・植木	山・鉾・屋台行事	3000	2016.09
976	小田　悦代	呪縛・護法・阿尾奢法＜宗教民俗９＞	6000	2016.10
977	清水　邦彦	中世曹洞宗における地蔵信仰の受容	7400	2016.10
978	飯澤　文夫	地方史文献年鑑2015＜郷土史総覧19＞	25800	2016.10
979	関口　功一	東国の古代地域史	6400	2016.10
980	柴　裕之	織田氏一門＜国衆20＞	5000	2016.11
981	松崎　憲三	民俗信仰の位相	6200	2016.11
982	久下　正史	寺社縁起の形成と展開＜御影民俗22＞	8000	2016.12
983	佐藤　博信	中世東国の政治と経済＜中世東国論６＞	7400	2016.12
984	佐藤　博信	中世東国の社会と文化＜中世東国論７＞	7400	2016.12
985	大島　幸雄	平安後期散逸日記の研究＜古代史12＞	6800	2016.12
986	渡辺　尚志	藩地域の村社会と藩政＜松代藩５＞	8400	2017.11
987	小豆畑　毅	陸奥国の中世石川氏＜地域の中世18＞	3200	2017.02
988	高久　舞	芸能伝承論	8000	2017.02
989	斉藤　司	横浜吉田新田と吉田勘兵衛	3200	2017.02

岩田書院 刊行案内（26）

			本体価	刊行年月
990	吉岡　　孝	八王子千人同心における身分越境＜近世史45＞	7200	2017.03
991	鈴木　哲雄	社会科歴史教育論	8900	2017.04
992	丹治　健蔵	近世関東の水運と商品取引 続々	3000	2017.04
993	西海　賢二	旅する民間宗教者	2600	2017.04
994	同編集委員会	近代日本製鉄･電信の起源	7400	2017.04
995	川勝　守生	近世日本石灰史料研究10	7200	2017.05
996	那須　義定	中世の下野那須氏＜地域の中世19＞	3200	2017.05
997	織豊期研究会	織豊期研究の現在	6900	2017.05
000	史料研究会	日本史のまめまめしい知識２＜ぶい＆ぶい新書＞	1000	2017.05
998	千野原靖方	出典明記 中世房総史年表	5900	2017.05
999	植木・樋口	民俗文化の伝播と変容	14800	2017.06
000	小林　清治	戦国大名伊達氏の領国支配＜著作集１＞	8800	2017.06
001	河野　昭昌	南北朝期法隆寺雑記＜史料選書５＞	3200	2017.07
002	野本　寛一	民俗誌・海山の間＜著作集５＞	19800	2017.07
003	植松　明石	沖縄新城島民俗誌	6900	2017.07
004	田中　宣一	柳田国男・伝承の「発見」	2600	2017.09
005	横山　住雄	中世美濃遠山氏とその一族＜地域の中世20＞	2800	2017.09
006	中野　達哉	鎌倉寺社の近世	2800	2017.09
007	飯澤　文夫	地方史文献年鑑2016＜郷土史総覧19＞	25800	2017.09
008	関口　　健	法印様の民俗誌	8900	2017.10
009	由谷　裕哉	郷土の記憶・モニュメント＜ブックレットH22＞	1800	2017.10
010	茨城地域史	近世近代移行期の歴史意識・思想・由緒	5600	2017.10
011	斉藤　　司	煙管亭喜荘と「神奈川砂子」＜近世史46＞	6400	2017.10
012	四国地域史	四国の近世城郭＜ブックレットH23＞	1700	2017.10
014	時代考証学会	時代劇メディアが語る歴史	3200	2017.11
015	川村由紀子	江戸・日光の建築職人集団＜近世史47＞	9900	2017.11
016	岸川　雅範	江戸天下祭の研究	8900	2017.11
017	福江　　充	立山信仰と三禅定	8800	2017.11
018	鳥越　皓之	自然の神と環境民俗学	2200	2017.11
019	遠藤ゆり子	中近世の家と村落	8800	2017.12
020	戦国史研究会	戦国期政治史論集　東国編	7400	2017.12
021	戦国史研究会	戦国期政治史論集　西国編	7400	2017.12
022	同文書研究会	誓願寺文書の研究（全２冊）	揃8400	2017.12
024	上野川　勝	古代中世 山寺の考古学	8600	2018.01
025	曽根原　理	徳川時代の異端的宗教	2600	2018.01
026	北村　行遠	近世の宗教と地域社会	8900	2018.02
027	森屋　雅幸	地域文化財の保存・活用とコミュニティ	7200	2018.02
028	松崎・山田	霊山信仰の地域的展開	7000	2018.02

近世史研究叢書

02	久保　貴子	近世の朝廷運営	6900円	1998.05
04	西沢　淳男	幕領陣屋と代官支配	7900円	1998.11
07	福江　　充	近世立山信仰の展開	11800円	2002.05
08	高橋　　実	助郷一揆の研究	7400円	2003.02
10	舟橋　明宏	近世の地主制と地域社会	8900円	2004.07
11	川村　　優	旗本領郷村の研究	11800円	2004.08
12	井上　定幸	近世の北関東と商品流通	5900円	2004.10
14	下重　　清	幕閣譜代藩の政治構造	7900円	2006.02
15	落合　　功	地域形成と近世社会	5900円	2006.08
17	村井　早苗	キリシタン禁制の地域的展開	6900円	2007.02
18	黒石　陽子	近松以後の人形浄瑠璃	6900円	2007.02
19	長谷川匡俊	近世の地方寺院と庶民信仰	8200円	2007.05
20	渡辺　尚志	惣百姓と近世村落	6900円	2007.05
21	井上　　攻	近世社会の成熟と宿場世界	7900円	2008.05
22	滝口　正哉	江戸の社会と御免富	9500円	2009.05
23	高牧　　實	文人・勤番藩士の生活と心情	7900円	2009.08
24	大谷　貞夫	江戸幕府の直営牧	7900円	2009.11
25	太田　尚宏	幕府代官伊奈氏と江戸周辺地域	6900円	2010.10
26	尹　　裕淑	近世日朝通交と倭館	7900円	2011.02
27	高橋　伸拓	近世飛騨林業の展開	8400円	2011.09
28	出口　宏幸	江戸内海猟師町と役負担	6400円	2011.10
29	千葉真由美	近世百姓の印と村社会	7900円	2012.05
30	池田　仁子	金沢と加賀藩町場の生活文化	8900円	2012.08
32	宇佐美ミサ子	宿駅制度と女性差別	5900円	2012.12
34	B.ｸﾞﾗﾑﾘﾋ＝オカ	只野真葛論	7900円	2013.06
35	栗原　　亮	近世村落の成立と検地・入会地	11800円	2013.09
36	伊坂　道子	芝増上寺境内地の歴史的景観	8800円	2013.10
37	別府　信吾	岡山藩の寺社と史料	6900円	2013.12
38	中野　達哉	江戸の武家社会と百姓・町人	7900円	2014.02
40	丹治　健蔵	近世関東の水運と商品取引 続	7400円	2015.05
41	西島　太郎	松江藩の基礎的研究	8400円	2015.07
42	池田　仁子	近世金沢の医療と医家	6400円	2015.09
43	斉藤　　司	田中休愚「民間省要」の基礎的研究	11800円	2015.10
44	上原　兼善	近世琉球貿易史の研究	12800円	2016.06
45	吉岡　　孝	八王子千人同心における身分越境	7200円	2017.03
46	斉藤　　司	煙管亭喜荘と「神奈川砂子」	6400円	2017.10
47	川村由紀子	江戸・日光の建築職人集団	9900円	2017.11